노동보호법의 쟁점과 과제

- 오문완 -

UUP

노동보호법의 쟁점과 과제

2007년 1월 16일 초판 인쇄
2007년 1월 26일 초판 발행

지은이 | 오문완
발행인 | 정정길
발행처 | UUP(울산대학교출판부)

출판등록 | 제 370-1996-000001호(1996.3.13)
주소 | 680-749 울산광역시 남구 무거 2동 산29번지
전화 | (052) 259-2488
팩스 | (052) 277-3011
편집·표지 디자인 | 지미정·김수연

값 10,000원
ISBN 978-89-7868-955-7

* 이 책은 2005학년도 울산대학교 저서연구비를 지원 받아 출판되었습니다.

머리말

이 책은 3년전 펴낸 <노동단체법의 쟁점과 과제>의 자매편으로 구상하였다. 노동법을 분류하는 방식은 다양하고 급변하는 현실을 이론으로 담아내기 급급한 가운데 법의 분류가 고정적인 것도 아니지만 노동법을 개별법과 집단법으로 나누는 전통적인 분류방식이 여전히 의미가 있다. 그런 의미에서 필자는 노동법을 노동보호법과 노동단체법으로 나누어 두 차례에 걸쳐 쟁점을 정리해 보기로 하였다. 그 첫 번째 작업이 노동단체법으로, 그리고 두 번째 성과가 이 책으로 정리되었다고 볼 수 있겠다. 필자는 그간 관련 문제에 대해 파편과 같은 글을 이곳 저곳에 실었는데 이 책은 그 글에서 선보인 구상을 종합해 놓은 것이라고 이해해 주시기 바란다.

이 책 역시 모두 3부로 구성되어 있다. 1부는 노동권을 재조명하는 부분이다. 종래 노동권은 추상적인 권리에 불과한 것이라 개별법률에서 헌법조항을 구체화할 때 의미가 있는 것이라는 이론이 지배적이었다. 그러나 현재도 역시 그렇게 볼 것인지는 의문이다. 현대적인 의미의 노동권이라는 것은 그 이상으로, 노동보호의 필요성을 더욱 절실하게 수용하는 차원으로 접근하여야 하는 게 아닌지 하는 문제의식 아래 논의를 정리해 보았다. 또한 그러한 문제의식 아래 노동법을 공부해가는 방법도 기성의 방식을 뛰어넘어야 하지 않느냐 하는 결론을 도출해 보았다. 또한 노동권에 대한 침해에 대한 구제를 현실화하는 방안으로 징벌적 손해배상제도를 도입하면 어떨까 하는 문제제기를 해 놓았다. 2부에서는 개별법의 핵심주제인 고용 문제와 임금, 노동시간에 대해 한 꼭지씩 생각을 정리해 보았다. 고용안정과 유연화 문제, 성과를 반영하는 임금체계의 노동법 정합성, 노동시간의 단축과 유연화가 그러하다. 현실의 변화로 인한 충격을 법에서는 어떻게 흡수할 수 있을까 하는 문제의식 아래 이들 주제에 대한 답을 찾아보았다. 3부는 비정규직 문제에 대한 소묘이다. 비정규직 문제는 노동자에 포섭되느냐 여부부터 시작해서 노동자라면 정규직과는 왜 차별되느냐에 이르기까지 그 범위가 굉장히 널리 퍼져 있고 논의도 착종되는 쉽지 않은 영역이다. 이 책에서는 노동자 일반의 문제와 노동자로 보기 어려운 비정규직의 문제로 나누어 해법을 모색하였다.

실무가가 아닌 사람의 글이 얼마나 영향력이 있는지는 잘 모른다. 그나마 노동실무를 하시는 분들이 현행법령에(그리고 그 도그마에) 매몰되지만 말고 좀더 크고 넓게 생각하는 단초를 열 수만 있다면 좋겠다. 또한 같이 노동법을 공부해가는 분들이 이 책을 읽고 꼬집어주고 바로잡아 주신다면 그 또한 즐거운 일이 아닐까 하는 상상을 해본다.

2006년 9월

오문완

목차

1부

노동권의 재조명

I. 노동권의 현대적 의의

1. 이상(理想)

물건을 생산하고, 교환하고, 경제적 서비스를 제공하는 인간 노동은 경제 생활의 다른 요소들보다 훨씬 고귀한 것이다. 다른 요소들은 도구에 불과하기 때문이다.

이 노동은 자가 노동이든지 고용된 노동이든지 직접 인격에서 나오는 것이며 인격은 자연물에 자기 모습을 새기며 자연물을 자기 뜻에 굴복시킨다. 인간은 일반적으로 자기 노동을 통하여 자신과 가족들의 생계를 유지하고, 형제들과 결합되고, 형제들에게 봉사하며, 또한 노동을 통하여 진정한 사랑을 실천하며 하느님의 창조사업을 완성하기 위하여 협조할 수 있는 것이다. 그뿐 아니라, 노동을 하느님께 바침으로써 인간은 또한 예수 그리스도의 구속사업에 참여한다고 주장하는 바이다. 그리스도께서는 나자렛에서 손수 일하심으로써 노동의 품위를 높여 주신 것이다. 여기서 충실히 노동해야 할 의무와 노동에 대한 권리가 각 사람에게 생기게 된다. 사회는 사회대로 현실정에 따라 국민들이 충분한 노동의 기회를 얻을 수 있도록 도와주어야 한다. 또 국민들에게 충분한 보수를 지급해야 하는데, 그 기준은 ① 각자의 임무와 생산성, ② 기업의 지불능력과 ③ 다른 분야의 노동자들이 받는 보수와의 형평 등 공동선을 고려해서 본인과 그 가족들에게 물질적, 사회적, 문화적, 정신적 생활을 품위있게 영위할 수 있는 수단을 제공할 정도의 임금이라야 한다.

일반적으로 경제 활동은 여러 사람들의 협동으로써 이루어지는 것이므로 그 어느 노동자에게라도 피해를 입히게끔 경제 활동을 조직하거나 규제하는 것은 부당하고 비인간적인 처사라 하겠다. 그러나 오늘날에도 노동자가 자기 일의 노예처럼 되는 경우가 가끔 생긴다. 이는 결코 경제 법칙이란 구실로 정당화될 수는 없다. 그러므로 생산 노동의 과정 전체가 사람들의 필요와 생활의 요구 조건에 적응해야 한다. 먼저 가정 생활을 고려해 주어야 하고, 특히 주부에 대하여 언제나 성별과 연령을 고려해야 한다. 그뿐 아니라, 노동자들이 노동을 통하여 자기 능력과 인격을 발전시킬 수 있는 가능성을 제공해야 한다. 노동자가 올바른 책임감을 가지고 자기 시간과 힘을 노동에 바쳐야 하겠지만, 가정, 문화, 사회, 종교 생활을 영위하기에 충분한 휴식과 여가를 모든 노동자에게 제공해야 한다. 또한 자기 직업과 노동을 통해서는 계발할 수 없는 능력과 기술을 달리 자유로이 연마할 수 있는 기회도 주어져야 한다(사목헌장 67항).

2. 갈등(葛藤)

이러한 이상을 실현하기 위한 대표적인 법영역이 노동법이다. 노동법은 시장의 실패에 대응해서 약자 보호를 도모하기 위해 본래는 사법적 관계인 노동관계에 공법적인 방법에 의한 규제를 도입하였다. 사회법에 대비되는 사법은 시장에서 대등한 시민간의 거래관계가 전개되는 것을 염두에 두고 그 적절한 틀의 설정과 규준을 제시하는 것인데, 노동법은 그와 같은 시장 지향의 사법을 기초로 하면서도 사회경제적인 약자 보호를 위해 국가에 의한 직접적인 개입을 제도화하고 그 측면에서는 공법적 규제의 양상을 강하게 그려냈다(오문완, 1998a: 11-14).

그런데 포드주의의 황금시기가 지나면서 상황은 급격히 바뀌고 있다(Christopher Erickson & Sarosh Kuruvilla, 1998). 20세기형 노동법은 농업사회에서 산업사회로, 그리고 소규모 수공업에서 대규모 공장제공업으로 탈바꿈하는 전환의 시대에 새로운 사회경제적인 환경에서 나타나는 과제를 해결하기 위해 생성 발전해 왔다. 그런데 이 노동법체계도 그 배경이 되는 사회경제구조가 변함에 따라 새로운 변신을 요청받고 있다. 그것은 한 마디로 포드주의에서 포스트 포드주의로의 이전에 따른 노동시장의 변화를 어떻게 반영할 것인가 하는 문제라고 할 수 있다. 대량생산과 고임금, 대량소비, 장기고용과 노동운동의 활성화라는 방식이 더 이상은 통하지 않게 되었다는 상황을 어떻게 법체계 속에 수용할 것인가 하는 문제이다.

이미 많은 기업에서는 노동자 개인의 개별적인 능력과 의욕의 차이를 보다 단기적으로 반영하는 처우방식(소위 능력주의·실적주의)이 시도되고 있다. 관리직층, 전문직층을 중심으로 연봉제의 도입, 능력평가와 승진제도의 개선 등이 진행되고 있고, 금후로는 연공주의에서 능력주의로의 이행이 한층 진전될 것이다(本多淳亮, 1997: 10).

이러한 능력주의적 제도들이 유효·적절하게 기능하기 위해서는 개별관리로의 이행과 그 기반으로서의 개별노동계약의 관념과 기능이 강화될 필요가 있다. 그리고 능력평가의 공정성(당사자의 납득성)과 기회의 균등(경력)을 확보하는 틀이 필요하고 동시에 개인의 처우상의 불만에 대응하기 위한 고충·분쟁처리시스템의 정비도 불가피해진다. 또한 정보화, 소프트화, 고학력화 등의 진전으로 전통적인 기층으로서의 중간관리직을 매개로 한 피라밋형의 기업조직이 전문직능의 인재가 횡단적으로 제휴하여 경영상층부와 직결되면서 유연하게 기능하는 네트워크형의 노동조직으로 이행하고 있다. 사회와 시장의 격렬한 변화도 경영의 의사결정에 소요되는 시간과 비용을 감축시키고 신속하게 대응할 수 있는 조직체제를 요청한다. 전문직화의 움직임은 이러한 변화에도 연동한 것이라고 생각된다.

노동의 세계에서의, 이러한 '개인으로서의 노동자'의 등장은 종래의 노동법규제의 전제를 크게 변화시키고 있다. 좀더 현저한 현상은 집단규제 자체가 현실적이고 바람직한 방향이라는 인식에 근거한 집단적 노사관계법의 영역에서의 변화일 것이다. 다양화하고 있는 노동자의 모습은 자기의 이익을 옹호하기 위해서라도 단체적인 노사관계의 틀 속에 자신을 맡기는 것을 꺼려하는 경향을 보이고 있고, 이러한 현상은 특히 젊은층에서 두드러지게 나타난다고 한다(菅野和夫/取訪康雄, 1994).

더욱이 국제경쟁이 더욱 가열되면서 노동법의 영역에서도 규제완화, 노동유연성의 추구는 더욱 속도를 빨리 할 것으로 예견된다. 아울러 독일과 일본을 중심으로 노동계약법제를 만들어야 한다는 주장이 강력하게 대두하고 있고, 우리나라에서도 이러한 움직임에 관심을 기울이기 시작하였다. 그 기본적인 시각은 노동계약관계의 다양성에 대응하여 노사의 자주적 결정을 촉진시키자는 것이다. 즉, 경제의 서비스화, 국제화, 고령화의 진전, 여성의 직장 진출 등에 따른 사회경제의 구조적 변화는 노동자의 노동생활에 다양화를 초래하고 있고 이에 대한 대책이 필요하다는 것이다.

지금까지의 소위 종신고용제에 의해 취업하고 있는 노동자, 특히 사무직 노동자의 욕구가 다양화되어 물질적인 풍요 보다는 정신적인 풍요를 추구하는 것이 노동자 생활의 과제가 되고 있다. 따라서 가족구성이나 기호의 차이에 따라 개별노동자마다 가치판단이 다른 사항에 대하여는 당사자가 자주적으로 결정하도록 하는 것이 바람직하며 이를 위한 여건의 정비가 요구된다는 주장이다(勞働省勞動基準局監督課 編, 1993). 이러한 현실을 어떻게 분석하여야 할 것인지는 좀더 신중하게 고려하여야 할 문제이다. 그러나 적어도 현재의 상황이 대단한 혼돈기라는 데는 인식의 일치를 보고 있는 듯하다.[1)]

> 포드주의적인 대량 생산, 대량 소비 및 표준화된 완전고용, 그리고 그에 상응하는 형태를 갖춘 사회상과 케인스주의적인 처방은 제1차 현대의 패러다임에 속한다. 이에 반하여 제2차 현대에서는 경제·사회·정치 전영역에 걸쳐 위험감수체제가 군림한다. 따라서 산업적 경제와 탈산업적 경제, 포드주의적 경제와 탈포드주의적 경제를 나누는 것은 적절한 구분이 아니다. 제1차 현대의 안정성·명확성·분명한 경계 등과 제2차 현대의 불안정성·불명확성·탈경계화를 나누는 것이야말로 진정 적절한 구분이다.
>
> 그리고 또한 이행 사회에 대한 판정과 그 윤곽 부재의 성격에서 귀결하는 불확실성과, 미래 사회가 위험감수체제로 각인되리라는 (상대적으로) 확실한 판단 사이를 구분하는 것도 의미 있는 일이다.

1) 노동법의 종말(!)이라는 문제의식을 제기하는 글로 Bop Hepple, 1996 참조.

> 위험감수체제에 대해 얘기한다는 것이 어떤 이행기적 현상을 염두에 둔다는 것을 뜻하지는 않는다. 여기에서 뜻하는 바는 제2차 현대의 경우 그 자체 개념적으로 명확하게 부각시킬 수 있는 비선명성 원칙이 노동, 사회, 그리고 정치의 모양새를 아로새기리라는 것이다. 그런 점들과 결부된 사회 구조 또는 개인적·사회적·정치적 답안들이 오늘날 아직도 현실적으로 가시화된 것은 아니지만, 미래 사회의 이런 특징들이 분명하게 해독할 수 있을 정도로 뚜렷이 드러나 있는 것은 사실이다(울리히 벡, 1999: 128-9).

3. 현실(現實)

그렇다면 우리나라의 상황에서 노동권의 보장과 관련된 법제의 변천은 어떤 모습을 보이고 있는가? 몇 가지 항목으로 나누어 개관해 보기로 한다.

1) 일할 권리 또는 고용보험수급권

우리 헌법 제32조에서 보장하고 있는 노동의 권리가 구체적으로 어떠한 것인지에 대해서는 대략 노동기회제공청구권설과 생계비지급청구권설이 대립한다.

노동기회제공청구권설은 ① 우리 헌법에는 바이마르헌법과는 달리 노동의 권리와 관련하여 생계비지급을 규정하고 있지 아니하고, ② 생계비지급 내지 실업수당은 제34조의 인간다운 생활을 할 권리에 관한 규정을 근거로 한다는 것을 그 이유로 제시한다(권영성, 2004: 659-660).

그러나 자본주의사회에서 국가는 스스로 일반노동자를 채용하거나 공·사기업에 대해 고용을 강제할 수는 없으므로 노동의 기회를 제공하기 위하여 국가가 할 수 있는 일은 일하고자 하는 사람에게 일자리를 줄 수 있도록 적극적으로 노동시장을 정비하는 게 될 것이다. 그 모든 노력을 다하였는데도 일자리를 얻지 못한 사람에 대해서는 생계를 보장해주어야 한다(임종률, 2004: 13). 이와 같이 해석하지 않는다면 헌법 제32조는 알맹이 없는 명목(형식)규범에 불과한 존재가 되고만다.[2)] 애당초 노동의 권리와 같은 사회적 기본권은 헌법 제34조에서 말하는 인간다운 생활권을 당연히 전제로 하고 있다고 보아야 하지 않을까?

현재 완전고용을 이념으로 하는 고용관련입법으로는 고용정책기본법, 직업안정법, 근로자직업훈련촉진법, 장애인 고용촉진 등에 관한 법률, 고령자고용촉진법 등이 있고, 노동의 기회를 제공받지 못한 실업자에게 생계비를 지급하기 위한 법으로는 고용보험법(실업급여)이 제정되어 있다. 특히 고용보험의 적용확대와 보호수준의 상향조정은 고무적인 현상이라고 볼 수 있다.

2) 정리해고제도

노동권의 확립과 관련하여 부당한 해고의 규제가 절실하다. 특

2) 다만, 노동기회제공청구권설에 서더라도 고용유지·증진의무에 명백히 반하는 국가의 입법·행정행위가 위헌·무효가 되는 자유권적 효과는 물론 인정된다.

히 사용자측의 사정에 기인한 정리해고가 문제가 되는데, 구 근로기준법에서는 정당한 이유없이 해고할 수 없다고 규정할 뿐(구법 제27조 제1항; 개정법 제30조 제1항), 정리해고에 관한 규정은 두지 않았다. 따라서 어떠한 요건을 갖춘 경우에 정당한 이유가 있는 해고가 되는가의 문제는 해석에 맡겨져 있었다.

그 해석을 놓고 법원은 초기에는 개별적인 사건에 따라 구체적으로 판단하여 일반적인 기준은 제시하지 않았다.[3] 그러다가 1989년 삼익건설사건에서 처음으로 정리해고에 대한 일반적 기준 네가지를 제시하였다. 즉 정리해고를 하기 위해서는 ① 해고를 하지 않으면 기업경영이 위태로울 정도의 긴박한 경영상의 필요성이 있어야 하고, ② 경영방침이나 작업방식의 합리화, 신규채용금지, 일시휴직 및 희망퇴직의 활용, 배치전환 등 해고회피를 위한 노력을 다해야 한다. ③ 합리적이고 공정한 정리기준을 설정하여 이에 따라 해고대상자를 선별하여야 하고, ④ 해고에 앞서 노동자측에 적절한 통지를 하고 이들과 성실하게 협의할 것이 요구된다(대법원 1989.5.23.선고 87다카2132 판결). 이 판결 이후 정리해고의 4요건은 판례로 자리잡게 된다.

이 네가지 요건 가운데 특히 '긴박한 경영상의 필요'와 관련된 논의가 분분하다. 처음에는 '긴박한 경영상의 필요'를 기업이 일정수의 노동자를 정리해고하지 않으면 경영악화로 사업을 계속할 수 없거나 적어도 기업재정상 심히 곤란한 처지에 놓일 개연성이 있을 만큼의 긴박한 경영상의 필요성이 있어야 하는 것이라고 엄격하게 해석하였다(대법원 1990.1.12 선고 88다카34094 판결).

---

3) 초기의 판례의 흐름에 대해서는 김지형(1991), 539 이하 참조.

나중에는 반드시 기업의 도산을 회피하기 위한 것에 한정할 필요는 없고, 인원삭감이 객관적으로 보아 합리성이 있다고 인정될 때에는 '긴박한 경영상의 필요성'이 있는 것으로 넓게 보아야 한다는 것으로 바뀌었다(대법원 1991.12.10 선고 91다8647 판결).[4] 그런데 판례가 긴박한 경영상의 필요라는 요건을 완화하여 해석하려는 태도를 보이고 있다고 할 때[5], 그 완화된 해석이라는 개념표지가 무엇인지 하는 것은 신중하게 검토할 필요가 있다. 1991년 대법원판결(그리고 그 원심판결)을 면밀히 분석해보면 이와 같은 결론에 이르는 과정에 기업의 경영이 계속적인 적자상태인지가 중요한 사실판단요소로 고려되며, 누적된 기업경영의 적자가 장차 기업경영을 심각하게 곤란케할 경우를 예방하기 위해 해고가 인정될 수 있다는 취지임을 알 수 있다. 이는 기업경영이 적자여서 더 이상 고용관계를 지속한다는 것이 일반적으로 기대불가능한 것으로 보는 객관적 인식을 근거로 한다는 것이다. 그러므로 판례가 제시하는 '객관적으로 보아 인원감축의 합리성이 있다고 인정되는 경우'란 결국 기업이 도산에 이르지는 않을지라도 해고를 하지 않으면 기업의 경영이 위태로울 정도를 의미하는 것으로 해석해야 한다.

정리해고의 법제화는 1996-97년에 이루어진다. 잘 알려져 있는 바와 같이 1996년말과 1997년초에 걸친 노동법개정 파동(양대 노총 주도하의 총파업)을 걸쳐 1997.3.13. 제정된 근기법은 정리해고를 명문으로 규정하였다. 당시의 근기법 제31조는 조문의 명칭을 '경영상 이유에 의한 고용조정[6]'이라 하여 그간 판례법리를 통해

4) 이 판결에 대한 비판적 평석으로는 김선수(1993), 59 이하 참조.

5) 보통 그렇게 이해한다. 이흥재(1999), 119 등.

6) 종전에 관행삼아 쓰여온 '정리해고'라는 용어 대신 '고용조정'이라는

형성되어온 정리해고의 요건을 명문화하였다. 즉 정리해고의 요건으로 ① 긴박한 경영상의 필요, ② 사용자의 해고회피노력, ③ 해고대상자 선발 때 공정하고도 합리적 기준의 설정, ④ 노동자대표와의 성실한 협의를 법제화한 것이다. 그러나 당시 근기법 부칙 제1조는 이 조항의 시행을 2년 동안 유예하고 있었다.[7)]

그러나 IMF 구제금융사태라는 국가누란의 경제위기는 노사정의 사회협약을 이끌었고 그 합의사항의 하나로 정리해고의 즉각실시를 보게 하였다. 즉 1998.2.20. 개정 근기법은 제31조의 조문표제를 '경영상 이유에 의한 해고의 제한'으로 바꾸는 한편 그간 동 조항의 적용을 유예하고 있었던 부칙 제1조를 삭제하여 정당한 정리해고는 즉각 실시할 수 있도록 하였다. 현행법의 기본골격도 구법과 같은데, 다음과 같은 몇 가지 변화가 있었다.

첫째로, 긴박한 경영상의 필요와 관련하여 "경영악화를 방지하기 위한 사업의 양도·인수·합병은 긴박한 경영상의 필요가 있는 것으로 본다"는 규정을 첨가하였다(제31조 제1항 2문).[8)] 둘째로, 해고회피과정과 해고대상자 선발 때 "남녀의 성을 이유로 차별하

용어를 법전상의 용어로 등장시킨 것은 정리해고라는 말이 주는 위압감·거부감 때문인 것으로 이야기된다.

7) 그러나 이러한 유예조치와는 관계없이 종래의 판례법리에서 정하는 요건을 갖출 때는 여전히 정리해고를 할 수 있다고 해석한다. 노동부, 1997: 153-4.

8) 정리해고를 처음 법제화한 1996.12.31. 근기법은 애당초 '계속되는 경영의 악화, 생산성 향상을 위한 구조조정과 기술혁신 또는 업종의 전환 등'을 긴박한 경영상의 필요에 해당하는 사유로 예시하고 있었다. 그러나 법제정절차에 중대한 흠이 있는 이 법을 과연 법이라고 볼 것인지는 의문이다.

여서는 아니된다"는 차별금지 규정을 신설하였다(동조 제2항 2문). 셋째로, 해고회피 및 해고대상자 선발과 관련하여 사용자로 하여금 노동자대표에게 해고하고자 하는 날의 60일전까지 통보하고 성실히 협의하도록 해고예고기간과 성실협의의무를 명문화하였다. 넷째로, 일정규모 이상의 노동자를 해고하고자 할 때에는 노동부장관에게 사전 신고토록 하였다. 다섯째로, 정리해고를 행한 기업에서 해고후 2년 이내에 노동자를 채용할 때는 정리해고당한 노동자를 우선 고용토록 하였다. 그러나 이는 법적의무가 아니라 노력의무이기 때문에 큰 의미는 없을 듯하다(오문완, 1998b: 75-76).

이와 같은 정리해고의 법제화에 대해서는 어떻게 평가해야 하는가. 성문법국가에서 판례법의 존재를 부인하는 견해에 따르면 이는 정리해고제도의 도입을 뜻하는 것이고 그만큼 노동권의 제약으로 이해할 수 있겠다. 그러나 나는 우리나라에도 판례법은 느슨하게나마 존재하는 것이고 정리해고제도는 그 대표적인 모습이라고 생각한다. 그리고 그러한 분석의 틀에서 정리해고의 법제화는, 특히 절차요건의 엄격한 규제를 통하여 예전보다 더욱 노동권을 강화하는 모습으로 귀결된 것으로 이해한다. 그럼에도 불구하고 사회 일반의 인식은 정리해고제도의 법제화는 새 제도의 신설이고 노동조건의 악화로 이해하고 있다. 장차 법해석을 통하여 이러한 오해를 불식시키는 작업이 요청된다.

3) 노동시간의 유연화

현행 근기법은 노동시간을 유연하게 운용할 수 있도록 하는 제도적 정비를 하였는데 탄력적 노동시간제도와 선택적 노동시간제도, 간주노동시간제도와 재량노동시간제도가 그것이다.

(1) 탄력적 노동시간제도(근기법 제50조)

기준노동시간을 탄력적으로 조절할 수 있도록 해주는 탄력적 노동시간제도에는 2주 이내 단위와 1개월 이내 단위[9] 두 종류가 있는데 청소년과 임신중인 여자노동자가 배제된다는 것은 꼭같다. 먼저 토요격주휴무제도가 보편적인 형태인 2주간 이내 단위의 탄력적 노동시간제도의 경우에는 취업규칙으로 정하는데 1주 상한시간은 48시간이다. 다음에 1개월 이내 단위의 탄력적 노동시간제도는 노동자대표와의 서면합의가 필요한데 특정주 56시간, 특정일 12시간의 상한 규제가 있다.

(2) 선택적 노동시간제도(근기법 제51조)

시업과 종업시각을 노동자 자율에 맡기는 제도인 선택적 노동시간제도 역시 노동자대표와의 서면합의로 시행케 된다. 보통 이 제도는 노동자가 반드시 사업장에서 일할 것을 요구하는 의무시간대(core time)와 노동자의 자율에 맡기는 선택시간대(flex time)를 설정하여 운용하는데, 청소년은 배제된다. 총노동시간은 정산기간을 평균하여 주의 기준노동시간을 초과하지 않는 범위내이어야 하고, 이 총노동시간을 넘는 부분이 연장노동시간이 된다.

9) 주40시간 사업장은 3개월 이내 단위.

(3) 사업장외 노동에 대한 시간 계산(노동시간의 간주; 간주노동시간제도; 인정노동시간제도)

이 제도는 예전에는 근기법 시행령 제37조로 정하던 것을 현행법 제56조 1, 2항으로 규정한 것이다. 이 제도는 사업장 밖에서 일하는 것이 상태적이거나(취재기자) 임시적인(출장) 경우 작업의 전부나 일부에 대한 사업장 밖 근무를 소정노동시간 동안 일한 것으로 보는 제도이다. 때문에 이 제도는 노동시간의 산정이 어려운 경우에만 허용된다. 예컨대 사업장외 노동의 시업·종업시각이 해당 노동자의 자유에 맡겨져 있고, 휴게시간의 운용이 자유로운 경우이다. 반면에 사업장외 노동라 하더라도 노동시간을 산정할 수 있는 경우에는 산정된 노동시간 동안 노동한 것으로 본다.

(4) 재량노동의 인정노동시간제도(재량노동시간제도-근기법 제56조 제3항)

이 제도는 노동시간의 운용을 노동자 자율에 맡기는 것이다. 제도 도입의 취지는 최근 기업에서 정보화·기술혁신·서비스경제화 등의 새로운 현상으로 인하여 업무수행방식에 대한 노동자의 재량의 여지가 커지고, 그 보수도 노동의 양에 의하는 것이 아니라 질이나 성과에 의하여 결정됨으로써 종래의 통상적인 방법에 의하여 노동시간을 산정하는 것이 부적절한 전문적 업무가 증가하고 있는데 대응하기 위한 것이라고 이해할 수 있다. 이 제도는 노동자대표와의 서면합의로 실시하는데, 그 대상업무는 기사의 취재·편성·편집업무, 정보처리시스템의 설계·분석업무처럼 고도의 전문성을 요하는 업무에 한정된다(근로기준법 시행령 제26조 참조).

(5) 평가

이들 제도는 변화하는 환경에 적응해가려는 기업의 노력에 부응한다는 취지에서 긍정적인 면이 분명히 있다. 다만, 노동자의 생체리듬을 깨뜨릴 수 있다는 차원에서 그 도입은 신중히 고려하여야 한다. 특히 탄력적 노동시간제도(소위 '변형노동시간제')의 폐해가 예상되는데, 적어도 이 제도의 도입은 노동자의 '인간다운 삶'에는 위협이 된다.[10] 하지만 선진국에서는 단위기간이 6월 심지어 1년짜리도 허용된다는 점에서 단위기간을 늘리는 제도의 도입이 향후의 과제가 될 것이라는 조심스러운 예측도 있다(임종률, 1998: 17).

4) 성희롱 금지

한편 1999.2.8. 개정된 남녀고용평등법은 직장내 성희롱[11]을 예방하고 노동자가 안전한 노동환경에서 일할 수 있는 여건조성을 위하여 직장내 성희롱의 예방을 위한 교육을 실시하고 직장내 성희롱을 한 자에 대한 부서전환, 징계 기타 이에 준하는 조치를 취하도록 하고 있다(동법 제8조의 2 제1항).[12] 또한 사업주는 직장내

---

10) 피로가 누적되어 건강을 해칠 우려가 있다는 점, 노동밀도가 높아진다는 점, 가산임금이 없어진다는 점 등이 지적된다. 이병태, 2005: 884-5.

11) 성희롱이라는 법률용어가 적절한지는 검토를 요하는 부분이다. sexual harassment를 어떻게 번역할지 하는 문제인데 성희롱이라고 하기보다는 서울대 우조교 사건의 2심판결(서울고법 1995. 7. 25. 선고 94나15358 판결)과 같이 '성적 괴롭힘'이라고 표현하는 게 더 낫지 않나 생각된다.

12) 위반시 300만원 이하의 과태료 부과함(동법 제23조의 2 제1항 제3호).

성희롱과 관련하여 그 피해노동자에게 고용상의 불이익한 조치를 하여서는 아니된다(동조 제2항).[13]

이 법은 직장내 성희롱을 "사업주, 상급자 또는 근로자가 직장내의 지위를 이용하거나 업무와 관련하여 다른 근로자에게 성적인 언어나 행동 등으로 또는 이를 조건으로 고용상의 불이익을 주거나 또는 성적 굴욕감을 유발하게 하여 고용환경을 악화시키는 것"이라 정의하고 있다(동법 제2조의 2 제2항).

그간 우리 사회의 인습으로 남아있던 남존여비사상으로 인하여 직장에서 여성에 대한 하대를 당연한 것으로 여겨온 게 사실이고 알게 모르게 직장여성에 대한 성희롱이 저지러지기도 했었다. 이러한 풍토에 경종을 울린 것이 소위 '서울대 우조교 사건'이다.

이 사건에서 대법원(대법원 1998.2.10. 선고, 95다39533 판결)은 "성희롱의 위법성의 문제는 종전에는 법적문제로 노출되지 아니한 채 묵인되거나 당사자간에 해결되었던 것이나 앞으로는 빈번히 문제될 소지가 많다는 점에서는 새로운 유형의 불법행위이기는 하나……불법행위에 기한 손해배상을 청구하는 피해자로서는 가해자의 성희롱으로 말미암아 단순한 분노, 슬픔, 울화, 놀람을 초과하는 정신적 고통을 받았다는 점을 주장, 입장하여야 한다는 견해는 이를 채택할 수 없는 것"이라고 하여 성희롱은 널리 불법행위를 구성한다고 밝힌 바 있다.

아울러 "고용관계 또는 노동관계는 이른바 계속적 채권관계로서 인적 신뢰관계를 기초로 하는 것이므로, 고용계약에 있어 피용자가 신의칙상 성실하게 노무를 제공할 의무를 부담함에 대하여, 사

---

13) 위반시 500만원 이하의 벌금형 부과함(동법 제23조 제2항).

용자로서는 피용자에 대한 보수지급의무 외에도 피용자의 인격을 존중하고 보호하며 피용자가 그의 의무를 이행하는 데 있어서 손해를 받지 아니하도록 필요한 조치를 강구하고 피용자의 생명, 건강, 풍기 등에 관한 보호시설을 하는 등 쾌적한 노동환경을 제공함으로써 피용자를 보호하고 부조할 의무를 부담하는 것은 당연한 것"이라고 한다. 그러면서도 피고의 성희롱행위가 그의 사무집행과는 아무런 관련이 없고 은밀하고 개인적으로 이루어지는 성희롱행위를 피고의 고용주인 국가가 알 수 없으므로 피용자인 원고에 대하여 고용계약상의 보호의무를 다하지 아니하였다고 할 수는 없다고 하여 결국 사용자책임은 부인하는 결론을 내렸었다.

결국 이 판결은 직장내 성희롱의 본질을 전혀 파악하지 못하고 엉뚱하게도 개개인의 손해배상 문제로 환원시키는 잘못을 저지르고 말았다. 따라서 남녀고용평등법을 개정하여 성희롱에 따른 사용자책임을 명시한 것은 쾌적한 작업환경을 조성한다는 시각에서 꽤나 바람직한 처사라고 평가할 수 있겠다.[14)]

---

14) 다만, 이 문제를 남녀고용평등법에서 다루는 게 합당했을지는 더욱 사려깊게 검토해야 했다. 이 법은 남녀의 평등한 기회 및 대우를 보장하기 위한 법(동법 제1조 참조)이라고 하지만, 그 내면을 보면 차별을 받고 있는 여성노동자를 남성과 같이 대우하기 위한 법임을 알 수 있다. 그러나 성희롱의 문제는 남녀차별의 문제가 아니라 권력 행사의 적절성의 문제이다. 마이클 더글러스/데미 무어 주연의 '폭로'라는 영화에서 주인공이 말하듯이 성희롱은 성(sex)의 문제가 아니라 권력(power)의 문제인 것이다. 따라서 입법론으로는 근기법에 관련 조항을 두는 것이 합당하다.

4. 주장(主張)

(1) 이상 노동권의 보장 현황을 개관해 보았다. 중요한 것은 노동권에 대한 기존의 이해에서 한 걸음 더 나아갈 필요가 있다는 것이다. 그것은 노동사회에서 지식사회로의 변환을 이야기하는 요즈음 이야말로 노동의 복권이 필요하다고 생각하기 때문이다. 지금이야말로 노동권의 구체적 권리성을 진지하게 검토할 시기라고 하겠다.

종전에는 사회적 기본권은 방침(프로그램)규정이라거나 법적 권리라고해도 추상적 권리일 뿐이라고 생각해왔다(아직도 헌법학계의 다수의견은 추상적 권리로 본다). 그러나 최근 사회적 기본권의 구체적 권리성을 인정하는 견해가 유력해지고 있다(김문현, 1998).[15)]

권영성교수는 다음과 같은 이유를 제시하면서 사회적 기본권은 불완전하기는 하여도 구체적 권리임을 밝히고 있다.

> 저자가 사회적 기본권을 불완전하나마 구체적인 권리로 인식하려는 것은 다음과 같은 이유 때문이다. 첫째, 모든 헌법규정은 공동체 구성원들의 헌법생활과정에서 그 내용이 반드시 실현되어야 할 재판규범이라는 점이다. 어떠한 헌법규정은 재판규범이고 어떠한 헌법규범은 프로그램규정이라는 해석은 헌법에 그에 관한 명문의 규정이 존재하지 아니하는 한 독단적·자의적 해석일 수밖에 없기 때문이다. 둘째, 경제적으로 열악한 상황에 처한 절대빈곤층과 사회적 빈곤층에게는 자유권적 기본권이나 정치적 기본권보다 사회적 기본권의 실질적 보장이 더욱 절실한 의미를 가지기 때문이다. 셋째, 우리나라와 같이 사회국가의 원리를 지향하는 사회국가적 성격을 가진 국가인 경우에는 국가의 과제와 목표는 무엇보다도 사회적 기본권의 실현에

---

15) 헌법상의 권리 자체를 재조명한 글로는 김철수, 1999 참조.

> 중점을 두는 것이 아니면 안되기 때문이다. 국가적 성격을 사회국가로 규정하고 국가목적을 사회국가원리의 구현이라고 규정하면서, 사회적 기본권을 프로그램적인 것 내지 추상적인 권리로 이해한다는 것은 논리적 모순이 아닐 수 없기 때문이다. 넷째, 헌법재판제도가 확립된 경우에는 헌법재판이라는 방법을 통하여 헌법불합치·입법촉구결정을 하는 것이 헌법구조상 반드시 불가능하지 않기 때문이다.
>
> 이러한 의미에서 사회적 기본권은 자유권적 기본권처럼 직접효력을 가지는 완전한 의미에서의 구체적 권리일 수는 없다 할지라도, 적어도 일부 청구권적 기본권이나 정치적 기본권과 동일한 수준의 불완전하나마 구체적인 권리로서의 성격은 가지고 있다고 보아야 할 것이다(권영성, 2004: 633-4).

1994년 생계보호기준의 위헌 여부가 문제된 사안에서 헌법재판소는 "모든 국민은 인간다운 생활을 할 권리를 가지며 국가는 생활능력없는 국민을 보호할 의무가 있다는 헌법의 규정은 입법부와 행정부에 대하여는 국민소득, 국가의 재정능력과 정책 등을 고려하여 가능한 범위안에서 최대한으로 모든 국민이 물질적인 최저생활을 넘어서 인간의 존엄성에 맞는 건강하고 문화적인 생활을 누릴 수 있도록 하여야 한다는 행위의 지침 즉 행위규범으로서 작용하지만, 헌법재판에 있어서는 다른 국가기관 즉 입법부나 행정부가 국민으로 하여금 인간다운 생활을 영위하도록 하기 위하여 객관적으로 필요한 최소한의 조치를 취할 의무를 다하였는지의 여부를 기준으로 국가기관의 행위의 합헌성을 심사하여야 한다는 통제규범으로 작용하는 것"이라고 하여 구체적 규범으로 보는 단초를 열고 있다(김문현, 1998: 11).[16]

16) 김철수교수(1999: 28 주 82)는 이 판결에 대해 헌법재판소는 여전히

요컨대 국가는 헌법상의 권리를 어떻게 보장할 것인지 고민하여야 하고, 경제사정은 그 다음 단계에서 고려하여야 한다(아직까지는 논의의 기준이 거꾸로 서 있다).

(2) 그리고 이 노동권은 단순한 직장보유권[17]을 의미하는 게 아니라 취업자와 비취업자의 권리가 조정되는 개념으로 이해하고자 한다.[18]

생존권의 권리성을 부인하는 태도를 드러내고 있다고 해석하나 그렇게 볼 바는 아닌듯하다. 그러나 아쉽게도 헌법재판소는 여러 사정을 종합할 때 1994년의 생계보호기준은 헌법위반이 아니라는 결론을 내렸고, 이에 대해서는 광범위한 재량론에 기해 생활보호수급권의 구체적 권리성을 더욱 희석시켰다는 비난을 받고 있다. 이홍재, 1999: 123.

17) 종래 노동권에 관한 논의는 사용자의 해고의 자유를 규제하는 데 집중해 온 게 사실이다. 예컨대 이홍재(1988), 조경배(1997), 石井照久(1967: 45-146)가 그러하다.

18) 박은정 교수(1999: 10-11)는 인권론의 발전사를 서술하면서 1단계로 1차 대전전까지 자유권이 중심이었다면 2단계로는 2차대전전의 사회권 중심의 시기를, 그리고 현단계로서 생명인권, 세대간 인권의 시대를 소묘하고 있다. 이러한 논의를 수용할 때 현단계의 사회권, 그 가운데 노동권의 현대적 의의는 취업층과 비취업층(그리고 장래의 취업예비군)을 포괄하는 계층간의 노동권 관념을 구성할 필요가 있다는 것으로 결론지을 수 있다. "현대의 노동권은 노동자가 국가의 제도(직업소개, 실업급부, 직업훈련, 실업대책사업 등)를 이용하여 자발적으로 자신이 좋아하는 적직을 선택하거나 보다 좋은 노동조건의 고용을 선택하는 권리, 즉 고용선택의 자유와 가능한 한 충분한 기회가 주어지는 권리를 아울러 포함하는 적직선택권을 그 규범적 내용의 기본이념으로 한다."는 지적(松林和夫, 1991: 36)도 같은 맥락으로 이해할 수 있겠다.

(3) 다만, 이렇듯 노동권의 보장을 논한다고 할 때 그 노동권이란 게 노동중독증(홀거 하이데, 2000: 77-94)을 허용하는 것은 아니라는 데 유념하여야 한다. 자칫 잘못하면 일부 취업노동자는 중노동에 허덕이고 실업상태의 노동자는 곤궁에 허덕이는 결론을 허용하는 논법으로 빠져들고 만다. 전전 세기에 쓰여진 다음 이야기에 주목하자.

> 노동자 계급이 자신을 지배하면서 본성까지 타락시키고 있는 악을 뿌리뽑아 버리려면 가공할 만한 힘으로 떨쳐 일어나야 하는데, 단지 자본가들의 착취의 권리만을 의미할 뿐인 '인권선언 Rights of Man' 또는 단지 불행할 수 있는 권리만을 의미할 뿐인 '일할 권리 Right to Work'가 아니라 누구든 하루 세 시간 이상을 일할 수 없도록 금지하는 철의 법칙을 주조(鑄造)하기 위해 봉기해야 하는 것이다. 그러면 대지는, 기쁨으로 전율하는 이 오래된 대지는 안에서 펄펄 살아 뛰뛰는 새로운 우주를 느낄 수 있을 것이다. 하지만 도대체 어떻게 하면 자본주의 윤리에 의해 타락한 프롤레타리아들에게 이처럼 진짜 사나이다운 결심을 하도록 할 수 있을까……
>
> 고대 노예제도를 슬픈 모습으로 체현하고 있는 그리스도처럼 프롤레타리아의 남편과 아내들 그리고 아이들은 벌써 한 세기 동안 고통스럽게 고난에 가득 찬 갈보리 언덕을 기어오르고 있다. 한 세기 동안이나 강제 노역이 이들의 뼈를 부러뜨리고, 피부를 멍들게 하고 신경을 망가뜨렸다. 한 세기 동안이나 굶주림이 이들의 내장과 뇌를 산산조각내 왔다. 오! 게으름이여, 이 오랜 고통에 자비를 베푸소서! 예술과 고귀한 미덕의 어머니인 게으름이여, 이 인간의 고통에 위안이 되어 주소서!(폴 라파르그, 1997: 94-95)

(4) 결국 내가 이해하는 노동권이란 모든 노동자 - 그가 취업하고 있던 그렇지 않든 - 가 적당한 시간 일하면서 적절한 노동조건

아래 놓여 있어서 인간적인 생활을 할 수 있도록 해 줄 것을 국가에 대하여 요청하는 권리를 말한다.[19]

> 회칙 「새로운 사태」[20]는 시민이 국가 안에서 하나의 톱니바퀴 "부속품"처럼 될 때마다 공공 통제의 생산 수단에 반대한다. 동시에 회칙은 경제적 관계를 완전히 국가 영역 밖에 두려고 하는 이론을 역시 단호하게 배격한다. 물론, 국가가 개입하지 말아야 할 고유의 것이 경제 활동에는 당연하게 있는 것이다. 그러나 국가는 경제적 관계들이 전개되는 법률적 조건들을 결정하고, 이렇게 어떤 부분이 다른 부분들을 실제로 노예 상태에 환원시키지 않도록, 부분들간에 평등을 요청하는 가장 중요한 원리들을 경제적 자유 안에서 준수할 의무가 있다.
>
> 이 문제에 관해서 회칙 「새로운 사태」는 인간의 자유로운 활동을 요구하는 품위를 노동에 회복시키는 적합한 개혁들을 위한 길을 제시한다. 이러한 개혁들은 특별히 노동자가 실직의 악몽으로부터 보호를 받도록 하기 위하여, 사회와 국가에 책임을 지도록 요청한다. 과거에는 이것이 같은 방향으로 일치하는 두 가지 방법으로 일어났다. 균형 잡힌 성장을 보장해 주는 경제 정책을 통하여 또는 노동자들이 위기의 직업이나 직무로부터 발전하는 분야로 옮겨가도록 실업보험 그리고 기술과 직업의 재교육을 통하여 일어났다.
>
> 그 외에 사회와 국가는, 노동자와 그 가족의 생계 유지가 적합하

19) 따라서 "기본적으로 노동자의 생활이 유지되는 노동이어야 하고, 보다 원리적으로는 노동의 질과 양에 상응하는 대가가 지급되는 노동이어야 한다."는 지적(이영희, 1990: 74)은 너무나 당연한 이치를 밝히고 있다.

20) 교황 레오 13세의 회칙인 *RERUM NOVARUM*(1991)은 가톨릭이 사회문제에 대하여 최초의 관심을 보인 것으로 특히 노동문제를 집중적으로 다루고 있어 종래 '노동헌장'이라 불러 왔다. 국내 번역본으로는 한국 천주교 정의평화 위원회 교육분과(1983)와 최영철 신부(1994: 7-49) 번역본이 있다.

게 될 수 있을 만큼, 좀 저축할 수 있는 가능성과 함께, 임금을 보장해 주어야 한다. 이것은 노동자들의 노동이 좀더 향상되고 생산할 수 있도록, 계속 적응되는 그들의 지식과 능력을 위하여 미온적 노력을 요청하지 않는다. 그러나 역시 이것은 특별히 비천한 계급의 노동자들, 이주민들 그리고 사회 변두리에 처하여 있는 이들에 대한 수치스러운 착취가 없어지도록, 아주 적합한 법적 조치와 더불어 꾸준한 감시를 요청한다. 이 점에 있어서 최저 임금과 노동 조건을 교섭하는 노동자들의 노동 조합이 결정적 역할을 하는 것이다.

끝으로 노동과 휴식의 "인간적" 시간의 존중과, 노동 장소에서 자신의 양심과 존엄성이 모독을 받지 않고 자신의 성격을 표현할 수 있는 권리가 보장되어야 한다. 계약의 진정한 도구로서뿐 아니라, 노동자들의 성격이 선언되는 "장소"로서 노동 조합의 역할은 확실히 여기에서 재론되는 것이다. 노동 조합은 확실한 노동 문화의 발전에 기여하며, 또한 노동자들로 하여금 정말로 인간적으로 기업 생활에 참여하도록 도와준다.

국가는 이러한 것들을 직접적이고 간접적인 방법으로 실현하기 위하여 자기 몫을 해야 하는데, 간접적으로 그리고 보조성의 원리에 따라서는, 많은 고용 기회와 부의 원천을 제공하는 경제적 활동의 자유로운 수행에 유리한 생산 조건들을 만들어줌으로써, 직접적으로 그리고 연대성의 원리에 따라서는, 더욱 비천한 이들을 보호하기 위하여, 노동 조건을 결정하는 집단들의 자립성에 일정한 제한을 두고 실직한 노동자가 최소한 생계 유지에 필요한 것을 가질 수 있도록 함으로써 그렇게 할 수 있다.

이 회칙과 이와 결부된 교회의 사회 교도권은 19세기와 20세기를 잇는 시대에 다양하고도 광범위한 영향을 미쳤다. 이 영향은 노동자들의 권리를 더욱더 존중할 수 있는 범위 내에서, 사회 보장, 연금, 건강과 사고 보험으로 실시된 수많은 개혁에서 현저하게 나타난다(백주년 15항).

II. 노동법학 방법론의 재검토

1. 들어가며

(1) 노동자가 하는 '일', '노동'의 특성(경제학적으로 분석하자면, 다른 상품과는 다른 노동력이라는 상품의 특징)으로는 크게 두 가지를 들 수 있다. 하나는 노동인격이라는 표현에서 보듯이 인격과의 불가분리성이라는 커다란 특징이고, 다른 하나는 노동력은 저장되지 않는다는 하는 (숙명이라고 할만한) 특성이다.

특히 두번째 특성과 관련하여 각종 노동문제는 시작된다고 볼 수 있다. 그리고 불평등이라고 하는 문제가 그 이면에 가로놓여 있다. 구체적인 인간(사회인; 계급인; Mensch; mankind)으로서의 노동자는 자본재가 없기 때문에 사용자에게 종속될 수밖에 없다는 데서 문제가 시작된다. 노동운동 또는 노동법이 탄생하는 배경과 관련하여 산업혁명기의 영국노동자계급의 상태를 생각해보자. 자본주의 초기의 노동자계급의 상태에 관해서는 예컨대 엥겔스의 「영국 노동자계급의 상태」에 잘 묘사돼 있다.

> 당시에는 16-18시간 노동이 일반적이었고, 6-8세 아동까지 14-16시간 일하고 있었다. 부인노동자는 분만시간에 이르기까지 공장에서 일하고 분만후 3-4일 후에는 다시 공장에 나와 전과 같이 일했다. 그리고 노동자가 사는 거리는 불결하고 황폐하며, 질병, 빈곤, 타락으로 가득차 있다. 자녀를 둔 여성노동자는 모유를 줄 시간이 없어 자녀에게 마약을 준 후 일하러 나온다고도 한다. 노동자계급의 이러한 상태는 영국에 한정된 게 아니고 미국에도, 독일에도, 프랑스에도 그리고 일본에도 마찬가지였다. 19세기 프랑스노동자의 상태에 관해 연구한 블랑뺑(Blanpain)이 지적한 바대로 당시의 노동자들에게 산다는 것은 단지 죽지 않는다고 하는 것일 뿐이었다(外尾健一, 1983: 7-8).

이러한 상황을 타개하기 위해 등장한 것이 노동법이다. 즉 초기 자본주의시대와 같이 노동자가 헐벗은 상태에 처해서는 노동력의 재충전은 기대할 수 없고 그것은 곧 나라 자체의 존속을 어렵게 하는 결과를 낳을 염려도 있다. 때문에 국가 차원에서 이러한 불평등을 어느 정도는 바로잡아야 한다는 인식을 하기에 이르렀고 그 결과 나타난 것이 노동보호법(개별적 노동관계법)이다. 한편 노동자 스스로도 단결하여야 사용자와 대등해질 수 있다는 인식을 하게 되고 오랜 단결투쟁의 결과 형성된 것이 노동단체법(집단적 노동관계법)이다.

(2) 그런데 포드주의의 황금시기가 지나면서 상황은 급격히 바뀌고 있다. 그것은 한 마디로 포드주의에서 포스트 포드주의로의 이전에 따른 노동시장의 변화를 어떻게 반영할 것인가 하는 문제라고 할 수 있다. 대량생산과 고임금, 대량소비, 장기고용과 노동운

동의 활성화라는 방식이 더 이상은 통하지 않게 되었다는 상황을 어떻게 법체계 속에 수용할 것인가 하는 문제이다.[1)]

이러한 현실을 어떻게 분석하여야 할 것인지는 좀더 신중하게 고려하여야 할 문제이다. 그러나 적어도 현재의 상황이 대단한 혼돈기라는 데는 인식의 일치를 보고 있는 듯하다.[2)]

(3) 노동운동을 둘러싼 주·객관적 조건도 빠른 속도로 변하고 있다. 1980년대 이래 범지구적인 시장경쟁이 격화되고 있고, 노동비용 삭감과 사회보장 축소를 목표로 하는 각국 정부의 보수적인 정책이 강화되고 있다. 구조적인 실업과 비정규직의 증대는 각국 노동조합의 조직력을 약화시키고, 노동운동으로 하여금 방어적인 태도를 취하게 하고 있다. 이에 따른 대응전략의 일환으로 다른 나라 노총은 노동운동의 이념을 정립하고, 노동조합 스스로를 개혁하기 위한 노력을 기울이고 있다. 독일 노총(DGB)의 '강령 개혁과 조직현대화', 호주 노총(ACTU)의 '전략적 조합주의로의 전환과 직업별 노조 통합', 남아공 코사투(COSATU)의 '사회적 조합주의 정립과 조직강화' 등이 그러하다.

우리 나라 노동운동의 근본적인 한계는 '정규직 중심의 기업별 노조'와 '임금인상 중시형 기업별 교섭'에서 비롯된다. 이러한 기

---

1) 상세한 내용은 이 책 1부 Ⅰ. 2. 참조.
2) 1980년대 중반 일본 노동법이 변화하는 모습을 ① 노동자보호법에서 '노동력정책법'으로, ② 노동자 개념의 분단·축소와 열등노동기준법, ③ '노사자치'의 강조와 노동행정의 후퇴라고 분석한 글로는 脇田 滋, 1995: 9—19; 노동법에 대한 서구의 회의적인 시각을 소개하면서 노동법 패러다임의 변화를 주장하는 글로는 이철수, 1999 참조.

업별 노조체계와 교섭방식은 노동자들의 의식과 노조활동을 기업의 울타리에 가두고, 노동운동을 실리적 조합주의 또는 경제적 조합주의로 이끌고 있다. 실리적 조합주의는 전체 국민의 삶과 직결된 정치적·사회적 쟁점에 대해서는 관심을 기울이지 않는다. 임금인상이나 고용조건과 같이 단기적이면서도 직접적인 조합원의 이익 옹호에만 관심을 기울인다. 실리적 조합주의는 노동자들의 고용조건을 개선하거나 보호하기 위한 단체교섭을 주된 활동 영역으로 한다.

이러한 노동운동의 약점은 '고성장-저실업' 시대에는 결정적인 문제가 되지 않았다. 기업별 교섭으로도 조직 노동자들의 생활조건을 개선할 수 있었고, 미조직 노동자들도 투쟁의 성과를 공유할 수 있었기 때문이다. 그러나 IMF 관리체제가 등장하고 '저성장-고실업' 시대와 구조조정 국면이 본격화되자, 노동운동은 커다란 도전에 직면하게 되었다. 대량실업이 발생하고 비정규직이 확대되면서, 기업별 노조로는 더 이상 조직확대를 기대할 수 없고, 기업별 교섭으로는 임금인상을 비롯한 노동조건 개선은 물론 정규직의 고용조차 보장할 수 없기 때문이다(신원철, 2003; 강현아, 2004). 만약 노동운동이 이러한 도전에 제대로 대처하지 못하고 일부 조직 노동자들의 고용조건 보호·개선에만 활동을 집중한다면 노동운동은 극심한 위기에 봉착하게 될 것이다. 더욱이 저성장-고실업 시대와 구조조정 국면에서 실리적 조합주의는 변화의 거부와 현상의 고수를 의미하며, 사회개혁을 가로막고 노동조합의 사회적 입지를 축소시킨다. 실리적 조합주의는 참여와 공동결정에 따른 책임을 두려워 한 나머지 책임 있는 현실적 대안을 제시하지 못하게 하며,

결과적으로 조합원의 생활과 권리를 정부와 사용자에게 내맡김으로써 조합원의 단기적·직접적 이익조차 보호할 수 없게 한다. 이에 따라 노동운동은 변화를 거부하며 현상의 유지를 고집하는 이기적인 집단으로 내몰리고 그 영향력도 크게 줄어들게 된다는 비판을 받고 있다.3)

(4) 이 혼돈의 시대에 노동법 전공자로서 앞으로 어떻게 공부해 나갈 것인지를 정리해 보는 작업이 절실해 보인다. 나 스스로 내 생각이 옳은 것인지, 공부는 제대로 하고 있는지 알고 싶기 때문이다. 따라서 이 글은 노동법학을 하기 위해 질문을 던진다는 차원으로 구성키로 한다. 그리고 어떠한 방법으로 노동법학을 할 것인지가 주된 얘기가 될 수밖에 없다.

2. 노동법학 방법론—일반론

(1) 방법론은 "길이 없는 목적지도 혼자 찾아갈 수 있도록 만들어 주는 독도법"(최대권, 2003: 244)이라고 한다. 법인식의 방법과 가능성, 즉 법사고 일반의 과제로서 "법규범의 성질은 어떠하며(법과 진리의 문제) 또 이는 완결적인지(보완의 문제), 그리고 그 내용

---

3) 한국 노동운동의 진로에 관하여 프레시안에 연재되었던 논쟁(박승옥 민주화운동기념사업회 수석연구원이 「당대비평」(2004년 가을호)에 기고한 '한국 노동운동, 종말인가 재생인가'라는 글을 프레시안은 <'왕자병' 걸린 노동운동, 이대로 가면 죽는다>라는 제목으로 소개하였고, 이후 반론과 재반론이 계속 이어진 바 있다) 참조.

은 어떻게 밝혀야 하는지(법해석의 문제) 그리고 그 적용의 과정과 구조는 어떠한지(법논리학의 문제)?"(심헌섭, 1986: 19; 김진기, 1998: 94-95)를 다루어야 한다는 얘기이다. 그런데, 법학 일반이 아닌 노동법학에만 특수한 방법론은 있는 것인가?

최대권 교수는 헌법학적 방법론의 빈곤은 헌법조항을 두고 마치 "민·형사법이나 행정법규를 해석하듯 쉽게 形式論理的으로" 헌법적 의미를 도출하여 내려는 광범위하게 퍼져 있는 접근방법((최대권, 2003: 244)이라고 비판하고 있는데, 법의 분야마다 방법론이 다른 듯하다. 그러나 진짜 그런지는 잘 모르겠다. 민·형사법이나 행정법규라고 "쉽게 形式論理的으로" 문제를 해결한다고 생각되지는 않는다. 차이가 있다면 각 법학이 얼마나 오랜 역사를 지니고 있고 그로 인해 그 나름의 방법론이 충분히 쌓여 있는지 하는 차이일 뿐이지 않을까 추측할 뿐이다.

우리 노동법학을 보자면, 아마 정인섭 교수가 외로이 이 문제에 골몰하고 있는 듯하다(정인섭, 1991).[4] 그리고 그 잠정 결론[5]은 노

---

4) 실은 강희원 교수 역시 이 문제에 대해 꾸준한 관심을 보여 왔다. 그러나 강교수는 "의사는 환자의 밖에 서서 환자의 병을 객관적으로 진단하고 처리할 수 있다. 그러나 법적 문제에 있어서 법률가는 의사와 같은 외부적 위치를 가지고 있지 않다. 법률가가 법률을 적용해서 치료하고자 하는 사회적 문제는 그에게도 영향을 미치고 있는 유행병의 부분이고, 그가 그 치료에서 사용하고자 하는 도구는 이미 그 병균에 의해서 오염되고 있다."(강희원, 2004: 482)고 함으로써 법률가의 가치판단의 불가피성과 문제점을 수사(修辭)하는 데서 머무는 한계를 보이고 있다.

5) 규범주의적 방법론이 "노동법을 권리체계로 구성함으로써 노동자들의 생존요구를 법적 권리로 주장할 수 있는 이론적 근거를 제공"할 수 있었다고 평가하면서도, 우리나라의 특수성을 반영하지는 못하는 한계가

동법학은 시민법의 자기완결성에 근거한 개념법학적 방법론에서 벗어나 노동자의 자주적 규범의식을 법에 반영하는 규범주의적 방법론으로 발전하였다고 한다(정인섭, 1991). 최근 또 다른 글에서 “규범론의 복권”(정인섭, 2003: 148-9)[6]을 이야기하고 있는 것도 같은 맥락이라 이해할 수 있다.

그런데, 과연 이러한 규범주의적 접근이라는 게 노동법학 특유의 방법론인지는 의문이다. 정교수의 글을 뜯어보면, 그 주된 흐름은 노동법의 역사와 발전과정을 더듬으면서 어떻게 오늘날 노동3권이 정립될 수 있었는지를 서술하는 한편, 노동법의 대상인 노동이나 노동자의 특수성을 이해하기 위한 법사회학이나 사회학적법학에서의 방법론이 규범주의적 방법론으로 귀결되었다고 설명하는 듯이 보인다. 결국은 법학 일반의 방법론으로 환원되는 게 아닌가 싶다.

(2) 그렇다면, 법학 전분야에 걸친 ‘독도법’은 어디에서 찾을 수 있는 것일까? 그것은 무엇을 잣대로 법을 찾고 활용할 수 있을 것인가에 달려 있을 것이다. 그 잣대로는 일응 법의 목적인 정의와 법적 안정성을 생각할 수 있겠다. 그리고 그에 이르는 길로써 합리성이라는 요소를 생각해봄직하다. 합리성은 법의 속성이고 법의 생명이라고 한다. 법이 정당성을 갖추려면 효력을 지녀야 하고, 정의로워야 하며, 합리적(과학적)이어야 하기 때문이다(최대권, 2003:

있다고 지적한다(정인섭, 1991: 69, 75).

6) 이에 대해 2004.11.20. 노동법연구회 세미나에서 정인섭 교수는 자신의 의도는 노동법에 대한 접근에서 정책론에 기대기보다는 법규범 자체에 무게중심을 두어야 한다는 취지였다고 밝힌 바 있다.

265, 269).

그 방법으로 가장 고전적인 것은 개념법학이다. 그러나 법의 완결성을 전제로 하는 이 방법론은 "입법자가 세 마디만 수정하면 도서관의 모든 법서는 휴지가 된다."는 키르히만의 지적대로 그 대전제 자체에 회의할 수밖에 없다(김유미 외, 2001: 17-18).[7] 따라서 비교법학, 법사회학, 법실증주의, 자연법론, 해석학적 법이론, 비판법학, 법과 경제학, 법과 정책학, 여성법학 등등 각자 다양한 이론이 개념법학의 한계를 넘어서려고 하고 있다.[8] 결국 법학은 단 하나의 통합적인 이론이 아니라 "서로 다른, 때로는 비교할 수 없는(incommensurable) 용어(vocabularies)와 담론(discourses) 사이의 경쟁"이고, 현대의 모든 법리론은 법형식주의(legal formalism, 즉 미국식 개념법학)에 대한 "대안을 찾으려는 시도"(Dennis Patterson, 2003: 175, 184)이다.

그리고, 본말이 전도된 학문의 태도를 경계하는 다음 이야기에 주목하고 싶다: "이른바 사회과학의 방법들은 처음에는 사회 현상을 이해하기 위한 방법으로 시작된다. 그러나 점차 그것은 사회 현상을 대신하는 방법으로 전환되고, 급기야는 사회 현상이 없는 방법으로 귀결된다."(김홍우, 1999: 714).

그렇다면, 법학의 객관성은 어떻게 담보하나?

---

7) 그런데, 실은 현대의 법리론이 개념법학을 넘어선 것은 결코 아니다. 개념법학을 근간으로 하여 그것을 보완하고 있을 뿐이다. 예컨대 김유미 외, 2001, 제8장(법의 적용과 해석)이 그러하다.

8) 법철학, 법사회학, 법학방법론 등의 교재는 물론이고, 손쉽게 찾아볼 수 있는 글로 심헌섭, 1998; 오병선, 2002; 이상돈, 1995; 고호성/이경원, 1996; 김상용, 2002; 양현아, 2004 등이 있다. 단행본으로는 미국학연구소 편, 1999; 박세일, 2002이 시사하는 바가 크다.

(3) (법학을 포함하여) 사회과학은 유동적인 사회현상 속에서 인간의 사회적 행동을 대상으로 하므로 그 합리성을 담보하기 위한 사회과학의 방법론은 그 대상의 진실한 모습(실체)을 어떻게 파악할 것인가 하는 데 달려 있다. 그 구체적인 방법은 ① 대상에 관한 경험을 바탕으로 한 사실의 확정, ② 확정사실을 기초로 이론적으로 각각의 사실을 지배하는 법칙에 관한 가설을 설정, ③ 실천을 통해 가설(이론)을 검증한다는 과정을 거친다. 이러한 사회과학 일반의 과학적 방법인 '경험(적 사실)→이론→검증'이라는 과정은, 법학에서도 사회생활에서의 법적 현상이라는 대상의 차이가 있을 뿐 꼭 같이 적용된다. ① 경험적 사실은 모두 일정한 가치판단에 따른 인간의 사회적 행동의 결과이다. ② 경험적 사실의 가치를 어떻게 평가하는가 하는 것이 가설을 이론 구성하는 방향성이 지표가 된다. ③ 선택된 가치기준에 따라 가설(이론)이 실천(검증)된다.

가설(이론)이 실천을 통해 검증되면 그것은 객관적인 가치판단에 따른 객관이론이 되고, 경험적으로 확정된 사실은 과학적 진실의 실체라고 인정받는다. 그리고 이러한 가치판단이 장차 인간의 사회적 행동이 어떻게 이루어질지를 예견케 해준다. 법학은 바른 사회적 가치에 기해 법적 가치판단을 내리고, 현행법의 타당성에 의문을 제기한다. 이를 통해 법은 발전하고 불합리한 법은 폐지·변경되어 과학으로서의 법학이 정립된다(井上修一, 1984: 2-6).[9] 이렇듯 법학을 포함한 사회과학에서 가치판단이라는 요소는 방법론

---

9) "그 법적 결정을 모색함에 있어서는 무엇보다 논리적으로 엄정하게, 방법적으로 정직되게 그리고 토론에 있어서는 합당한 관점이면 모두 받아들여 고려하는 것이 필요하다고 할 것이다. 이렇게 볼 때 법획득의 방법에도 방법다원론이 불가피한 것같이 보인다"(심헌섭, 2003: 225-6).

전개의 세 단계 모두에 걸쳐 있는 불가결한 요소이다.[10]

따라서 우선 헌법이 정하고 있는 노동 보호의 원칙을 구현할 수 있는 노동법학을 펼칠 수 있도록 하여야 겠다.[11] 즉 노동자가 '인간의 존엄성'을 보장받으며 일할 수 있고(헌법 제32조), '인간다운 생활'을 할 수 있으며(헌법 제34조), '인간으로서의 존엄과 가치를 가지며, 행복을 추구'할 수 있도록(헌법 제10조) 법제도가 정비·운용되어야 한다. '노동의 인간화'가 바로 그것이다(손창희, 2004: 48-50; 박준식 외, 1997 참조). 특히 일의 내용이 중요하고, 그 일이 사회의 필요를 충족시키며 삶의 질 향상에 도움이 되는지, 우리 모두의 건강과 인격의 발전, 공동체와 생태계의 건전한 발전에 도움이 되는지를 따져보자는 주장이 주목된다(강수돌, 2001: 253). 우리의 노동관을 한 차원 더 높이자는 다음 이야기는 어떨까?

> 노동이란 것은 우주생명의 끝없는 창조적 활동이 인간을 통해서 나타나는 가장 거룩한 활동입니다. 노동은 자연자원과 마찬가지로 시장원리로 환원될 수가 없습니다. 임금이나 화폐에 의해서 노동은 평가될 수 없는 것입니다. 노동자는 노동을 통해서 자연생명체와 적극적으로 접촉하며 이웃들의 생명활동과 일체로 공동체적으로 연결됩니다. 따라서 이른바 주관적 생명력과 객관적인 대상의 생명이 통일되어 빛나는 생명체험을 함으로써 노동자가 자기 실현, 인격 실현을 하고 노동을 통해서 자기를 해방하는 활동인 것입니다. 한마디로

---

10) 실은 과학의 세계도 가치(신념)의 체계라고 한다. Thomas S. Kuhn, 1999 참조.

11) 라렌쯔가 법학방법론에 관하여 단어의 문언적 의미, 법률 상호간의 의미관계, 입법자의 주관적 규율의도, 객관적-목적론적 기준과 함께 합헌적 해석을 말한다는 데 주목할 필요가 있다. Karl Larenz, 1991 참조; 김진기, 1998: 103-115.

노동자는 노동을 통해서 세계와 연결되며 자연과 화해하며 생명에 일치하여 새로운 생명체를 생산해냄으로써 자기의 세계 내 존재를 실현하는 것입니다(김지하, 1999: 43-44).

(4) 이상의 논의를 종합할 때 결국 노동법학이란 노동법학적으로 흥미 있는 문제를 제기하고 규명하는 학문활동이라고 정의할 수 있으리라고 믿는다. 그것은 노동법해석학뿐만 아니라 기초노동법학(노동법철학, 노동법사회학, 노동법사학 등)이 포함될 수밖에 없다고 생각한다. 그리고 우리나라의 노동법현상을 놓고 우리의 노동법학을 하여야 할 때에 무엇을 어떻게 하여야 하는가의 문제도 떠오른다고 생각한다. 어려울 때에는 원칙으로 돌아가야 한다는 생각에서 다른 무엇보다도 기초노동법학적 노동법학 접근방법이야말로 창의적인 우리의 노동법학을 행할 수 있도록 만들어 준다는 믿음을 말하고 있다. 이 점은 가장 좁은 의미의 노동법학이라고 일응 이름 붙였던 노동법해석학을 위하여도 그러하다.[12)]

특히 노동법학에서는 그 대상인 노동관계의 실체 파악이 중요하고 특히 법사회학적, 실증적인 관점을 포함한 노동법의 특수성을 인식하는 게 중요하다(井上修一, 1984: 6). 즉 노동법은 시민법의 개인주의적·자유주의적 원리를 수정해서 노동조합과 같은 집단적인 조직의 존재를 법으로 인정하는 가운데 그 구성원의 생존권을 보장한다는 가치를 원리로 삼고 있는 법의 체계이다(本多淳亮, 1986: 21-22). 결국 노동법학 독자의 방법론이 있다면, 그것은 그 규율대상의 특이성에 달려 있다.

---

12) 이 부분은 최대권 교수가 헌법학에 대해 한 이야기를 패러디하였다. 즉 최대권, 2003: 252의 '헌법'이라는 표현을 '노동법'으로 바꾼 것이다.

그리고 그 대상에 대한 접근은 직접적·개방적·소통적이어야 한다. 즉 노동'에 대한' 법학이 아니라 노동'의' 법학이 되어야 한다.[13] 연구자와 피연구자(또는 대상물) 사이의 대화적 의사소통(Norman Blaikie, 2000: 315) 또는 합리적 대화(이상돈, 1997: 10), 인간 사회의 이해를 위한 접근(Susan J. Hekman, 1993: 198)을 하여야 한다는 것이다.

3. 노동권에 대한 재검토에서 시작하기

(1) 구체적으로 노동법학에서 헌법의 요청은 어떻게 반영할 수 있을까? 우선 노동권에 대한 재검토가 필요하다. 그것은 노동사회에서 지식사회로의 변환을 이야기하는 요즈음이야말로 노동의 복권이 필요하다고 생각하기 때문이다. 지금이야말로 노동권의 구체적 권리성을 진지하게 검토할 시기라고 하겠다.

---

13) 김홍우 교수의 이론을 다시 한 번 빌어 쓰자: 사회과학도들은 방법에 맞추어 현상에 접근하려는 함정에 빠지지 않도록 주의해야 한다…현상 그 자체로 돌아가서, 현상에 맞추어 방법을 택해야 한다…후설의 현상학은 한마디로 "현상에 '대한' 철학"에서 "현상'의' 철학"으로 돌아가야 한다는 주장이다. 그러나 많은 사람들은 후설의 현상학을 "현상 '의' 철학"이 아닌 "현상에 '대한' 철학"으로 오해하고 있다. 후설은 현상학이 현상 "의" 철학이라는 점을 "의식consciousness"은 항상 "~의 의식consciousness of"이라는 말로써 명백히하고 있다. 그러면 "~의 의식"과 "~에 대한 의식consciousness on"은 어떻게 다른가? "~의 의식"에 있어서는 대상과의 관계가 직접적·개방적·소통적인 반면, "~에 대한 의식"은 대상과의 관계가 외적이고 자의적이며, 폐쇄적이다(김홍우, 1999: 716-7).

종전에는 사회적 기본권은 방침(프로그램)규정이라거나 법적 권리라고해도 추상적 권리일 뿐이라고 생각해왔다(아직도 헌법학계의 다수의견은 추상적 권리로 본다). 그러나 최근 사회적 기본권의 구체적 권리성을 인정하는 견해가 유력해지고 있다.

(2) 그리고 이 노동권은 단순한 직장보유권을 의미하는 게 아니라 취업자와 비취업자의 권리가 조정되는 개념으로 이해하고자 한다.

(3) 다만, 이렇듯 노동권의 보장을 논한다고 할 때 그 노동권이란 게 노동중독증을 허용하는 것은 아니라는 데 유념하여야 한다. 자칫 잘못하면 일부 취업노동자는 중노동에 허덕이고 실업상태의 노동자는 곤궁에 허덕이는 결론을 허용하는 논법으로 빠져들고 만다.

(4) 결국 내가 이해하는 노동권이란 모든 노동자 - 그가 취업하고 있던 그렇지 않든 - 가 적당한 시간 일하면서 적절한 노동조건 아래 놓여 있어서 인간적인 생활을 할 수 있도록 해 줄 것을 국가에 대하여 요청하는 권리를 말한다.[14]

4. 노동법학 방법론 — 각론

(1) 현재 비정규노동자의 증가 속도나 그 대우에 관한 문제는 가히 폭발력을 가지고 있다고 할 정도이다. 따라서 이 문제에 대한

14) 상세한 내용은 이 책 1부 Ⅰ. 참조.

정리 역시 절실하다. 결론은 헌법상의 평등권, 근기법상의 균등대우 원칙을 제대로 구현하느냐 여부에 달려있다(深谷信夫, 2000). 특히 동일가치노동 동일임금원칙과 관련하여 문제가 된다.

남녀고용평등법 제6조의 2는 '동일가치노동 동일임금 원칙'을 명시하고 있는데, 이 조항은 우리 현실상 가장 차별 대우를 받고 있는 여성 노동에 대한 보호를 목적으로 한 규정이라고 이해할 수 있다. 그러나 이 원칙은 남녀간의 임금차별금지에만 적용되는 것은 아니다.[15] 이 원칙은 헌법상의 평등권조항(제11조)을 비롯하여 근기법 제5조의 차별대우금지(균등처우원칙) 조항에서도 도출될 수 있다고 생각된다. 그리고 보다 직접적인 규정으로는 「경제적, 사회적 및 문화적 권리에 관한 국제규약」[16] 제7조를 들 수 있다. 동조 (a)(1)은 모든 노동자에게 공정한 임금과 어떠한 종류의 차별도 없는 동일가치노동에 대해 동일한 보수(fair wages and equal remuneration for work of equal value without distinction of any kind)를 지급할 것을 정하고 있다.

따라서 동일가치의 노동 즉 직종, 작업내용, 기능, 책임, 노동밀

---

15) 근로기준법 제25조에서 단시간노동자의 노동조건은 비례원칙(균등대우원칙)에 따라 정하도록 한 점이나 노동자파견법 제21조가 「파견사업주와 사용사업주는 파견노동자가 사용사업주의 사업내의 동일한 업무를 수행하는 동종노동자와 비교하여 부당하게 차별적 처우를 받지 아니하도록 하여야 한다」고 규정하여 균등처우원칙을 명시한 점은 그 연장선상에서 이해할 수 있겠다. 다만, 이를 어길 경우 제재하는 벌칙조항이 없어 그 실효성은 근기법 일반론으로 환원될 것으로 생각된다.

16) 우리나라는 1990.6.13. 이 조약을 비준하여(조약 제1006호) 1990.7.10.부터 국내법률과 같은 효력을 가지고 있다.

도, 능률 등의 점에서 동등한 노무를 제공하고 있는 한 동일한 임금이 주어져야 할 것이다. 그런데 우리나라의 경우 임금체계와 임금 결정의 틀을 보면 구미 각국과는 달리 동일노동인가 아닌가를 엄밀하게 묻지 않은 채 임금은 연령, 학력, 근속년수라는 속인적 요소에 의해 결정되는 경우가 많다. 그리고 직무평가를 통한 임금 결정방법에 관한 노사간 합의형성이라는 조건이 성숙되어 있지도 않다. 그러나 근기법 제5조 및「경제적, 사회적 및 문화적 권리에 관한 국제규약」제7조는 동일가치노동 동일임금 원칙을 예정하고 있다고는 해도 직무평가의 도입까지를 요청하는 규정이라고는 해석하기 어렵다(반드시 직무평가를 통한 동일임금 지급이 의무화되어 있는 것은 아니다). 임금결정방법은 계약당사자의 자유에 맡겨져 있다고 이해되기 때문이다. 달리 말하자면 직무내용의 가치(value of job content)만으로 동일임금 지급 여부를 결정할 수는 없고, (동일직무에 대한 동일임금만이 아니라 동일 연공에 대한 동일임금, 동일 능력에 대한 동일임금 등) 각 기업의 임금결정요소에 상응하는 기준을 동일가치노동의 기준으로 삼으면 된다는 것이다. 남녀고용평등법 제6조의 2 제2항에서는 그 기준을 노동수행에서 요구되는 기술, 노력, 책임 및 작업조건이라고 제시하고 있다.

이와 같이 비정규노동자의 법적 지위를 이해하기 위해서는 데는 무엇보다도 균등처우라는 데 주목하여 문제에 접근하여야 한다. 그리고 애당초 비정규노동에 대한 우리의 시각 자체에 대해 검토할 필요는 없는지를 생각해 보아야 한다. 실상 비정규노동의 문제는 노동유연성을 살린다는 차원에서 접근해 왔는데 이를 위해서는 규제가 완화되어야 하는지 아니면 적절한 규제가 필요한지에 대한 신중한 검토가 요망된다(오문완, 2002).

(2) 아울러 전통적인 노동자는 아니라고 하여도 ‘일’을 하고 있는 사람들에 대한 취급을 어떻게 할까 고민하여야 한다. 해석상 노동자 기준 속에 포섭되지 않는다고 판단되는 특수고용형태 취업자에 대해서는 노동법이 아닌 민법상의 위임 등의 법리에 의거하여 법률관계가 전개될 수밖에 없다.17) 그러나 이를 시인한다 하더라도 항상 유념하여야 할 점이 있다.

그 하나는, 고용의 다양화 현상에 편승하여 노동자 보호를 회피하기 위한 편법·탈법으로 노무관리를 행하는 경우 이에 대한 적절한 규제가 필요하다는 것이다. 즉, 우회로를 통해 노동을 시키는 경우에는 노동법의 틀 속으로 끌어들이는 해석 노력이다. 사용종속론의 현대적 의의에 대한 주장(정인섭, 2000; 橋本陽子, 2001)에 귀기울일 필요가 있다. 노동자 개념과 사용자 개념의 확장 노력(이광택, 2002) 역시 같은 맥락으로 이해한다.

또 다른 하나는, 현대사회에서 ‘일’(노동)의 개념을 재음미하는 작업이 절실하다는 것이다. 건강하고 지속적이며 민주적인 사회를 꾸려가기 위해서는 지속가능한 공동체, 품위있는(dignified) 일, 그리고 건강한 환경이 필요하다고 한다(International Forum on Globalization, 2002). ‘품위있는’ 일이든 ‘고상한’(훌륭한; decent)

---

17) 이러한 민감한 문제의 해법으로, 예전과 같이 노동자인가 아닌가에 따라 온전한 보호냐 전혀 보호를 받지 못하느냐 하는 이분론(all or nothing)에서 벗어나, 중간 영역을 구상하자는 입법론(이철수, 2001: 277-281)이 주목된다. 협의의 노동법과 광의의 노동법(취업자 전반에 통용되는 법체계)으로 구성하는 방안도 생각할 수 있겠다.

(Amartya Sen, 2000; Joseph E. Stiglitz, 2002))[18] 이든 소외된 노동이 아닌, 소외를 극복하는 방안인 노동이 요구된다. 특수고용형태 취업자라고 하여도 그 일은 적어도 이러한 요청에 알맞은 것이어야 한다. 법은 사회가 바람직한 방향이라고 제시하는 것을 반영해야 한다(Alain Supiot, 1996). 따라서 노동법과 사회보장법 기타 사회정책 관련 제도의 정비를 통해 품위있게 일할 수 있도록 하여야 한다.

5. 나오며

어떻게 노동법학을 할 것인지, 법철학자의 다음 이야기가 도움이 된다.

> 우리가 철학을 하는 이유를 좀더 깊이 본다면 올바른 삶에의 모색이라고 할 수 있습니다. 무엇이 올바른 것인지에 대해서 논란이 많지만, 적어도 올바른 것에 대한 지향 자체를 포기한다면 그것은 더 이상 훌륭한 철학이라고 할 수는 없을 것입니다. 올바른 것을 지향하기 위해서는 올바른 것이 있어야 한다고 믿어야 하고, 그것을 지향하는 것은 올바른 것이라는 믿음이 있어야 함은 당연합니다. 이것이 내가 말하는 윤리성입니다. 이런 점을 생각할 때 철학은 본질적으로 윤리적 삶을 위한 것이며, 윤리적 차원을 처음부터 내장하고 있다고 할

---

18) 이 개념은 인간의 존엄성을 지키면서 자아성취가 가능한 노동을 의미하는 것으로, 적어도 생계유지에 급급한 노동이어서는 안 된다는 기준을 한계선으로 제시한다(from subsistence to existence). 자세한 내용은 89차 ILO총회(2001년) 사무총장 보고서 Reducing the decent work deficit: a global challenge 참조.

수 있습니다. 철학은 가치판단을 담고 있다는 것을 넘어서 윤리적 가치판단을 담아야 하는 과제를 내장하고 있는 것입니다. 법철학도 철학의 보편적 요청을 담아내지 않으면 안될 것입니다(이상수, 2002: 286).[19)]

---

19) "신념 없이는, 총체적인 시각 없이는 학문은 불가능하다."는 진쯔하이머의 얘기(이홍재, 1991: 24)도 되새겨보아야 한다.

III. 구제 수단의 재검토
- 징벌적 손해배상제도의 도입을 중심으로

1. 글을 시작하며 - 두 가지 에피소드

1) 에피소드 1

인권에 대한 인식이 높아지면서 각종 규제에 대한 철폐 주장도 거세어진다. 특히 노동법의 영역에서는 사인간의 문제를 형벌로서 다루는 데 대한 반발이 거세다. 예컨대 1995.3.23. 헌법재판소는 미확정의 구제명령 불이행에 대한 처벌조항을 헌법에 반하는 것으로 결정하였다(92헌가14). 구 노동조합법은 사용자의 부당노동행위에 대해 노동위원회가 구제명령을 내렸을 때 이 명령에 위반한 사용자는 3년 이하의 징역이나 500만원 이하의 벌금에 처하도록 하고 있었는데(제42조, 제46조), 이 규정이 헌법 위반이라는 것이다.

그 논거를 좀 장황하지만 인용해 보면, "원래 행정형벌제도는 원칙적으로 행정명령에 대한 의무확보수단으로서 최후적·보충적인 것이어야 한다. 즉 행정명령불이행에 대하여 형벌을 과함은 불가피한 경우에 한하여야 한다. 그런데도 오늘날 미확정인 행정명령위반의 경우에 있어서까지 형벌이 다른 의무확보수단과 중복 내지 병렬적 수단으로 되어 있고, 현행 각 행정법규에 있어 행정명령위반의 제재방법으로 거의 모두가 형벌을 채택하고 있어서 형벌법규과잉현상을 보이고 있다. 행정상의 의무이행확보라면 행정목적실현을 위한 것이므로 그 제재수단도 가능하다면 형벌이 아닌 행정질서벌 등의 수단이어야 할 것이다. 여기에서 세계각국의 입법례는 행정명령위반에 대하여 탈형벌화 경향으로 나가고 있다. 우리도 현행 행정법규상의 형사처벌규정은 대폭 정비·개선되어야 한다고 널리 주장되고 있는 것이 현실이다. 그러한 정비·개선의 방향으로 행정형벌로서의 단기자유형과 벌금을 원칙적으로 행정질서벌로 전환하는 것이, 처벌법규는 절차면에서 만이 아니라 실체면에서도 합리성과 정당성이 있어야 한다는 적법절차의 원칙에 적합할 것이다."라고 한다.

헌법재판소의 이 결정에 따라 현행 「노동조합 및 노동관계조정법」은 이행명령제도를 도입(제85조 5항[1])하는 한편, 이 명령에 따르지 않을 때는 행정질서벌(제95조[2])을 가하는 것으로 제도를 바꾸었다.

---

1) "사용자가 제2항의 규정에 의하여 행정소송을 제기한 경우에 관할법원은 중앙노동위원회의 신청에 의하여 결정으로써, 판결이 확정될 때까지 중앙노동위원회의 구제명령의 전부 또는 일부를 이행하도록 명할 수 있으며, 당사자의 신청에 의하여 또는 직권으로 그 결정을 취소할 수 있다."

2) "제85조 제5항의 규정에 의한 법원의 명령에 위반한 자는 500만원 이하의 금액(당해 명령이 작위를 명하는 것일 때에는 그 명령의 불이행일수 1일에 50만원 이하의 비율로 산정한 금액)의 과태료에 처한다."

비슷한 일은 1998년 다시 일어난다. 같은 해 3월 26일 헌법재판소는 구 노동조합법 제46조의 3 중 단체협약 위반죄 부분(현행 「노동조합 및 노동관계조정법」 제92조 제1호[3])에 대해 "동 조항은 범죄구성요건의 외피만 설정하였을 뿐 구성요건의 실질적 내용을 직접 규정하지 아니하고 모두 단체협약에 위임하고 있어 죄형법정주의의 기본적 요청인 법률주의에 위배되고, 그 구성요건도 지나치게 애매하고 광범위하여 죄형법정주의의 명확성의 원칙에 위배된다"는 이유로 위헌결정을 내렸다.[4] 이 결정에 따라 동 조항은 다음과 같이 정리된다(2001.3.28. 개정법률).

> 제92조 (벌칙) 다음 각호의 1에 해당하는 자는 1천만원 이하의 벌금에 처한다.
>
> 1. 제31조 제1항의 규정에 의하여 체결된 단체협약의 내용중 다음 각목의 1에 해당하는 사항을 위반한 자
>   가. 임금·복리후생비, 퇴직금에 관한 사항
>   나. 노동 및 휴게시간, 휴일, 휴가에 관한 사항
>   다. 징계 및 해고의 사유와 중요한 절차에 관한 사항
>   라. 안전보건 및 재해부조에 관한 사항
>   마. 시설·편의제공 및 근무시간중 회의참석에 관한 사항
>   바. 쟁의행위에 관한 사항
> 2. <생략>

하지만, 노동법 개정 논의와 관련하여 여러 노동법학자는 제도

---

3) 2001.3.28. 바뀌기 전의 내용은 구 노동조합법처럼 '단체협약'을 위반한 경우 1,000만원 이하의 벌금에 처하도록 하고 있었다.
4) 이 결정에 대한 비판적 평석 및 대안 제시로는 김인재, 1999; 이흥재, 2002: 113 참조.

의 실효성을 높이기 위해서는 오히려 형벌을 더 높게 책정하자고 주장하기도 한다. 현재 노동법상의 형사상 제재라는 게 돈 많은 자산가의 입장에서는 높은 수준이 아니기 때문에 그다지 억제효과가 없다는 것이다.

이러한 논란은 본래 노동법이라는 것이 국가의 불간섭을 뜻하는 사적 자치를 대원칙으로 하는 사법의 영역에서 출발해서, 국가의 개입을 본질적인 요청으로 하는 공법상의 규제를 아우르는, 소위 사회법의 영역에 속해 있다는 데서 비롯한다(김유성, 2005: 11-12; 구스타브 라드브루흐, 1981; 강희원, 1996). 달리 말해 노동법이라는 게 가장 대표적으로 공법과 사법이 겹치는 영역이라는 것이고, 공법과 사법의 요청을 모두 수용해야 한다는 것을 의미한다.

따라서, 앞으로 노동법의 체제 재편과 관련해서는 기존 구도와는 무언가 다른, 가능하다면 규제의 실효성을 갖추면서도 소위 탈형벌화(비범죄화, 비처벌화)라는 또 다른 요청(죄형법정주의의 엄격화)에도 합치하는 길을 찾는 작업이 절실하다. 그 대안의 하나로, 즉 이 두 극단의 요청을 조화시키는 제도로서 징벌배상제도(징벌적 손해배상제도; 형벌의 기능을 하는 손해배상)의 도입을 검토해 봄직하다.

2) 에피소드 2

헌법재판소의 이러한 움직임은 "결국 노동3권 실효성의 보장에 적극적으로 기여하기보다는 도리어 소극적으로 후퇴한 것"(이흥재, 2002: 125)[5)]이라는 평가를 면하기 어려울 터인데, 놀랍게도 그 근저에는 신체의 자유를 위한 핵심적인 법리인 죄형법정주의가 가로놓여 있다. 그렇다면 과연 우리 법원은 죄형법정주의를 어떻게 이해하는 것인가.

이에 관한 흥미로운 판결이 대법원 1977.9.28. 선고, 77도405 판결이다. 사안은 축산물가공처리법에서 가축의 도살·처리 등은 허가를 받은 작업장에서 행하도록 하고 있는데, 피고인이 흑염소를 밀도살한 사건이다. 문제는 이 법에서는 흑염소를 도축하지 말라는 규정은 없다는 데서 비롯한다. 원심(청주지방법원 1976.10.6. 선고 76노708 판결)은 "축산물가공처리법 제2조의 규정에 보면, '수축[6]'이라 함은 소, 말, 양, 돼지, 닭, 오리 기타 대통령령으로 정하는 동물로 되어 있고, 위 법 시행령 제2조에는 거위, 칠면조, 사양하는 메추리, 꿩, 기타 농수산부령으로 정하는 동물로 되어 있고, 위 시행령의 위임에 의한 동법 시행규칙 제2조에는 개 및 사양하는 사슴과 비둘기로 되어 있어, 위 어느 규정에도 염소는 포함되어 있지 아니하므로 염소는 축산물가공처리법에서 말하는 '수축'에 해당된다고 볼 수 없고, 따라서 염소를 도살하거나 해체하는 것은 축산물가공처리법 제21조 제1호 위반범죄의 구성요건에 해당하지 아니한다"는 이유로 피고인의 염소 도살 행위는 범죄가 성립되지 아니한다고 보았다.

상고심인 대법원도 원심을 유지하였는데, 그 이유를 다음과 같이 제시한다. "양(羊)과 염소는 다같이 우(牛)과에 속하는 반추하

---

5) 안경환 교수는 헌법재판소의 태도는 "노동조합의 활동과 근로자의 생활보장에 대해서는 지극히 보수적인 입장을 견지"하고 있는 것으로 평가한다(안경환, 1999: 52).

6) 獸畜. 현행법에서는 가축(家畜)으로 표현을 바꾸었다.

는 수축이기는 하나 같은 동물이라고는 할 수 없다 할 것인즉, 죄형법정주의의 정신에 미루어서 보면 형벌법규인 축산물가공처리법 소정의 '수축' 중의 하나인 '양'의 개념 속에 '염소'가 당연히 포함되는 것으로 유추해석(類推解釋)할 수는 없다고 봄이 상당하다 할 것이므로, 이와 같은 취지의 위 원심판단조치는 긍인되는 바라 할 것이니 이와 반대의 견해에 입각한 논지는 모두 이유없다 할 것이다."

유추해석이 안 된다는 것(피고인에게 유리한 경우는 빼고)은 법학의 기초에 속한다. 그런데 확장해석의 문제가 되면 골치가 아파온다. 같은 전기 절도 사건인데도 독일 제국법원은 이를 '동산'절도죄에 적용하는 것은 문언(文言)을 벗어나는 유추해석이 된다고 본 데 반해, 일본 대심원은 전기를 재물에 포함시켜서(확장해석) '재물'절도죄에 해당한다고 판결한 바 있다. 그만큼 유추해석과 확장해석의 경계선이 애매모호하다는 것이다.

그 때문에 우리 형법학계에서는 확장해석이든 유추해석이든 같은 것으로 이해하고 법문을 엄격하게 해석하려는 태도를 보이고 있다고 여겨진다(엄격한 문리해석). 예컨대 신동운교수는 (확장해석에 대해서는 결론을 내리지 않은 채 - 아마 유추해석의 하나로 포섭하고 있을 것이다) "유추해석은 해석이 아니라 법규의 창설이다. 해석이란 이미 존재하는 법규의 의미내용을 구체화하는 작업이다. 이에 대하여 유추해석은 규범이 존재하지 않을 때 기존의 다른 법규를 빌려서 규범을 보충하는 작업"이라고 결론짓는다(신동운, 2001: 37).

물론 문리해석에서 문제가 해결되면 거기서 멈추어야 한다. 법관이 자기 나름대로 입법목적을 추측해서 자유롭게 목적론적 해석을 한다면 자칫 잘못하여 국민의 대표인 입법자의 의사를 왜곡할 수도 있기 때문이다. 그러나 입법목적이라는 것은 언제나 법해석의 최후 보루가 되어야 한다고 생각한다. 국민의 대표기관인 국회가 법을 제대로 만들지 않았다면 '현재'의 상황에 맞게끔 입법목적을 추측하여 목적론적 해석을 하여야 할 경우도 전혀 배제할 수는 없다(김유미 외, 2001: 107).7)

문제의 심각성은 대법원이나 헌법재판소의 일련의 판결을 통해 보호받는 것은 궁극적으로 재산권이지 사회적 약자의 인권은 아니라는 데 있다. 그 논리구조는 인민 신체의 자유를 보호하기 위한 죄형법정주의라고 하지만 결과는 재산가의 자산 보호로 귀결되기 때문이다.

7) 축산물가공처리법의 목적이 "축산물의 위생적인 관리와 그 품질의 향상을 도모"하는 데 있는 이상 양의 품질은 중요한데 염소의 품질은 중요하지 않다고는 도저히 생각하기 어렵다. 법원에서 확대해석을 한 대표적인 사례는 대법원 1990.10.12. 선고 90도1794 판결이라고 생각된다. 근로기준법 제43조 제1항은 「사업이 수차의 도급에 의하여 행하여지는 경우에 하수급인이 직상수급인(直上受給人)의 귀책사유로 근로자에게 임금을 지급하지 못한 때에는 그 직상수급인은 당해 수급인과 연대하여 책임을 진다.」고 규정하고 있는데[위반 때 3년 이하의 징역 또는 2,000만원 이하의 벌금(동법 제112조)] 이 때 1회의 도급도 해당한다고 본 것이다.

3) 그러면 해결책은?

사법부를 통해 노동자 등 사회적 약자의 인권이 지켜지지 않는다면 결국 기댈 언덕은 국민의 대표뿐이다(직접민주주의라는 해결책은 국가 규모가 일정 정도 이상인 곳에서는 거의 기대하기 어려울 것이다). 즉 입법을 통해 해결하는 방법이다.[8)]

문제는 입법의 형식으로 귀결된다. 한 가지 방법은 구성요건을 명확하게 하는 방법이고, 보통 이 방안을 생각하는 듯하다. 예컨대 단체협약 불이행 문제에 대해서는 노동3권 보장질서 위반 범죄 유형을 상정한 후, "체결된 단체협약의 노동조건 기타 노동자의 대우에 관한 기준을 정한 규정 또는 노동조합의 활동보장에 관한 규정에 위반하여 노동자 또는 노동조합의 노동3권을 침해한 자" 또는 단순히 "체결된 단체협약에 위반하여 노동자 또는 노동조합의 노동3권을 침해한 자"를 규제의 대상으로 하는 방안이 제시되기도 한다(김인재, 1999: 192).

그런데 이 정도로 충분한지는 의문이다. 그 때문에 2001.3.28. 개정법률 제92조 제1호는 앞에서 소개한 바와 같이 대단히 상세한 규정으로 탈바꿈하였다. 하지만 여전히 문제는 남는다. 예컨대 동 조항에서 말하는 징계 및 해고의 사유와 중요한 절차에 관한 사항(다목) 중 과연 어떠한 절차가 '중요한' 것인지 매우 모호하다. 그렇다면 그 위반을 이유로 처벌할 수 있는지, 현재의 판례법리로는 쉽게 수긍하기 어려워 보인다.

---

8) 전기 절도의 경우 우리 형법은 제346조에서 "관리할 수 있는 동력은 재물로 간주"한다는 입법적 해결을 하고 있다.

그 때문에 무언가 발상의 전환이 필요하고, 그 해법으로 형벌의 기능을 하는 사법(私法)적인 구제방안을 강구해 보자는 것이다. 적어도 죄형법정주의의 속박에서만 벗어난다면 제도의 실효성은 대단히 높을 것으로 예견된다. 그 제도가 징벌적 손해배상일 수도 있다.

2. 징벌적 손해배상제도 일반론

이 제도는 영미법국가에서 발전하여 왔다. 로마법의 계수 이후 유럽 대륙은 공법과 사법의 구분이 엄격한 반면 영미 국가에서는 그렇지 않았던 역사를 반영한 것이다. 그러나 대륙에서도 영미 판결의 승인·집행의 문제가 있어 이 문제에 관심을 기울이고 있고, 북유럽 나라는 이 제도를 도입하고 있는 과정이다. 우리나라의 경우 대륙법의 전통에 따라 이 문제는 미국 판결의 승인·집행이라는 차원에서 검토되고 있는 수준이다(김성태, 1985; 장재옥, 1995; 김태한, 1996; 소재선, 1998; 이점인, 1998 등). 해석론으로는 채무불이행이나 불법행위의 특별손해로 인정하자는 이론이 나타나고 있으나(김재국, 1995; 윤정환, 1999) 그 특별손해라고 해도 그 액수가 얼마나 인정이 될지를 따져볼 때 '징벌'적 손해배상이라고 하기는 어려울 듯하다. 이하 간단히 이 제도에 대해 정리해 본다.

1) 징벌적 손해배상제도의 개념

징벌적 손해배상은 가해자의 악의적인 불법행위에 대해 가해자를 처벌하고, 장래에 그 자나 다른 자가 그와 유사한 행위를 못하게 억제하기 위하여, 전보(塡補)적 손해배상에 부가하여 부과되는 손해배상이라고 정의할 수 있다.[9] 즉 징벌적 손해배상은 가해자의 위법행위(wrongful act)로 입은 손실을 피해자에게 단지 전보할(recompense) 뿐만 아니라, 본보기로(in an exemplary manner) 가해자를 처벌하고, 또한 고의의 위법자(wrongdoer)와 과실의 위법자를 구별하기 위하여 인정된다는 것이다. 지금은 懲罰的(punitive) 또는 訓戒的(exemplary) 손해배상이 일반적으로 사용되고 있지만, 이전에는 復讐的, 刑罰的, 加重的, 報復的(vindictive, penal, punitive, aggravated, retributory) 손해배상 또는 橫財金(smart money) 등의 용어가 혼용되고 있었다고 한다(윤정환, 1999: 64).

2) 제도에 대한 찬반 양론

손해배상의 목적을 전보라고 하는 입장에서 보면, 징벌적 손해배상은 예외적으로 인정되는 것이다. 즉, 징벌적 손해배상은 명백히 피고를 징벌하려는 목적에 기한 것이며, 피해자의 손실이나 상해를 산정하여 부과하는 것은 아니다. 따라서 손해배상의 주된 목적을 전보로 보는 손해배상법체계에는 부합하지 않는다고 하여 처음부터 그 인정여부에 대하여 논란이 많았다.

미국에서 징벌적 손해배상의 정당성에 관한 최초의 논쟁으로는

9) 억제, 보복, 보상(deterrence, retribution, and compensation)이 세 가지 요소라는 지적이 있다. “Symposium: Reforming Punitive Damages: The Punitive Damage Debate”, 470.

Sedgwick과 Greenleaf 사이의 논쟁이 유명하다고 한다. 이 논쟁에서 주된 논점은, 손해배상의 기능과 관련하여 "민사적 손해배상은 순수하게 전보적 성격 이외의 목적에 의하여도 배상될 수 있는가"에 관한 것이었다.

Sedgwick는 징벌적 손해배상의 정당성을 주장하면서 "사건의 내용 중에 사기, 악의, 중과실, 강압적인 요소가 내포되어 있는 경우, 법에서는 전보적 손해배상으로 파악하지 아니하고 전혀 다른 원칙을 적용하고 있다. 법은 배심으로 하여금 징벌적, 보복적 내지는 훈계적 손해배상을 인정할 수 있는 것으로 하고 있으며, 이는 사회적 이익과 고통을 받고 있는 개인의 이익을 동시에 고려하는 것이며, 고통을 받는 자에 대한 보답을 위해서 뿐만 아니라 가해자를 처벌하기 위하여 손해배상이 부과된다. 일반적으로 손해배상은 전보를 위한 것으로 말하여지고 있지만, 전침해에 대한 전보인지를 고려하지도 않고 손해배상은 전보가 아닌 처벌의 목적으로는 부과될 수 없다고 법원은 주장하고 있다"라고 하였다. 그리고 공공에 대한 침해와 개인에 대한 침해는 엄격하게 구별될 수 없는 것이며 법익의 보호라는 측면에서는 혼합적이라고 하였다. 이와 같이 Sedgwick는 징벌적 손해배상을 전보적 손해배상의 한 유형으로 보고 그 정당성을 주장하였다.

한편 Greenleaf는 Sedgwick의 결론을 비판하면서, 징벌적 손해배상에 관한 이론은 잘못된 것이라고 주장하였다. 그는 Sedgwick에 의해 주장된 징벌적 손해배상에 관한 이론들을 분석하고 비판하면서, 징벌적 손해배상은 실질적으로 어떤 필요성에 의하여 채택된 것이 아니라고 주장하였다. 징벌적 손해배상은 전보적 손해배상을 결정할 때 사건과 관련이 있는 모든 사정을 고려하도록 배심에게 허락한다는 증거상의 규칙에 의하여 나온 것에 불과하다고 하였다. 즉, 실질적 침해를 결정하는 데 피해자의 정신적 고통, 손상된 권위, 침해된 감정 등을 고려하게 하려는 법원의 의도를 Sedgwick는 징벌적 손해배상의 법리로 잘못 해석하였다는 것이다. 전보적 손해배상에도 처벌기능은 있다고 주장하면서, 가해자를 처벌하려는 목적에서 손해배상이 부과된 경우도 있었다고 Greenleaf는 주장하였다고 한다(윤정환, 1999: 68-70).

3) 손해배상의 요건

영국법에서는 전보적 손해배상을 일반적인 원칙으로 하면서 징벌적 손해배상은 예외적으로 인정하고 있다고 한다. 즉 1964년의 Rookes v. Barbard 사건 판결에서 ① 정부공무원이 강압적, 자의적 내지 위헌적 행위를 한 때, ② 가해자가 자신의 불법행위로 인한 이익이 피해자에게 지급할 전보적 손해배상을 공제하고도 이득이 된다고 계산하고 과감하게 불법행위를 행한 때, ③ 제정법에서 명시적으로 징벌적 손해배상의 부과를 규정한 때에만 인정한다는 기준을 설정하였다.

또한 징벌적 손해배상을 인정할 때 고려할 세 가지의 요건이 제시되고 있다. ① 원고 자신이 가해자의 강압적 행위에 의하여 희생자로 된 경우에만 징벌적 손해배상을 받을 수 있다. ② 징벌적 손해배상은 무제한적인 것이 아니라 합리적인 일정한 제한이 설정되어야 한다. ③ 징벌적 손해배상의 산정에는 당사자의 資力을 고려하여야 한다. 이러한 이유로 영국에서 징벌적 손해배상액은 그다지 많은 액수가 아니라고 하는데, 징벌적 손해배상제도가 국가권력의 전횡으로부터 국민의 자유를 지키기 위해 비롯되었다는 데서 그 이유를 찾기도 한다(김성태, 1985: 98-100).

이에 반해 미국은 엄청난 액수의 징벌적 손해배상액이 신문에 보도되곤 한다.[10] 미국에서의 징벌적 손해배상은 민사책임 전반에서 광범위하게 인정되고 있다. 계약불이행(breach of contract)으로 인한 손해배상의 경우에는 인정되지 않는 게 원칙이나 계약 불이행이 동시에 고의적인 불법행위를 구성하는 경우[Seaman's Direct Buying Services, Inc. v. Standard Oil Co., 36 Cal. 3d 752(1984)]와 혼인·고용·보험계약 등에서 신의성실원칙(good faith)에 반하는 때에는 인정되곤 한다(이상윤, 1996: 305-6). 즉, 일반적으로 고의불법행위의 경우뿐만 아니라, 보험업자의 불성실행위, 불공정거래행위, 음주운전행위, 직업적 배임행위 등에서도 징벌적 손해배상이 인정되고 있다. 제조물책임에서의 징벌적 손해배상에서는 거액의 배상액이 부과되고 있다(윤정환, 1999: 71). 인권법 위반의 경우도 문제가 되는데 인종차별, 남녀차별 사례가 잇슈가 된다.[11]

---

10) 2002.10.4. 로스앤젤레스법원의 배심원단이 베티 블럭(64)이라는 여성이 필립 모리스를 상대로 낸 피해보상소송에서 280억 달러를 보상하라는 평결을 내린 예를 들 수 있겠다(인터넷 한겨레신문 2002.10.5.).

11) 특히 동양적인 정서로 성희롱문제에 소홀히 대처했던 미쯔비시자동차 미국공장 사례가 세간의 화제가 된 바 있다. 이 회사는 1996년 4월 그 동안 남자 직원들이 여자직원들에게 외설적인 농담이나 낙서로 희롱하거나 외설적인 포르노 사진을 공장내에 전시하는 등 성희롱이 상습화되어 왔다는 사실로 제소당했다. 1998년 6월 고용평등위원회(EEOC)와의 성희롱 소송 합의에서 회사 경영진은 300여 명의 피해

손해배상의 요건으로 미국법에서는 전보배상을 징벌적 손해배상의 책임근거로 파악하지 않으므로 가해자의 수익의도는 문제가 되지 않는다. 일반적으로 징벌적 손해배상의 책임요건으로는 가해행위의 성격과 그 의도, 원고에 대한 위해의 성격과 그 정도, 피고의 재력 등을 고려하고 있다. 모델 징벌적 손해배상법(Model Punitive Damages Act)[12)]에서는 ① 피고가 주에서 명시적으로 징벌적 손해배상을 인정하는 법적 침해를 일으킨 경우, ② 피고가 악질적으로 침해를 의도하거나 의식적으로 현저하게 다른 사람의 권리 또는 이익을 무시하였다는 명백하고 확고한 증거를 원고가 제시한 경우, ③ 피고의 처벌을 위해 또는 앞으로 그와 유사한 행위를 억제하기 위해 필요한 경우에 징벌적 손해배상을 부과할 수 있다고 규정하고 있다(윤정환, 1999: 71-81).

직원들에게 3,400만 달러를 배상할 것과 관련 직원에 대한 성희롱 방지를 위한 계도교육 실시 등에 동의하였다. "Monitors Say Mitsubishi In Compliance With EEOC Consent Decree; Sexual Harassment Firmly Under Control At US Plant", *EEOC Press release*, September 6, 2000, http://www.eeoc.gov/press/9-6-00.html 등 참조. 남녀고용평등위원회는 이 문제에 대한 지침을 내놓고 있기도 하다. *EEOC Enforcement Guidance: Compensatory and Punitive Damages*, http://www.eeoc.gov/docs/damages.html.

12) 각주의 제도 통일을 꾀해 1994년 미국의 통일주법위원전국회의(National Conference of Commissioners of Uniform State Laws)는 징벌적 손해배상법의 제정을 위한 초안위원회를 구성하였다. 이 위원회에서 3년에 걸쳐 초안을 수정하여 1996년 11월 작성된 것이 이 법이다. 모델법은 징벌적 손해배상에 관한 재판절차, 입증방법, 심리과정 등의 개선을 도모할 뿐 강제력은 없다.

4) 손해배상액의 산정

모델법 제7조는 공정하고 합리적인 징벌적 손해배상액을 산정하는 기준을 규정하고 있다.

(a)항에서 제시하는 기준은 다음과 같다. ① 피고의 불법행위의 성격이 청구인이나 다른 사람에게 미치게 되는 효과, ② 전보적 손해배상의 총액, ③ 피고가 불법행위로 지불하였거나 지불되어야 할 벌금, 과태료, 손해배상액, 원상회복, ④ 피고의 현재와 장래의 수입정도, 그리고 손해배상이 수입에 미치게 되는 효과, ⑤ 피고가 불법행위로부터 얻게 되는 이익 또는 수입에서 그 불법행위로 지불하게 되는 손해배상이나 원상회복비용을 공제한 금액, ⑥ 죄없는 사람들에게 미치게 되는 손해배상에 따른 반대효과, ⑦ 피고가 불법행위를 범하고 난 이후 취하였던 피해 구제 노력의 정도, ⑧ 정부 기타 관련 공공기관에서 설정한 적절한 기준의 준수 여부, ⑨ 기타 손해배상액의 가감요소 등이다.

그리고, (b)항에서는 "징벌적 손해배상을 달리 규정하는 제정법이 있다면 그 법의 산정방법에 의한다"고 규정하고 있다. 법원에서 징벌적 손해배상액을 산정하였다면, 당사자의 신청에 따라 손해배상액의 산출근거에 대한 조사결과를 작성할 수 있으며, 기록으로 남길 수 있다(c항).

물론 이는 하나의 기준일 뿐 구속력이 없어 다툼이 이어지는 듯하다. 또한 연방대법원은 징벌적 손해배상에 대해 입법을 통해 해결하는 데 대해 회의적이라고 한다. 때문에 주 단위로 처벌과 억제라는 주의 이익과 징벌적 손해배상제도를 운용하는 데 드는 비용사이의 최적의 균형(optimal balance)을 잡아가는 선례의 구축이 필요하다고 지적하기도 한다.[13)]

5) 한계와 위헌 시비

그 긍정적인 기능에도 불구하고 징벌적 손해배상제도에 대한 회의적인 시각도 강하다. 특히 미국의 경우 그 배상액수가 아주 큰 규모에 달하는데 이러한 제도가 정당한지에 대한 논란이 있다. 예컨대 맥도널드에서 자기 스스로 뜨거운 커피를 쏟아 상처를 입은 여성에 대해 290만 달러를 배상토록 한 판결이 적정한지 하는 논의가 촉발시킨 징벌적 손해배상제도 개혁 심포지움 같은 게 좋은 사례가 되겠다. 논의 결과는 적절한 수준의 징벌적 손해배상은 적정한 가치를 인정하여야 하고, 제도의 민주적인 요소를 중시하여야 한다는 것이었다("Symposium: Reforming Punitive Damages: The Punitive Damage Debate").

또 다른 불만은 배심원에 대한 것이다. 배심원이 근거 없이 부자에 대한 질시에서 너무 많은 배상액을 제시하는 게 아닌가 하는 의구심이다. 조사결과는 현재의 제도에 문제가 있다는 것(R. Wissler et al., 1997; Joni Hersch/ W. Kip Viscusi, 2002)과 그렇지 않다는 것(E. Greene et al., 2000; Jennifer K. Robbennolt, 2002)으로 나누인다.

---

13) 그리고 제도의 구축 때 핵심적으로 고려할 사항으로 ① 헌법 적합성, ② 효율적인 억제와 처벌 기능, ③ 안정성 증진, ④ 기업의 연구, 혁신, 경쟁력 훼손 방지, ⑤ 부당이득의 제거, ⑥ 집행력의 강화 등을 들고 있다. A. Mitchell Polinsky/ Steven Shavell, 1998.

이 제도의 위헌 여부에 대해서도 꾸준히 논란이 되어왔다. 특히 2중 처벌 금지(double jeopardy - 수정헌법 제5조), 과도한 벌금과 잔인하고 비정상적인 처벌 금지(excessive fines - 수정헌법 제8조), 적법절차(due process - 수정헌법 제14조)와 관련된 위헌 논의가 무성하였다. 실제로 주의 법원에서는 위헌이라는 판단을 받은 경우도 많다. 그러나 연방대법원에서는 합헌성이 유지되었다.

이 제도의 위헌성을 처음 지적한 연방대법원판결은 1996년의 BMW자동차 사건 판결[BMW of North America, Inc. v. Ira Gore, Jr., 896 S.Ct(1996)]이다. 사안은 Gore라는 사람이 Alabama주의 BMW차 딜러한테 구입한 4만 달러짜리 스포츠 세단이 색을 다시 칠한(재도장) 사실을 숨긴 상태에서 팔린 차라는 데서 발단한다. 그런데 이 회사 내부규정에는 수리비용이 전체의 3% 이내일 때는 수리사실을 매수인에게 고지하지 않은 채 새 차로 팔 수 있도록 정하고 있고, 재도장 비용은 차 가격의 1.5%에 해당하였다. Gore가 제기한 소송에서 Alabama주 법원은 전보적 배상 4,000 달러와 징벌적 배상 400만 달러를 명하였다. Alabama주 대법원은 실제 손해가 크지 않고 비행이 사소한 것(minor)이라는 이유로 그 금액을 200만 달러로 낮추었다. 이 부분에 대해서도 회사가 불복하여 소송을 제기한 것인데 연방대법원은 이를 수정헌법 제14조 위반으로 인정한 것이다.

연방대법원은 징벌적 손해배상제도가 이중처벌에 해당하지는 않는다는 기본 입장을 유지하면서 과잉 벌금은 적법절차에 포함시켜 문제를 해결하는 태도를 보이고 있다. 즉 징벌적 손해배상액의 산정이 비록 배심의 재량사항이기는 하지만[14] 그것은 아무런 제한

이 따르지 않는 것은 아니라는 것을 적법절차의 문제로 이해한다. 이러한 전제 아래 배심원이 배상액을 산정할 때는 ① 피고의 행위에 대한 비난성의 정도(degree of reprehensibility), ② 실질적 손해와의 비율(ratio), ③ 유사행위에 대한 민·형사 제재와의 균형성(sanctions for comparable misconduct)을 유지하여야 한다는 제한을 받는다고 한다. 이 원칙에 반하여 지나치게 많은 징벌적 손해배상액을 산정하는 것은 수정헌법 제14조 위반으로 규제된다는 것이다.15)

이 판결이 나온 후 1년 동안 25개 판결이, 그리고 그 다음 해 1년 동안 50개 판결이 간행되었는데 모두 BMW 판결을 판단의 준거로 삼을 만큼 이 판결은 징벌적 손해배상의 기준을 설정하였다는 의미가 있다(Samuel A. Thumma). 다만, 이 판결에 대해서는 모든 징벌적 손해배상의 경우가 문제가 되는 게 아니라 순전히 경제적인 손해를 끼친 경우에만 해당한다고 이해하는 견해16)가 있고,

---

14) 연방대법원은 징벌적 손해배상제도가 위법행위를 처벌하고 그 재발을 막기 위한 주의 입법목적을 달성하는 적절한 조치라는 Gertz v. Robert Welch, Inc., 418 U.S. 323, 350 (1974) 판결을 인용하면서, 각 주에서 배심에게 상당한 폭(latitude)을 허용하고 있다.

15) 이 판결도 5:4로 위헌이 선언된 것이어서 많은 논란이 일고는 있다. 예컨대 과연 다수의견이 제시하는 3가지 기준을 실질적인 기준이라고 인정할 수 있을 것인가 하는 문제, 200만 달러의 배상액이 그 자체로는 많지 않은데 전체로 보아서는 과다하다(not simply excessive, but grossly so)는 것은 어떤 의미인지 등등의 지적이다(이점인, 1998: 53-58).

16) BMW사건을 검토하면서 연방대법원은 그 전의 18개 사건을 아울러 검토한 결과 이러한 결론을 내렸다는 것이다. Eugene R. Anderson et al 참조.

타당한 해석이라고 여겨진다.

한편 호주에서는 1998년에 이미 형사법이 적용되어 상당한 처벌이 부과된 경우 새롭게 징벌적 손해배상을 부과할 수는 없다는 이유로 하는 위헌 판결[Gray v. Motor Accident Commission(1998) HCA 70(17 November 1998) ; 73 ALJR 46]이 나왔다. 이중처벌 금지의 한 유형이라고 할 수 있겠다. 뉴질랜드에서는 항소심 판결[Daniels v. Thompson(1998) 3 NZLR 53]로 같은 이치를 밝힌 바 있다.

3. 고용차별사건의 징벌적 손해배상

고용차별에 관한 대표적인 사례는 Scribner v. Waffle House Inc. 사건이다. 1996년의 BMW사건 판결을 전거로 하면서도 연방대법원은 심각하고 지속적인 성희롱(severe and pervasive sexual harrassment)에 대해 800만 달러의 징벌적 손해배상을 부과한 것은 정당하다고 판단하였다. 와플 가게의 터무니없는 행동(egregious conduct)에 대해서는 중한 징벌적 손해배상(significant award of punitive damages)이 요구되고, 이러한 괘씸한 잘못(reprehensible wrongdoing)을 억제하여야 한다는 게 그 이유였다. 장래의 비행을 예방(억제)하기 위해서는 경종(wake-up call)을 울려야 한다는 것이다(Eugene R. Anderson et al).

4. 동 제도의 도입 여부

이제 이러한 내용을 특징으로 하는 징벌적 손해배상제도를 우리나라에 도입할 수 있는지 또는 도입하는 게 적절한지 여부를 검토하는 작업이 필요하다. 이 문제에 관해서는 대륙법계국가로 분류되는 우리 법체계와 징벌적 손해배상의 정합성 여부, 미국의 위헌성 심사에서 논의되어 온 이중처벌, 과다배상, 적법절차의 문제, 전보적인 일반 손해배상과의 입증책임의 차이 문제, 형벌 대신(혹은 형벌에 더해서) 징벌적 손해배상제도를 도입하는 게 적절한지 여부를 검토하여야 할 것이다.

1) 법체계의 문제

영미에서 발달한 동 제도를 대륙법계 국가에서 수용하는 게 법체계상 어울리지 않을 수는 있겠지만 꼭 그렇게 볼 바는 아니다. 이미 앞에서 제시한 바대로 북구에서는 이미 상당 정도 실험이 이루어진 상태이다. 보통 그 지도원리가 다르다는 데서 구별의 이유를 찾고는 있지만(사적자치와 국가의 개입; 김유미 외, 2001: 61-62), 애당초 공법과 사법의 구분이라는 게 법리상 당연한 것은 아니었다. 헤겔이나 칸트처럼 인간의 자유와 발전의 역사가 법의 역사라고 보고 국가가 관여하는 개인의 자율의 영역으로서의 사법질서를 강조할 수도 있고, 베이컨처럼 '사법은 공법의 후견에 복종한다'고 이해할 수도 있다는 것이다. 사회주의법이라면 모든 법은 공법이다. 라드브루흐는 공사법을 개념적으로는 선험적으로, 이념적으로는 경험적 혹은 역사적으로 이해할 수도 있다고 한다(최종고, 2000: 56-57). 공사법 구별의 실익을 소송절차에서 찾을 수 있을 뿐인지도 모른다(최영규, 1998).

그리고 실상 고대법에서는 공사법의 구분을 알지도 못했다. 이미 함무라비법전에서 징벌적 손해배상을 규정하고 있었고, 구약성서에도 이 이치를 밝히고 있다는 것이다(소재선, 1998: 22-23).[17] 우리나라도 마찬가지여서 후한서 동이 부여전에 도둑질한 사람은 훔친 물건의 12배에 해당하는 범칙금을 물도록 하였다고 기록되어 있다(盜一責十二 ; 연정열, 1996: 18).[18] 뒤르껭은 근대성의 징표로 억압적 규제(repressive sanctions)에서 배상적 규제(restitutive sanctions)로의 변천을 제시하면서, 이를 기계적 연대(mechanical solidarity)에서 유기적 연대(organic solidarity)로의 변화로 설명한다(Emile Durkheim, 1984). 그러나 양자의 관련성이 전혀 없어지는 것은 아니라고 밝히고 있다.[19]

결국 이 문제는 법체계의 문제가 아니라 입법정책의 문제일 뿐이다(포스트모던한 시대에 퓨전한 옛날로 돌아가는 것도 즐거운

17) 구약성서는 "사람이 소나 양을 도둑질하여 잡거나 팔면 그는 소 하나에 소 다섯으로 갚고, 양 하나에 양 넷으로 갚을지니라"(출애굽기 22:1)라고 쓰고 있다.

18) 고조선의 팔조법금(八條法禁) 중에서 남아 전해진다는 "남에게 상해를 입힌 자는 곡물로 배상한다"는 조항(최종고, 1989: 26)도 넓게는 같은 생각을 담고 있는 것으로 볼 수 있을 것이다.

19) "배상적 법률에 자리를 내주고 일부 남은 억압적 법률은 계약의 준수에 필요한 도덕적 코드를 계속 감시한다. 뒤르켐은 이런 계약 준수가 개인의 자율성, 위엄, 자유 등 도덕적 개인주의의 준수에 집중된다고 주장한다."(앤터니 기든스, 2000: 36).

일인지 모른다). 더욱이 노동법은 공법과 사법이 교착하는 대표적인 법영역이라는 점을 감안할 필요가 있겠다.

2) 이중처벌 문제

다음으로 이중처벌의 문제는 논란의 소지가 있다. 전보적인 일반 민사배상과 징벌적 손해배상의 관계라면 애당초 문제가 없다. 이중처벌 문제는 형벌의 중복 집행 문제로 제기되기 때문이다.

그러나 형벌과 징벌적 손해배상이라는 관계가 되면 논란이 예상된다. 징벌적 손해배상도 손해배상 즉 민사문제라고 보면 별다른 문제가 안 된다.[20] 그런데 징벌적 손해배상의 억제와 징벌이라는 측면을 감안하면 그렇게 쉽사리 결론을 내리기는 어려워 보인다(이 측면에서는 징벌적 손해배상이 본질적으로 형벌의 기능을 한다고 해석되기 때문이다). 때문에 현재의 제도에다가 새롭게 징벌적 손해배상 제도를 추가하는 방식은 쉽게 결정할 바는 아닌 듯하다.

좀더 깊은 연구와 논의가 필요하겠지만, 잠정적으로 호주-뉴질랜드 방식, 즉 이미 형벌이 부과되었을 때는 징벌적 손해배상은 가하지 않는 방안을 강구해 볼만하다.

이 문제와 관련하여 헌법재판소는 2002. 7. 18. 전원재판부의 결정(2000헌바57)으로 문제를 상당 정도 정리해 놓았다고 볼 수도 있다. 문제가 된 사안은 공무원연금법 제64조 제3항에서 공무원의 범죄행위에 대하여 형벌을 과하는 외에 다시 연금급여를 제한하는

20) 미국의 주류적인 판례 태도는 이 견해를 택하는 것으로 이해된다. 꼭 같은 해석으로는 강남진, 1996: 271-2.

게 헌법정신에 반하여 이중적으로 처벌하는 것인지 하는 문제이다. 이에 대해 헌법재판소는 "일정한 범죄를 범한 공무원에 대하여 형벌이나 공무원법상의 징계 외에 추가적인 경제적 불이익을 부과하는 것이기는 하나, 헌법 제13조 제1항 후단에 규정된 일사부재리 또는 이중처벌금지의 원칙에 있어서 처벌이라고 함은 원칙적으로 범죄에 대한 국가의 형벌권 실행으로서의 과벌을 의미하는 것이고 국가가 행하는 일체의 제재나 불이익처분이 모두 그에 포함된다고는 할 수 없으므로 이 사건 법률조항에 의하여 급여를 제한한다고 하더라도 그것이 헌법이 금하고 있는 이중적인 처벌에 해당하는 것은 아니라고 할 것"이라는 결론을 내렸다.[21] 그러나 이 결정으로 문제가 완전히 해결되는 것은 아니라고 본다. 이 경우도 징벌성이 강하기는 하지만 징벌적 손해배상처럼 타격이 크지는 않을 것이기 때문이다. 때문에 동일한 차원으로 비교하기는 어렵지 않을까 생각한다.

3) 적법절차의 보장

이 문제에 대해서는 미국에서의 논의를 그대로 수용하자는 견해(윤정환, 1995: 135-7)도 있으나 의문이다. 미국 판례이론을 따져보면 이 문제는 결국 다음에서 논하게 될 '배상액 규모의 적정성' 문제가 아닌가 생각된다. 따라서 우리 법을 논할 때는 달리 이해하는

---

21) 이 사안은 또 하나의 중요한 쟁점을 다루고 있는데, 공무원이었던 자의 범죄행위에 대해서까지도 같은 조치를 취하는 게 합당한가 하는 것이었고 이 부분은 위헌이라고 결정되었다.

게 합당하다고 본다. 결국 일반적인 해석론으로 돌아가 다음과 같이 이해하는 게 적절하다.

실체법과 비교하면 절차법은 기술적인 규정에 불과한 것처럼 보인다. 그러나 인권을 옹호하기 위해서는 정당한 절차의 보장이 필수불가결한 것처럼 절차의 문제는 단순한 기술적 문제는 아니다. 절차적 정의를 실현하는 것이야말로 절차법의 주제인 것이다. 그 기본원리인 적법절차의 보장은 적정절차의 보장을 의미한다고 해석되고 있다. 즉, 단지 법이 정하는 절차에 따를 것을 요구하는 것은 아니고 적정한 실체적 요건과 적정한 절차를 요구하고 있다고 해석되고 있는 것이다. 왜냐하면 적정한 실체적 요건을 규정하는 법에 기한 절차가 적정하게 집행될 때 비로소 인권의 옹호라는 것이 가능하기 때문이다(김유미 외, 2001: 73).[22)]

4) 배상액 규모의 적정성

다음에 배상액 규모 문제는 미국 판례에서 말하는 적법절차의 문제에 해당하는 것으로 그 법리를 수용할 수도 있겠다. 즉, ① 피고의 행위에 대한 비난성의 정도, ② 실질적 손해와의 비율, ③ 유사행위에 대한 민·형사 제재와의 균형성이 유지되는지가 관건이 된다.[23)]

---

22) 다만, "절차적 정의의 테크닉들이 시장이나 정치에서 협상체들의 조직이나 상호관계를 통제하는 새로운 규범들을 법질서에 부가함으로써 또 다른 단계에서 형식성을 재생산한다"고 지적하면서 형평과 유대를 강조하는 견해[로베르트 웅거, 1994: 252)는 주목할 필요가 있다.

23) 과다한 징벌이 되지 않도록 침해와 배상 사이의 비례성(proportionality)을

다만, 이 기준은 지나치게 추상적이므로 좀더 구체화하는 작업이 필요할지도 모른다. 예컨대 공정거래법에서 과징금 부과 때 활용하는 매출액(구매액)의 몇 %를 상한 또는 상한과 하한으로 정하는 방법이다. 이 경우 징벌의 효과와 행위자에게 미치는 영향을 실증적으로 연구하는 작업이 선행되어야 할 것이다.

이 문제와 관련해서는 두 가지를 아울러 검토하여야 한다. 하나는 징벌적 손해배상이 복수로 신청되는 경우인데 논리적으로는 이 제도가 하나의 행위에 대한 징벌이라는 측면이 있으므로 피해자가 다수라고 하더라도 징벌적 손해배상은 하나가 되는 게 합당하다. 집단소송(class action)을 활용·권장하는 것도 좋은 해결책이라고 본다(강남진, 1996: 273). 또 하나는 배심원을 믿을만한가 하는 점인데 우리나라의 경우 법관이 재판을 전담하므로 큰 문제는 없을 듯하다.

5) 입증책임의 정도 문제

징벌적 손해배상을 가하기 위해서는 손해와 가해자의 악성의 존재 및 그 사이의 인과관계의 입증 등이 문제가 된다. 이 문제는 역시 이 제도가 안고 있는 징벌과 배상이라는 양 요소를 조화시켜 이해하는 게 적절하다.

즉 미국 판례이론처럼 전보적 손해배상에서 요구하는 '증거의 우월'보다는 무겁고 형사절차에서 요구하는 '합리적인 의심을 초월할 정도의 증명'보다는 가벼운 중간영역의 입증책임을 지우는 게

중시하는 견해로 Victor E. Schwartz, 2000 참조.

바람직하다. 미국의 일부 주는 '명백하고도 확신을 품기에 족한 증명'(clear and convincing proof)을 요한다고 하는데(강남진, 1996: 274; Victor E. Schwartz, 2000)우리에게도 시사하는 바가 클 것이다.

6) 제도 도입의 실익

마지막으로 검토를 요하는 것은 죄형법정주의의 틀 속에서라도 두려움에 떨면서 현재의 체제를 유지하는 게 바람직한지, 아니면 과감히 새로운 틀 속으로 들어가는 게 적절한지 하는 정책적인 판단이 되겠다. 그런데 실은 이 문제는 법을 해석 적용하는 판사를 믿을 수 있는가 없는가 하는 문제가 그 근저에 놓여 있어 섣불리 진단하기가 어렵다.

현재의 틀 위에다가 징벌적 손해배상만 더 얹자고 주장하면 가장 편하기야 하겠지만 입법은 논리가 아니라 정치라는 게 엄연한 현실이다.

5. 글을 마치며

글머리에서 지적하였듯이 죄형법정주의라는 구세주가 이제는 우리의 실질적인 자유와 평등, 연대를 해치는 괴물로 둔갑한 것은 아닌가 하는 문제의식에서 장래 대비책은 무어 없을까 찾아보려고 이 글이 구상되었다. 그리고 그 대안으로 징벌적 손해배상제도를 생각해 보았다.

그러나 이 제도에 대한 이해는 두고두고 연구를 거듭해야만 감이 오지 않을까 하는 생각이 든다. 특히 실증적인 연구의 필요성을 절실하게 느낀다.

그리고 그 잠정 결론은 실은 내 얘기가 아니라 이미 남이 한 바 있는 다음 이야기이다.

> 형평성이 규범들의 논리에 희생될수록, 공식적인 법과 민중들의 정의관은 점점 사이가 벌어진다. 결과적으로 법은 평범한 사람이 보기에 그 정당성 뿐만 아니라 가지성(intelligibility)마저 상실한다. 그리고 그는 법을 유리한 지위에 있는 사람들이 사용하는 마술사의 도구상자나 양심적인 사람과 사악한 사람들에게 무차별적으로 떨어지는 일련의 천둥번개로 생각한다(로베르트 웅거, 1994: 244).

2부

고용과 임금, 노동시간

IV. 구조조정과 고용승계
V. 성과 관련 임금체계의 법리
VI. 노동시간의 단축과 유연화

IV. 구조조정과 고용승계

1. 문제의 제기
– 기업의 조직변경에 따른 노동자 신분의 변동

바야흐로 격변의 시기이다. 정치, 경제, 사회, 문화 모든 분야에서 변화의 움직임을 확인할 수 있다. 이러한 움직임은 기업의 경영과 노동생활이라고 예외일 수는 없다.

90년대에 들어서서 기업합리화 조치의 일환으로 합병과 영업양도 등 기업조직의 변경이 눈에 뜨이게 늘어나고 있다. 기업의 인수·합병(소위 M&A)은 사업의 확대와 강화를 위한 주요전략으로 구사되고 있을 뿐만 아니라 이를 중개하는 사업도 점차 늘어나고 있다. 기업은 자본집중에 의한 이윤추구라는 본래의 목적을 달성하기 위하여 자체의 기술혁신이나 경영합리화를 도모하는 것에 만족하지 않고 생산비 절감, 규모의 경제 실현, 시장의 독점, 각종 조세의 감면 등 여러 가지 경제적 이득을 좇아 다른 회사와 결합하려고 한다. 특히 IMF사태라는 예전에 겪어보지 못했던 경제위기를 맞이하여 기업의 인수·합병은 선택항목이 아니라 반드시 거쳐야 할 과

정으로 여겨지고, 정부정책도 이를 강력하게 추진한 바 있다.[1)]

그런데 기업조직에 변화가 오면 노동자의 신분에도 중대한 변화를 초래한다. 종전에 소속하던 회사와는 다른 회사로 소속이 바뀌는 데 따른 정체성(identity) 혼란이라는 문제가 나타나기 쉽고 새 회사에서의 노동조건이 전과는 달라질 수도 있다. 따라서 조직변경을 하는 데는 관계회사 소속 노동자들을 어떻게 대우할 것인지 하는 인사·노무 문제가 중요한 현안으로 등장하게 된다. 관련 기업의 종업원들의 노동조건 기타 처우를 어떻게 통일시키고 어떻게 변경할 것인지, 취업규칙은 어떻게 정비할 것인지 하는 문제가 과제로 대두된다(특히 업종이 다른 기업간에 결합을 하는 경우에는 더욱 그러하다). 이들 문제는 한 마디로 관계 기업의 종업원들의 노동계약관계가 어떻게 되는가 하는 문제라고 할 수 있겠다. 더욱이 은행의 합병이 곧 수많은 은행원들의 해고를 의미하였듯이 기업조직의 변동은 노동자의 노동생활에 결정적인 영향을 미치고 있다. 그 때문에 오늘날 노동자들의 최대관심사는 어떻게 일자리를 보전하는가 하는 것인데, 불행하게도 하루 아침에 일자리를 잃어버리는 사태를 맞이하는 예도 없지 않다.

---

1) 소위 빅딜(big deal; 대규모 사업교환)이라는 것은 대기업들로 하여금 기업의 인수·합병을 통해 새로운 짝짓기를 하라는 유언 무언의 경제정책을 가리키는 용어이다. 그런데 이러한 규모의 경제 이론은 개발초기 단계에서는 정당성을 가지지만 기업의 규모가 최적단위를 벗어나거나 하나의 공장이 아닌 다수의 공장으로 분산되어 있을 때에는 규모의 경제는 이루기 어려운 것 또한 사실이다. 또한 합병을 통하여 독과점상태가 형성되면 이러한 업체는 기술개발에 노력하지 않게 되고 결국은 모든 국민, 국가경제 전체에 폐해를 끼칠 우려도 있다는 데 유의하여야 한다. 황적인/권오승, 1994: 61-62.

이러한 상황 속에서 기업조직의 격변과 함께 그에 따른 노동자 지위의 변동을 어떻게 바라보아야 할지 심각하게 고민하지 않을 수 없다. 우리 노동법학계에 당장 눈앞에 다가온 과제는 기업의 존속과 노동자의 노동생활 유지를 어떻게 조화시킬지 하는 문제일 것이다.

이러한 문제의식을 가지고 기업조직이 변동하는 모습으로서 기업의 합병과 인수, 분할 그리고 사업의 양도에 따르는 노동법상의 문제를 검토해보고자 한다. 특히 기업조직의 변동에 따른 고용조정수단으로서의 경영상 이유에 의한 해고의 당부가 검토대상이 된다.

노동법학에서 기업조직의 변화에 따르는 경영상 이유에 의한 해고(이하 '경영해고'라 한다[2])를 급박한 검토과제로 다루는 이유는 경영해고의 독특한 성격 때문이다. 경영해고는 개별적인 해고에

2) 종래 학설·판례와 행정실무 모두 경영상 이유에 의한 해고를 정리해고라는 용어로 대신해왔다. 그런데 1998년 2월 20일의 개정 근로기준법 제31조에서 '경영상 이유에 의한 해고'라는 용어를 법전상의 용어로 사용하고 있으므로 이에 따르는 게 적절할듯하다. 다만, '경영상 이유에 의한 해고'라는 용어법은 손쉽게 사용하기에는 지나치게 긴 감이 든다. 때문에 이를 '경영해고'라고 간략하게 부르고자 한다. 이 용어를 쓰는 예로는 이상윤(1997: 488)을 들 수 있다. '경영상 해고'라고 표현하기도 한다[박종희, 1998: 2]. 손창희교수는 "정리해고라는 용어는 원래 일본에서 만들어 사용되고 있는 한자숙어인데 우리나라에서 몇 학자를 제외하고는 학술논문, 판례, 행정해석과 당사자 및 매스컴 등 모두 아무 생각 없이 그 낱말을 무비판적으로 '借用'하고 있는 것은 반성해야 할 것이다. 조정해고는 '법이 허용하는' 다양한 고용조정수단 가운데 최종 마지막 카드라는 점에 주목하면 '調整解雇'라고 부르는 편이 보다 더 적절한 용어법이라 여겨진다"(1998: 70)고 지적한 바 있다. 대단히 시사적인 지적이라 생각된다. 그러나 이 글에서는 법전상의 용어에 가깝게 경영해고라고 쓰기로 한다.

비해 크게 두가지 측면에서 특수성이 논의된다.

첫째, 정리해고는 노동자의 귀책에 의한 것이 아니라는 점이다. 자본주의 경제에서 경기순환이나 구조조정은 필연적이라고 할 수 있기 때문에 사용자의 귀책에 의한 것이라고 하기에도 무리가 있다. 즉, 정리해고는 사용자나 노동자측의 내재적 사유에서 비롯된 것이 아니라 외재적인 경제적·기술적 구조변화로 인해 야기된 불가피한 측면이 있다. 이와 같이 노동자의 귀책사유없이 해고된다는 특수성에서 그 대책의 특수성도 도출되어야 한다. 만약 노동자의 귀책사유로 해고된다면 그 후의 생활상 곤란은 원칙적으로 노동자의 책임이다. 마찬가지로 사용자가 정당하지 않은 해고를 할 때에는 원직복귀를 시키는 등의 형식으로 사용자가 그 책임을 부담한다. 그러나 정리해고는 사용자나 노동자의 책임으로 돌리기 어려운 측면이 있기 때문에 누가 어떻게 책임을 부담하는가에 대한 고찰이 필요하다.

둘째, 정리해고는 대규모로 행해지는 경우가 많기 때문에 당해 노동자들의 고용상실은 대규모 노동분쟁을 야기하고 해고 대상자나 그 가족에 대한 피해 뿐만 아니라 심각한 사회적 문제를 유발할 수 있다는 점이다. 대규모의 정리해고가 행해진 경우에는 실업기간 동안 노동자와 그 가족에 대한 소득보장문제, 실업급여, 직업훈련, 구직활동의 지원 등 여러 가지 사회적 비용이 필요하다. 이러한 사회적 비용은 국가에 의해 부담될 수도 있고, 노동자를 계속 보유하도록 함으로써, 즉 정리해고를 금지시킴으로써 사용자에게 전가할 수도 있으며, 해고를 허용함으로써 노동자에게 전부 부담시킬 수도 있다. 여기에서 문제는 누가 그 비용을 부담하는 것이 사회적으로 가장 효율적인가 하는 것이다. 정리해고가 자본주의 경제에서 필연적인 것이라면 정리해고에서의 핵심적인 문제는 당사자 중 누가 귀책사유가 있는가를 추궁하는 것이 아니라 노동자, 사용자 및 국가 중에 사회적 비용을 어떻게 정당하게 배분하는가의 문제이라고 할 수 있다. 가장 효과적인 비용회피자에게 책임을 부담시킴으로써 정리해고의 사회

> 적 비용을 최소화하는 방안을 강구할 필요가 있는 것이다. 따라서 정리해고에 대한 대책은 배분적 정의를 어떻게 실현할 것인가의 문제라고도 할 수 있다(김유성, 1997: 8-9).

경영해고의 이러한 특성 때문에 많은 국가에서 경영해고를 개별적 해고와는 다르게 규제하고 있다. 그 기본적인 사고는 경영해고의 부정적인 결과에 대한 책임을 노사정이 공평하게 분담하여야 한다는 것이다. 경영해고의 결과는 노사정 모두에게 미치는 것이기 때문에 그 규제제도를 설정하는 데는 삼자의 이익을 형량하여 제도화하는 것이 바람직하다. 경영해고에 관한 조치는 가능한한 경영해고를 회피하기 위한 것이어야 하며, 경영해고가 회피될 수 없다면 그 부정적인 결과는 가능한한 최소화하여 고용상실의 고통을 완화할 수 있어야 한다.

이와 같은 경영해고의 특성을 감안하면서 기업조직의 변경에 따른 경영해고를 고용의 승계라는 측면에서 검토해보기로 한다. 이 문제의 검토에는 현행 근로기준법 제31조의 해석이 대단히 중요한 요소로 작용할 것이다. 따라서 동 조항의 해석론을 중심으로 구조조정과 고용승계, 그리고 경영해고 문제에 대한 해답을 찾아보자.

2. 근로기준법 제31조 1항 2문의 의의

1) 경영해고의 법제화

잘 알려져 있는 바와 같이 1996년말과 1997년초에 걸친 노동법

개정 파동(양대 노총 주도하의 총파업)을 걸쳐 1997.3.13. 제정된 근로기준법은 경영해고를 명문으로 규정하였다. 당시의 근로기준법 제31조는 조문의 명칭을 '경영상 이유에 의한 고용조정[3)]'이라 하여 그간 판례법리를 통해 형성되어온 경영해고의 요건을 명문화하였다. 즉 우리 대법원은 경영해고를 하기 위해서는 ① 해고를 하지 않으면 기업경영이 위태로울 정도의 긴박한 경영상의 필요성이 있어야 하고, ② 경영방침이나 작업방식의 합리화, 신규채용금지, 일시휴직 및 희망퇴직의 활용, 배치전환 등 해고회피를 위한 노력을 다해야 한다. ③ 합리적이고 공정한 정리기준을 설정하여 이에 따라 해고대상자를 선별하여야 하고, ④ 해고에 앞서 노동자측에 적절한 통지를 하고 이들과 성실하게 협의할 것을 요구해왔는데(대법원 1989.5.23.선고 87다카2132 판결 등). 이 법리를 법제화한 것이다. 그러나 당시 근로기준법 부칙 제1조는 이 조항의 시행을 2년 동안 유예하고 있었다.[4)]

그러나 IMF 구제금융사태라는 국가누란의 경제위기는 노사정의 사회협약을 이끌었고 그 합의사항의 하나로 경영해고의 즉각실시를 보게 하였다. 즉 1998.2.20. 개정 근로기준법은 제31조의 조문표제를 '경영상 이유에 의한 해고의 제한'으로 바꾸는 한편 그간 동 조항의 적용을 유예하고 있었던 부칙 제1조를 삭제하여 정당한 경

3) 종전에 관행삼아 쓰여온 '정리해고'라는 용어 대신 '고용조정'이라는 용어를 법전상의 용어로 등장시킨 것은 정리해고라는 말이 주는 위압감·거부감 때문인 것으로 이야기된다.

4) 그러나 이러한 유예조치와는 관계없이 종래의 판례법리에서 정하는 요건을 갖출 때는 여전히 경영해고를 할 수 있다고 해석한다. 노동부, 1997: 153-4.

영해고는 즉각 실시할 수 있도록 하였다. 현행법의 기본골격도 구법과 다를바는 없는데, 다음과 같은 몇 가지 변화가 있었다.

첫째로, 긴박한 경영상의 필요와 관련하여 "경영악화를 방지하기 위한 사업의 양도·인수·합병은 긴박한 경영상의 필요가 있는 것으로 본다"는 규정을 첨가하였다(제31조 1항 2문).[5] 둘째로, 해고회피과정과 해고대상자 선정 때 "남녀의 성을 이유로 차별하여서는 아니된다"는 차별금지 규정을 신설하였다(제31조 2항 2문). 셋째로, 해고회피 및 해고대상자 선정과 관련하여 사용자로 하여금 노동자대표에게 해고하고자 하는 날의 60일전까지 통보하고 성실히 협의하도록 해고예고기간과 성실협의의무를 명문화하였다. 넷째로, 일정규모 이상의 노동자를 해고하고자 할 때에는 노동부장관에게 사전 신고토록 하였다. 다섯째로, 경영해고를 행한 기업에서 해고후 2년 이내에 노동자를 채용할 때는 경영해고당한 노동자를 우선 고용토록 하였다. 그러나 이는 법적의무가 아니라 노력의무이기 때문에 큰 의미는 없을 듯하다.

이렇듯 근로기준법에 경영해고가 명문화되기 전에는 판례법리를 통하여 기업조직의 변동에 따른 경영해고가 정당한지를 논의해왔는데 현행법에는 명문의 규정을 두어 이를 해결하고 있어 제정법의 정확한 해석이 노동법학의 과제로 떠오르고 있다. 그런데 근로기준법 제31조 1항 2문은 '경영악화를 방지하기 위한' '사업의

---

5) 경영해고를 처음 법제화한 1996.12.31. 근로기준법은 애당초 '계속되는 경영의 악화, 생산성 향상을 위한 구조조정과 기술혁신 또는 업종의 전환 등'을 긴박한 경영상의 필요에 해당하는 사유로 예시하고 있었다. 그러나 법제정절차에 중대한 흠이 있는 이 법을 과연 법이라고 볼 것인지는 의문이다.

양도· 인수· 합병'은 긴박한 경영상의 필요가 있는 것으로 본다는 것을 규정하고 있을 뿐이어서 경영해고의 네 가지 요건 중 '긴박한 경영상의 필요'를 부언하고 있다는 의미 이외에는 다른 아무것도 얘기해주는 바가 없다.

이하 이 조항의 해석을 중심으로 나머지 세 가지 요건을 아울러 검토하면서 사업의 양도· 인수· 합병과 노동관계의 승계문제를 짚어본다.

2) 경영악화를 방지하기 위한 '사업의 양도· 인수· 합병'

(1) '사업의' 양도· 인수· 합병

우선 사업의 양도· 인수· 합병의 의미를 밝히는 작업이 필요하다. 상법학에서는 경영학상의 기업매수(M&A; merger & Acquisition)라는 용어를 차용하여 널리 다른 회사의 경영지배권을 취득하기 위하여 거래하는 것을 총칭하곤 한다. 이 기업매수의 수단으로 보통 합병, 상대방회사의 주식의 매수 및 의결권대리행사의 위임장(proxy) 취득이 있고, 더 넓게는 영업의 양수도 포함한다고 설명한다(정동윤, 1988: 791-2). 이와 같이 종전에는 기업의 이전을 의미하는 상법상의 영업양도라는 개념만을 쓰고 있었을 뿐인데 현행법에서 이 사업양도라는 용어를 법제화하였다는 것은 기업(또는 영업)과 사업이라는 것을 구분하고자 하는 입법자의 의도를 읽을 수 있다.[6)]

---

6) 물론 논자에 따라서는 여전히 '사업=기업'이라 읽기도 한다. 현행 근로기준법은 예전과 마찬가지로 곳곳에서 '사업 또는 사업장'이라는 용어

사업의 개념을 분명히하기 위해서는 우선 사업과 기업의 차이를 파악해야 한다. 사업과 기업은 일반적으로 목적의 면에서 구별된다. 사업은 노동기술적 목적을 달성하기 위한 조직적 통일체인 반면, 기업은 경영적 또는 관념적 목적을 달성하기 위한 조직적 통일체이다.[7] 따라서 사업과 기업은 개념상 구별된다. 사업양도의 차원에서는 기업이 하나의 사업으로 구성되어 외관상 양자가 일치하는 경우에도 노동관계의 이전이라는 사업양도의 법적 효과라는 측면에서는 기업양도와 사업양도를 개념적으로 구별할 필요가 있다. 예컨대 기업의 일부 구성요소가 제외되면서 양도되는 경우에 그 제외되는 구성요소가 '기업'에만 관련되는 요소인지 또는 '사업'과 직접적으로 관련되는 요소인지를 구별하여야 한다. 따라서 사업양도를 논할 때의 사업개념은 '사용자가 노동자와 함께 물적·비물질적 수단을 사용하여 노동기술적 목적을 계속적으로 추구하는 조직적인 통일체'라고 정의할 수 있겠다(이승욱, 1997: 36).

이에 반해 인수·합병의 의미는 사업에 대한 인수·합병이 아닌 기업의 인수·합병의 의미로 새겨야 한다는 지적이 있다. 문장구조상으로는 "사업의"라는 문언은 양도에 대해서 뿐만 아니라 인수·합병까지를 꾸며주고 있다. 그러나 이러한 문리해석에서 한 걸음 나아가서 '사업의 인수·합병'이라는 법적 개념이 논리적으로 성립되는지 따져보아야 한다. 왜냐하면 인수·합병은 기업의 경영지배

를 사용하고 있고, 이 때 사업은 기업으로 이해하곤 한다(대법원 1992.2.28 선고 91다30828 판결 등).

7) 즉 기업의 존속보호라는 상법상의 법리와는 독자적으로 노동관계의 존속보호라는 노동법적 관점이 도입되어야 한다는 것이다(현천욱, 1997: 35).

권 획득을 목적으로 행하는 행위를 지칭하는 것인데, 경제적 가치 개념으로서의 기업 및 이에 대한 경영지배권의 관념은 노동기술적인 목적하에서 노동조건의 결정단위의 의미를 지닌 사업과는 기본적으로 접근시각을 달리하는 것이다. 또한 사업의 양도에서는 사업의 일부만을 양도할 수도 있지만, 기업의 인수·합병의 경우 소멸하는 회사의 권리·의무가 존속하는 회사로 포괄승계되어 일부인수 내지 합병이란 있을 수 없다. 따라서 법문상 인수·합병은 기업(회사)의 인수·합병을 의미하는 것으로 해석하는 것이 타당하다는 것이다[8].

이러한 지적은 인수·합병의 의미를 정확히 파악하고 있는 것으로 생각된다. 다만, 근로기준법에서 사업의 인수·합병이라고 표현하고 있는 것을 좋은 의미로 파악하자면 기업의 인수·합병인 경우에도 사업의 동일성이 유지되므로 노동관계가 승계됨을 주의적으로 나타내고자 하는 취지로 읽을 수도 있을 듯하다.

(2) 사업양도

① 사업양도와 사업의 동일성

사업양도란 '사용자가 노동자와 함께 물적·비물질적 수단을 사용하여 노동기술적 목적을 계속적으로 추구하는 조직적인 통일체'를 '그 동일성을 유지하면서 일체로서 이전하는 행위'라고 정의할

---

8) 이렇게 해석하는 경우 법문은 "사업의 양도·인수·합병"보다는 "사업의 양도, 기업의 인수·합병"으로 표현되는 것이 더욱 적절하다고 한다(박종희, 1998: 8).

수 있겠는데, 학설·판례·행정해석은 사업양도로 노동관계는 승계된다고 해석한다. 달리 말하자면, 사업양도인 경우에는 노동관계가 승계되지만 그렇지 않은 경우에는 반드시 고용승계가 이루어지는 것은 아니다. 따라서 사업양도에 해당하느냐 그렇지 않으냐의 판단이 중요한 관건이 된다.

창신낙산복지회 사건에서 대법원은 "영업의 양도라 함은 일정한 영업목적에 의하여 조직화된 총체 즉 물적, 인적 조직을 그 동일성을 유지하면서 일체로서 이전하는 것"이므로 "운수업자가 운수업을 폐지하는 자로부터 그 소속 종업원들에 대한 임금 및 퇴직금 등 채무를 청산하기로 하고 그 운수사업의 면허 및 운수업에 제공된 물적 시설을 양수한 후, 폐지 전 종업원 중 일부만을 신규채용의 형식으로 새로이 고용한 경우, 그러한 사정만으로는 영업양도라고 볼 수 없다."는 이유로 노동관계가 당연히 승계되는 것은 아니라고 판단하였다(대법원 1995.7.25 선고 95다7987 판결).[9]

---

9) 마찬가지로 롯데칠성음료 사건에서도 대법원은 "갑회사가 을회사의 기존 판매망과 생산시설을 바탕으로 하여 동일한 제품을 생산하게 되었다 하더라도 이로써 당연히 을회사와 갑회사 사이에 노동자와의 노동관계를 포함한 유기적 조직체로서의 을회사의 영업 전부나 일부를 양도하기로 하는 내용의 영업양도에 관한 합의가 있었다고 보기 어렵고, 또한 을회사 소속 노동자들 일부를 을회사에서 퇴직하게 한 후 갑회사가 신규입사형식으로 채용하였다면, 그 영업에 관련된 을회사 소속 노동자들을 종전의 노동조건이나 직급상태로 그대로 인수한 것이 아닐 뿐 아니라 을회사의 노동자 일부는 그대로 잔류하였던 것으로 인정되고 그밖에 갑회사가 을회사에 관련한 다른 자산이나 부채, 채권과 채무 등에 관련하여 이를 모두 인수한 것으로 인정할 아무런 증거가 없다면, 갑회사가 실질적으로 을회사의 영업 전부나 일부를 포괄적으로 양수한 것으로 보기도 어렵다."고 판시하고 있다(대법원 1994.11.18 선고 93다

판례의 태도를 정확하게 읽기가 쉽지는 않은데 판례는 사업이 양도되면 노동관계도 이전되는데 사업양도에 해당하는지 여부의 판단은 사업양도 전후에 걸쳐 '사업의 동일성'이 유지되는지에 달려있다고 보는 듯하다.

사업양도시 노동관계의 이전을 인정하는 배후에 깔려 있는 사고는, 사업의 양도가 이루어지면 기존의 사업주, 즉 양도인에 대하여 노동자는 통상적으로 노동을 제공할 수 없다는 것을 전제로 하고 있다. 물적·비물질적 사업수단이 양도되면, 즉 사업의 기초가 양도되면 기존의 사업주에 대한 취로가능성은 사실상 소멸되는 것이다. 그런데 이 경우에 기존의 업무는 당연히 소멸하는 것이 아니라 양수인에게 그대로 이전된다. 이러한 취로가능성이 사실상 그대로 유지되는 경우, 즉 '업무의 동일성'이 유지되는 경우에는 노동관계의 이전을 인정함으로써 노동관계의 존속을 보호하고자 하는 데에 규범의 목적이 있는 것이다. 따라서 양수인이 취득한 사업수단을 투입하여 새로운 업무를 새로이 창출하여야 한다면 사업양도는 인정되지 않을 것이다(이승욱, 1997: 63).

여기에서 사업의 동일성은 사업의 계속운영가능성으로 파악되어야 하며, 본질적 사업수단의 양도라는 점과 사업으로서의 기능능력을 가진 채 양도되어야 한다는 두가지 요건이 갖추어지면 사업양도에 해당한다고 볼 수 있다.

사업의 동일성이 인정되기 위한 첫 번째 요건은 단순한 사업재산이 양도되는 것만으로는 부족하고 '본질적' 사업수단이 양도되어야 한다는 것이다. 그러나 반드시 전체 사업수단이 모두 양도될

18938 판결).

필요는 없다. 이 경우 사업수단의 '본질성'은 사업의 성질에 따라 달리 판단되어야 한다.10)

사업양도가 인정되기 위한 두 번째 요건은 사업재산이 기능관련성을 가지고 양도되어야 한다는 것이다. 즉 사업은 기능능력을 유지한 채 양도되어야 한다. 본질적인 사업수단이 양도된다고 하여도 당해 사업수단이 기능관련성을 상실한 채 양도되면 사업양도가 아니라 새로운 사업의 설립에 불과하다. 그런데 사업의 기능능력의 판단에 있어서는 노동관계를 포함하여 판단하여야 한다. 따라서 본질적 사업수단만이 양도되고 노동관계가 일체 인수되지 않은 경우에는 사업양도가 인정되지 않는다. 그러나 노동관계의 전부가 이전되어야 하는 것은 아니다. 사업으로서 기능을 유지하기에 족한 정도로 노동관계가 이전되면 족하다.

사업양도 이후 양수인이 사업의 목적을 변경하는지 또는 기존의 목적을 그대로 유지하는지에 대한 양수인의 양수목적은 사업양도의 인정과는 무관하다. 사업양도에서 사업의 동일성은 '객관적' 계속운영가능성을 의미하기 때문이다.

---

10) 예컨대 제조사업의 경우에는 통상적으로 물적 사업수단을 중심으로 본질적 사업수단인지 여부를 판단하고, 물적 사업수단 중에서 어떠한 것이 본질적인지 여부는 당해 사업의 노동기술적 목적에 따라서 개별적으로 판단되어야 한다. 서비스사업은 물적 사업수단은 본질성을 결여하고 있는 경우가 많고 물적 사업수단 자체가 존재하지 않는 경우가 있기 때문에 사업수단만을 고려한 사업의 동일성 판단은 한계가 있다(이승욱, 1997: 78-81).

② 사업양도와 노동관계의 이전

이렇듯 사업양도로 노동관계 역시 이전된다. 그런데 사업양도로 노동관계도 이전된다고 하면서도 학자에 따라서 그 내용은 조금 다르게 이해하고 있다. 이 문제는 사업양도계약의 당사자인 양도인과 양수인이 사업양도 때 일부의 노동자를 노동관계 이전의 대상에서 배제할 것을 명시적으로 합의한 경우 그러한 합의가 유효한지 여부에 대한 이른바 당연승계설과 원칙승계설의 대립으로 나타난다[사업양도시 노동관계의 이전에 대해 양도계약당사자의 명시적인 합의가 필요하다는 이른바 특약필요설(하경효, 1997: 56-57)은, 현재 우리나라에서 이러한 입장을 취하는 학설이나 판례·행정해석은 없기 때문에 학설사적 의미만을 가지고 있을 뿐이다[11]].

당연승계설을 취하고 있는 입장에서는 그러한 합의 자체를 무효로 파악하고(김영훈, 1987: 709; 임종률, 1985: 556 이하; 하경효, 1997: 58-68), 원칙승계설의 입장에서는 그러한 합의의 유효성은 일응 인정하면서도 사업양도 그 자체만을 사유로 삼아 노동자를 해고하는 것은 근로기준법 제30조 소정의 '정당한 이유'가 있는 경우에 해당하지 않는다고 본다(손창희, 1998: 86; 대법원 1994.6.28. 선고 93다33173 판결; 1992.7.14. 선고 91다15225 판결; 1991.11.12. 선고 91다12806 판결 등).

당연승계설과 원칙승계설은 사업양도 그 자체를 이유로 한 해고는 근로기준법 제30조 제1항 위반의 해고라고 하는 점에서는 공통

11) 어떤 형식으로든 노동자가 사업주 개인에게 고용되어 있는 것이 아니라 사업 그 자체와 결합되어 있다는 점을 인정할 수밖에 없는 오늘날의 노사관계하에서는 이러한 입장은 더 이상 논할 필요가 없다고 한다(이승욱, 1997: 176).

되지만, 다음과 같은 점에서 차이가 있다. 당연승계설에 의하면 사업양도 때 일부 노동자에 대해서는 노동관계의 이전을 배제한다는 합의 그 자체가 무효이기 때문에 제외된 노동자는 양수인에 대하여 해고무효를 다투는 반면에, 원칙승계설은 일단 그러한 합의의 유효를 전제로 하기 때문에 양도인에 대하여 해고무효를 다투게 될 것이라는 점에서 차이가 있다. 그런데 사업양도시 해고의 효력을 다투는 노동자의 노동관계도 사업양수인이 양수한다고 보면 이 두 입장은 실질적인 차이가 없게 될 것이다.

판례는 사업양도시 이전되는 노동관계의 범위에 관하여 계약체결일 현재 실제로 그 사업부문에서 근무하고 있는 노동자와의 노동관계만을 대상으로 한다고 하여 계약체결일 이전에 해당 사업부문에서 근무하다가 해고된 노동자로서 해고의 효력을 다투는 노동자와의 노동관계까지 승계되는 것은 아니라는 원칙을 밝히고 있다(대법원 1995.9.29. 선고 94다54245 판결). 다만 예외적으로 해고의 효력을 다투고 있는 자에 대한 해고의 무효가 명백한 경우와 같이 특별한 사정이 있는 경우에는 이러한 노동자의 노동관계는 이전된다고 한다(대법원 1996.5.31. 선고 95다33238 판결).[12]

그러나, 판례의 태도는 비판을 받고 있다. 사업양도의 상황은 일반적으로 정리해고, 전적 등 여러 가지 법적 쟁점이 포함되어 있는 경우가 많다. 사업양도가 이루어지기 이전 또는 그 이후의 상황에

---

12) 이 사건에서 법원은, 해고의 원인이 된 전적명령 자체가 아무런 효력이 없음이 객관적으로 명확하게 되었다는 점, 양도회사와 양수회사의 임원의 구성원이 중첩되고 있기 때문에 양수회사도 해고의 무효를 알고 있었다는 사정 등을 고려하여 해고의 효력을 다투고 있는 노동자의 노동관계의 이전을 인정하고 있다.

서 노동관계의 종료와 관련되는 조치를 취할 경우에 그 조치가 해고에 해당하는 것인지는 불분명한 경우가 보통이다. 판례의 원칙에 따른다면 그러한 불명확성에서 야기되는 위험을 사실상 노동자에게만 부담시키는 결과가 된다. 그런데 양수회사의 사정이나 양도계약과 관련되는 상황을 구체적으로 알 수 없는 노동자가 그러한 특별한 사정을 입증하는 것은 사실상 불가능하다. 따라서 사업양도가 이루어지는 경우에는 해고의 효력을 다투고 있는 노동자에 대해서 양수인은 '계속중인 재판에서 노동자의 승소를 정지조건으로 하는 노동계약'을 승계한다고 이론구성하는 것이 타당하다는 것이다.

이렇게 본다고 하여도 사업양수인에게 불합리한 부담이 되는 것은 아니다. 양수인은 양수하려는 사업의 상황에 대하여 자세히 조사·검토하는 것이 일반적이기 때문이다. 또한 판례의 태도를 존중한다고 할지라도, 양도인이 사업양도 때 일부 노동자를 배제한다는 합의를 한 이상 양도인의 당해 해고가 이러한 배제합의에 근거하여 이루어진 것이라면, 배제합의를 유효로 만드는 특별한 사정이 없는 한, 해고의 무효가 명백한 경우에 해당하기 때문에 이러한 노동자의 노동관계는 양수인에게 이전되게 될 것이라는 해석이다(이승욱, 1997: 177).

이 당연승계설을 지지하는 견해가 사업양도의 본질을 더욱 적절히 파악하고 있는 것으로 생각된다. 원칙승계설을 주장하는 쪽에서는 이러한 이치를 직접 밝히고 있는 명문의 규정이 없는 현행법체계 아래서는 입법론이 아닌 해석론으로서는 받아들이기 어렵다고 반론을 제기하기도 하나(현천욱, 1997: 34), 현행 근로기준법 제

31조 1항 2문의 해석론으로 충분히 그러한 결론을 도출할 수 있을 것으로 여겨진다. 이 조항에서 “경영악화를 방지하기 위한 사업의 양도·인수·합병은 긴박한 경영상의 필요가 있는 것으로 본다”는 것은 경영악화 방지와 무관한 사업의 양도·인수·합병은 긴박한 경영상의 필요가 없다는 것이고, 그 경우에는 당연히 노동관계가 승계된다는 것을 전제하는 것으로 해석되기 때문이다.

③ 노동자의 거부권 행사

한편 사업양도에서 노동관계의 이전 여부는 노동관계가 이전되지 않은 노동자가 자신의 노동관계의 이전을 주장하는 형식으로 주로 문제되기 때문에 노동관계가 이전되는 노동자의 의사는 특별히 문제되지 않는 경우가 대부분이다. 그런데, 노동자가 사업양도로 인한 노동관계의 이전을 거부하고 원래의 사용자인 양도인의 사업에서 계속 노동을 제공하려고 하는 경우[13]에는 노동관계의 이전에 대한 노동자의 동의문제가 핵심적인 쟁점으로 부각된다. 이에 관해서는 同意必要說과 同意不要說간의 다툼이 있다.

동의필요설은, 민법 제657조 1항이 “사용자는 노무자의 동의없이 그 권리를 제3자에게 양도하지 못한다”고 (노무제공의 이른바 一身專屬性을) 규정하고 있는 점을 전제로 하여, 노동관계에서 사용자 권리의 일신전속성을 규정한 민법 제657조 제1항이 사업양도의 경우라고 하여 그 적용이 배제되어야 할 합리적인 이유가 없다는 점, 노동계약의 상대방인 사용자는 노동계약의 본질적인 요소

---

13) 예컨대 양수기업보다 양도기업의 각종 여건이 훨씬 좋은 경우를 생각해보라.

로서 그 변경이 계약당사자인 노동자의 의사와 무관하게 변경된다는 것은 있을 수 없다는 점, 노동자가 일상적으로 기업이라는 유기적 조직체의 일부에 편입되어 있다고는 하여도 사업양도의 대상이 되는 다른 유형·무형의 의사를 가지지 않는 재산과 동일하게 취급하는 것은 인간의 인격적 존엄성을 침해하는 것으로서 허용될 수 없다는 점, 이른바 轉籍의 경우에 노동자의 개별적인 동의를 요하는 것과 달리 볼 이유가 없다는 점 등을 근거로 제시하고 있다. 다만, 노동자의 동의는 반드시 명시적일 필요는 없고, 노동자가 별다른 이의를 제기하지 않고 양수회사에서 근무하고 있다면 노동자의 묵시적인 동의가 있었다고 인정한다(김홍준, 1994: 43; 이용구, 1997: 138; 현천욱, 1997: 41).

반면에 동의불요설은 민법 제657조에서 규정하는 노무계약은 노동법상의 노동계약과 그 성질을 달리하므로 노동계약의 이전에는 적용되지 않는다는 것을 주된 논거로 하는 듯하다(이상윤, 1997: 474; 박홍규, 1995: 537). 이 논리의 연장에서 노동자의 직업선택의 자유와 인간의 존엄성 보장이라는 측면에서 노동자의 즉시해지권을 인정하자거나(김형배, 1997: 387-8) 노동자에게 노동관계의 이전에 대한 거부권을 인정하자고 주장하는 견해(이승욱, 1997: 119-175; 하경효, 1997: 69-74)가 있다.

사업양도에 따른 노동관계의 이전에 대하여 노동자가 동의를 하지 않는다거나 거부권을 행사하는 것은 보통의 경우 그 직장에서의 노동생활의 종료를 의미한다. 이는 곧 생계원천의 소진을 의미하는 것이고 그 때문에 동의필요설이나 동의불요설이 전혀 지평이 다른 논의가 아니라는 것을 의미한다.

하지만, 그럼에도 다음과 같은 실익을 생각할 때 노동자에게 거부권을 인정하자는 견해에 주목할 필요가 있을 듯하다. 첫째로, 거부권은 소급효를 가진다. 둘째로, 거부권이 사업양도 실시 이후에 행사되면 거부권을 행사한 노동자는 그 사이에 이루어진 노동에 관하여 사실적 노동관계론에 따라 사업양수인에 대해 책임을 물을 수 있다. 셋째로, 노동자가 거부권을 행사하여 양수한 사업의 계속 운영이 불가능하다고 하여도 양수인은 사업양도계약 그 자체를 해제 또는 취소할 수 없다(이승욱, 1997: 175).

(3) 기업의 인수·합병

(1) 앞에서 본 바와 같이 기업의 인수·합병은 크게 구별하려 하지 않고 기업매수 하나로 설명하기도 하지만, 현행 근로기준법에서 이를 나누어 규정하고 있으므로 그 법적인 의미를 확정하는 것은 불가피하다.

먼저 합병이란 2개 이상의 회사가 계약에 의하여 신회사를 설립하거나(이 경우에는 종전의 회사가 모두 소멸한다), 또는 그 중의 한 회사가 다른 회사를 흡수하고(이 경우에는 흡수되는 회사만 소멸한다), 소멸회사의 재산과 사원이 신설회사 또는 존속회사로 법률상 당연히 포괄적으로 이전·수용되는 효과를 가져오는 현상을 가리킨다(정동윤, 1988: 799)[14].

14) 이렇듯 합병은 ① 둘 이상의 법인격 있는 회사, ② 해산회사 재산의 포괄승계, ③ 사원의 원칙적인 수용을 기본적인 개념요소로 하고 있다(권기범, 1990: 23).

이렇듯 회사 합병으로 인한 사업주변경 때에는 신사업주(신설회사 또는 존속회사)가 구사업주(소멸회사)의 모든 재산상의 권리의무를 '법률상 포괄적으로 승계'하는 것이므로 신사업주는 기존의 노동관계도 당연히 — 구사업주와 노동관계의 인수에 관한 특별한 합의를 하지 않은 경우라 하더라도 — 인수한다고 해석한다. 따라서 회사의 합병에 의하여 사업주가 변경되는 경우에는 신사업주가 기존의 노동관계(로부터 발생하는 권리의무)를 자동적으로 승계한다는 점에 대하여 異論이 없다(임종률, 1985: 537-8; 夏本信行, 1986: 42).

다만, 권리의무의 포괄승계에 관한 이론구성을 재산관계상의 권리의무에 관한 상법의 규정을 그대로 적용시켜 노동계약의 승계의 근거로 삼는 것은 의문이다. 합병에 관한 상법의 규정은 기본적으로 기업 변동의 경우 기업의 존속보호라는 기업법의 법리에 따라 재산법적인 측면에 중점을 두고 있는 것이지 회사의 합병과 관련하여 노동자의 법적 이익을 보호하려는 규정이라고 생각되지는 않기 때문이다.[15] 따라서 합병으로 인한 노동관계의 '포괄적 이전'은 합병 전후를 통해 기업이 폐지되지 않고 그 실질적 동일성을 유지하고 있다고 인정되는 한, 법형식적인 경영주체와의 관계가 아니라 기업과의 결합관계인 노동계약도 당연히 동일성을 유지하는 데서 나타나는 현상이라고 이해하는 데에서 그 이론적근거를 찾아야 할 것이다[沼田稻次郎(外) 編集, 1979: 286]. 즉 사업양도의 경우

15) 합병에 관한 상법학에서의 논의는 노동자의 법적 이익을 보호하려는 측면에 대한 고려가 불충분한 게 사실이라는 지적이 있다(김지형, 1994: 88).

처럼 사업의 동일성이 유지되는 결과 노동관계가 이전된다고 해석하여야 옳지 않을까 하는 것이다.

여하튼 그 이론구성의 차이는 별론으로 하고, 회사합병과 관련하여 노동관계의 존속보호를 목적으로 하는 노동법학에서의 논의를 통해 합병으로 노동관계도 포괄승계된다는 이론이 정립되어 있는 것은 분명하다.[16] 판례 역시 합병으로 노동관계가 포괄승계된다고 보고 있다. 즉 대법원 1980.3.25 선고 77누265 판결에서 "합병의 경우에는 피합병회사의 권리의무는 사법상의 관계나 공법상의 관계를 불문하고 그 성질상 이전을 허용하지 않는 것을 제외하고는 모두 합병으로 인하여 존속할 회사에게 승계되는 것으로 보아야 한다"고 판시하는 등 판례의 일관된 태도로 이해된다.

(2) 한편 좁은 의미의 기업인수는 상대방회사의 주식을 매수하는 것을 의미한다. 이 방식은 상대회사의 경영지배권을 획득하면서도 그 독립적인 법인격은 유지시키므로 기존의 권리의무관계에는 아무런 변동이 없어 절차가 가장 간명하다. 예컨대 A사가 B사를 인수하는 경우를 생각해보자. A사의 이사회 결의 후 A사의 대표자(대리인)가 B사의 주주(혹은 주주로부터 위임을 받은 자)와 주식매매계약을 체결하고 주권의 인도를 받은 다음 B사 주주명부에 명의개서를 하면 인수조치가 끝난다. 의결권대리행사의 위임장(proxy)을 취득하는 것도 한 방법이다.

16) 때문에 합병을 하고자 할 때 피합병회사 소속 노동자 전부 또는 일부를 승계대상에서 제외한다는 합병당사회사간의 특약은 합병의 성질상 무효라고 해석된다(김영훈, 1987: 1729).

회사의 경영지배권이 이전되는 것은 B사에서 주주총회를 개최하여 이사선임결의를 통해 A사가 지명하는 사람들이 B사 이사회의 과반수를 차지하는 순간이 될 것이다. 기업실무에서 우호적 M&A에서는 B사의 주주 전원 또는 대주주가 A사에게 주식을 매도할 때 경영권을 이전하기 전에 B사 경영진의 사표를 미리 받아 A사에 제공하는 경우가 많다고 한다. 적대적 M&A에서는 법원으로부터 임원 선임을 위한 임시주주총회 소집허가를 받아 경영진을 개편하는 단계를 밟는 것이 보통이다(서동우, 1997: 8, 17-18).

기업인수의 경우 경영지배권은 다른 회사에 넘어가지만 사업 내용은 전혀 변함이 없다. 따라서 이 경우도 사업의 동일성이 유지되고 있고, 그러한 측면에서 노동계약관계에 변함이 없음은 당연한 이치라 하겠다.

(3) 문제가 되는 것은 기업의 인수·합병이 아니라 기업재산만을 인수하는 경우 이를 어떻게 평가할 것인가 하는 것이다.

사업운영에 필요한 물적 시설만 매입하는 것은 기업인수가 아니라 자산인수이므로 노동계약관계는 승계되지 않겠으나(손창희, 1998: 85) 이 때 단순히 밖으로 드러난 현상만 보고 '자산인수→노동관계의 단절'이라고 도식화할 수는 없다.

자산인수는 미국에서 주로 이용되고 있는 부실은행의 정리방법으로 건전한 은행이 부실은행의 자산을 취득하고 예금 등 부채를 인수하는 것이다(자산인수; 자산취득·채무인수). 우리나라에서도 최근 부실은행의 퇴출에 이 방식을 활용하였다. 그런데 이 방식은 정형화된 법률개념도 아니고 그 처리방식도 다양하여 많은 문제를 안고 있다. 기실 이 제도는 퇴출은행의 노동자는 남겨둔 채 자산만 이전하려는 의도를 가지고 있기 때문이다.[17]

이 문제와 관련 대법원은 외형이 아닌 그 실질을 따져 법적 효과를 인정하려고 하는 태도를 보이고 있는 듯하다. 즉 대법원 1997.6.27. 선고 96다49674 판결은 "모기업의 일부 사업 부문이 상법상의 영업양도에 해당하는 요건을 갖추지 못하였다 하더라도 인적 조직 및 물적 시설은 해체됨이 없이 동일성을 유지하면서 계열회사에 이관되었고 그에 따라 그 소속 노동자들이 회사방침에 의하여 중간퇴직을 하고 퇴직금을 수령한 후 신규 입사절차를 밟은 경우, 그 중간퇴직은 통정허위표시로서 무효이므로 노동자의 모기업과 계열회사에서의 각 근무는 단절됨이 없이 노동의 계속성이 유지된다"고 판시하고 있는데 자산인수의 외형을 갖추어도 그것이 사업양도라면 사업양도로서의 법적 효력을 부여하여야 한다는 것이다. 결국 형식은 자산인수라고 하여도 실질적으로 재산과 노동자를 포괄적으로 인수하는 경우는 사업양도라고 보아야 한다는 것이다(이병태, 2005: 678-9).

3) '경영악화를 방지하기 위한' 사업의 양도·인수·합병

이렇듯 사업의 양도·인수·합병은 본래 노동자의 지위의 이전을 수반하며 해고와는 친하지 않다. 그러나 경영악화를 방지하기 위

17) 제조업체에서 문제가 된 대표적인 사례는 포철의 자회사인 창원특수강(주)이 삼미종합특수강(주)의 봉강 및 강관사업부문을 인수하는 과정에서 자산인수방식을 활용하여 기존 노조원만을 배제하려 한 예를 들 수 있다. 이 사안을 사업양도로 분석한 글로는 이상덕(1997)이 있다.

해서 사업의 양도·인수·합병을 한 때에는 경영해고의 한 요건인 긴박한 경영상의 필요성이 있다고 인정받는다.

결국 경영악화를 방지하기 위한 기업조직의 변동이 무엇을 의미하는지가 근로기준법 해석의 관건이 되겠다. 이를 광의로 해석하자면 현재의 경영이 나빠질 조짐이 보여 미리 사업양도 등을 통해 구조조정을 하면 그 때의 경영해고도 정당하다고 볼 수 있겠다. 반대로 이 조항을 좁게 해석한다면 기업조직의 변동말고는 현재의 경영난을 해소할 수 없고 그러한 정책의사결정에 따라 합병 등 구조조정을 하고 그에 기해 경영해고를 했을 때만 정당하다고 인정받는 결과가 된다.

이 부분의 해석에 관해서는 아직 법원의 판단은 없다. 그런데 이는 긴박한 경영상의 필요성을 판단하는 기준으로 작용하므로 법원이 긴박한 경영상의 필요라는 것을 어떻게 이해하는지를 살펴보면 앞으로의 해석방향을 미루어짐작할 수 있을 것이다.

법원은 처음에는 '긴박한 경영상의 필요'를 기업이 일정수의 노동자를 경영해고하지 않으면 경영악화로 사업을 계속할 수 없거나 적어도 기업재정상 심히 곤란한 처지에 놓일 개연성이 있을 긴박한 경영상의 필요성이 있어야 하는 것이라고 엄격하게 해석하였다(대법원 1990.1.12 선고 88다카34094 판결).

그런데 나중에는 반드시 기업의 도산을 회피하기 위한 것에 한정할 필요는 없고, 인원삭감이 객관적으로 보아 합리성이 있다고 인정될 때에는 '긴박한 경영상의 필요성'이 있는 것으로 넓게 보아야 한다는 것으로 바뀌었다(대법원 1991.12.10 선고 91다8647 판결).[18] 기업의 인원삭감 조치가 영업성적의 악화라는 기업의 경제적인 이유뿐만 아니라 생산성의 향상, 경쟁력의 회복 내지 증강에 대처하기 위한 작업형태의 변경, 신기술의 도입이라는 기술적인 이유와 그러한 기술혁신에 따라 생기는 산업의 구조적 변화도 이유로 하여 실제 이루어지고 있고 또한 그럴 필요성이 충분히 있다는 점을 반영한 것이다.

이와 같이 판례는 긴박한 경영상의 필요라는 요건을 완화하여 해석하려는 태도를 보이고 있다. 그런데 그 완화된 해석이라는 개념표지가 무엇인지 하는 것은 신중하게 검토할 필요가 있다. 기업의 합리화조치를 인정하였다고 평가받는 대법원 1991.12.10 선고 91다8647 판결을 면밀히 분석해보면 이와 같은 결론에 이르는 과정에 기업의 경영이 계속적인 적자상태인지가 중요한 사실판단요소로 고려되며, 누적된 기업경영의 적자가 장차 기업경영을 심각하게 곤란케할 경우를 예방하기 위해 해고가 인정될 수 있다는 것을 의미한다. 이는 기업경영이 적자이어서 더 이상 고용관계를 지속한다는 것이 일반적으로 기대불가능한 것으로 보는 객관적 인식을 근거로 한다는 것이다. 그러므로 판례가 제시하는 '객관적으로 보아 인원감축의 합리성이 있다고 인정되는 경우'란 결국 기업이 도산에 이르지는 않을지라도 해고를 하지 않으면 기업의 경영이 위태로울 정도를 의미한다. 달리 말하자면 경영해고의 본래적인 요청인 '기업의 존립보호'를 위할 때 그 정당성이 인정된다는 것이다(박종희, 1998: 5). 구체적으로 기업이 어느 정도의 위기에 처하면 긴박한 경영상의 필요성이 인정되는 경영악화라고 볼 수 있는지는 판례의 형성을 기다려야 할 터인데, 그 해석은 상당히 엄격할

18) 이 판결에 대한 비판적 평석으로는 김선수, 1993: 59 이하.

것으로 예견된다.

4) 기업조직의 변동과 경영해고(사업의 양도·인수·합병과 경영 해고 4요건)

(1) 이상의 논의를 바탕으로 하여 사업양도를 중심으로 경영해고의 정당성 여부를 검토하면 다음과 같이 정리할 수 있다. 우선 경영악화를 방지하기 위한 사업의 양도·인수·합병은 긴박한 경영상의 필요가 있는 해고의 한 요건을 구비한 것으로 해석된다. 즉 판례를 통해 확립되고 이를 근로기준법으로 수용한 현재의 경영해고법리인 경영해고의 4요건 중 긴박한 필요성 요건을 충족시킨다는 것이다. 이 요건이 구비된 후 사용자의 해고회피조치, 공정한 해고기준의 마련, 노동자대표와의 성실한 협의 여부를 따져보아야 한다.

그런데 이러한 일반적인 이해에 대해 조금 다른 주장을 하는 견해가 있다. 긴박한 경영상의 필요와 해고회피노력을 나누는 것은 타당하지 못하다는 것이다. 이 견해는 긴박한 경영상의 필요라는 것을 해고를 불가피하게 하는 원인으로서 일자리의 탈락을 초래하는 '경영상의 필요'와 그 해고가 다른 회피수단을 사용하더라도 피할 수 없다는 의미인 최후수단으로서의 긴박성이라는 두 요건으로 분해하는 독일이론을 차용하고 있다(김형배, 1997: 53-54).

이 주장은 경청할만한 견해이기는 하나 현행 근로기준법 제31조의 구조와 맞지 않고, 경영해고를 손쉽게 인정하는 결과를 낳을 우려가 있다. 즉 경영해고 4요건론이 아닌 3요건론을 택할 때 해고의 정당성판단에서 한 단계가 줄어든다. 또 긴박한 경영상의 필요와 사용자의 해고회피조치를 하나로 묶게 되면 이 두 요소가 상호보완작용을 하여 결국 그 해고는 정당한 것으로 귀결되기 쉽다. 그런데 노동보호법인 근로기준법에 경영해고의 제한을 명시한 것은 그만큼 이러한 유형의 해고를 엄격하게 규제하겠다는 취지이다. 법의 취지를 존중하여 4요건에 해당하는지를 하나하나 검토하는 게 합당하다고 본다.

(2) 사업양도가 이루어지면 당해 노동관계의 성격이 사용자의 인격과 결부된 것이 아닌 한 노동관계는 당연히 이전된다. 양도계약당사자가 명시적으로 특정 노동자의 배제를 합의한 경우 당해 합의는 무효이다. 해고와 사업양도간에 기능적 관련성과 시간적 관련성이 인정된다면 당해 해고는 사업양도를 이유로 한 것이라고 추정할 수 있다.

그런데 사업양도가 해고의 단순한 외적인 계기를 형성하는 데 불과하고 사업양도 이외의 다른 해고의 정당한 이유가 있는 경우에는 사업양도의 상황에도 불구하고 해고는 정당하다. 경영해고를 반드시 필요로 하는 사업양도인 경우에도 모든 노동관계를 양수인에게 이전케 한다는 것은 기대하기 어렵기 때문이다(김형배, 1997: 389).

이 때 해고권자는 누구인지가 문제된다. 해고가 유효하기 위해서는 해고에 대하여 정당한 권한을 가진 자가 이를 행사하여야 하고, 노동계약의 당사자인 사용자가 원칙적으로 해고권자가 된다. 그런데 사업양도에서는 양도시점을 기준으로 사용자지위에 변동이 있으므로 누가 해고권자인지를 밝혀야 한다. 사업주의 변경은 양수인이 사업상 지휘권을 사실상 행사할 수 있는 때에 인정되고, 사업양도로 인한 노동관계의 이전은 양수인이 사업을 사실상 운영할 수 있는 때에 이루어진다. 따라서 그 이전까지는 양도인이 해고권자가 되며, 사업주변경이 이루어지고 난 이후에는 양수인이 해고권자가 되는 것으로 해석된다(이승욱, 1997: 193-4).

(3) 이렇듯 사업양도의 전후를 불문하고 경영해고는 가능하지만, 사업양도의 상황으로 인해 경영해고의 요건과 관련하여 문제가 발생한다. 우선 긴박한 경영상의 필요와 관련하여 사업양도가 합리화조치의 하나로 이루어졌다고 해도 그것만으로 경영해고를 정당하다고 볼 수는 없다. 현행 근로기준법은 '경영악화를 방지하기 위한' 사업양도만이 긴박한 경영상의 필요가 있는 것으로 보기 때문이다.

문제는 양수인이 직접적으로 경영해고조치를 취하는 부담을 줄이기 위하여 사업양도계약에서 사업양도가 이루어지기 전에 양수인의 합리화계획에 따라 양도인이 인원삭감을 할 것을 합의한 결과 인원삭감조치가 이루어지는 경우 생겨난다. 예컨대 양수인이 임금이 특히 높은 특정한 노동자를 사업양도에 앞서서 해고하지 않으면 사업양도 자체를 하지 않겠다고 하여 당해 노동자를 해고하는 경우가 그러하다. 이러한 상황은 사업양도에 관한 협상이 실패할 경우에는 당해 사업은 폐업할 수밖에 없는 사정일 경우에는 문제가 더욱 복잡해진다.

사업의 재정적 상황이 극도로 악화된 사업에 대하여 사업양도에 관한 인수교섭을 하고 있는 양수인이 당해 사업의 인수 조건으로서 특정한 합리화조치를 취할 것을 요구하고 이에 따르지 않을 때에는 인수를 하지 않겠다고 하여 어쩔 수 없이 양도인이 인원삭감조치를 취하는 경우 그 불가피성을 인정하여야 할지도 모른다.

그러나 독일연방노동법원은 이러한 상황에 대해서도 사업양도가 발생하면 노동관계는 이전되어야 한다는 원칙에 따라 해고를 무효라고 판단하였다(BAG AP Nr.34 zu §613a BGB). 사업양도와 관련하여 발생한 우연한 사정에서 야기되는 위험은 노동자가 부담하여서는 안되며, 사업양도가 발생하면 노동관계는 그러한 사정여하에 관계없이 이전되어야 한다. 사업양도 때 노동관계의 당연이전이 양도의 대상이 되는 사업의 경제적 사정에 의해서 부정될 수는 없다는 것이다.

사업양도가 이루어지지 않으면 사업 전체를 폐업하여야 하고 노동자 전체가 해고되어야 한다는 사정이 있다고 하여도, 그 사실이 곧 사용자가 폐업 대신에 사업양도를 결정하는 경우 개별 노동자를 임의로 해고할 수 있다는 것을 의미하지는 않는다. 사업양도를 하는 이상은 사업양도에 수반한 효과를 부담하여야 하는 것은 양도인과 양수인에게 부과된 사회적 제약이다. 사업양도가 이루어지지 않으면 사업이 폐업될 것이라는 가정적인 상황은 이러한 사회적 제약을 부정하는 근거가 될 수 없다. 따라서 양도인이 사업을 전체로서 양도할 수 있도록 하기 위하여 잠재적 양수인의 희망에 굴복하여야 하는 일종의 강박상태가 존재하는지 여부, 그리고 양수인에게 모든 노동자를 인수할 수 있도록 하기 위하여 사업의 매매가격을 타협할 수 있는지 또는 타협하여야 하는지 여부는 중요하지 않다. 사업양도 실시의 곤란함이 노동자의 부담으로 전가되어서는 안되기 때문이다(이승욱, 1997: 194-202).

(4) 경영해고가 정당하게 이루어지기 위해서는 사용자가 해고회피를 위한 노력을 하여야 한다. 따라서 사용자는 노동자의 해고범위를 최소화하기 위하여 경영방침이나 작업방식의 합리화, 신규채용의 금지, 일시휴직 및 희망퇴직의 활용 및 전근 등 가능한 조치를 취하여야 한다(대법원 1992.12.22 선고 92다14779 판결).

특히 사업양도와 관련하여 문제가 되는 해고회피수단은 기업의 다른 사업으로의 배치전환조치이다. 양도인이 사업양도의 상황에서 경영해고를 하는 경우에는 자신의 다른 사업으로의 배치전환을 시도하여야 한다. 마찬가지로 양수인이 사업양도 이후에 경영해고를 하는 경우에는 양수한 사업을 계속운영하는 형태로 사업양수를 하든 또는 자신의 기존 사업에 편입하는 형태로 사업양수를 하든 자신의 다른 사업으로의 배치전환가능성을 모색하여야 한다. 따라서 해고회피의무에 관해서는 사업양도 때의 경영해고도 일반적인 경영해고 상황에서와 다를 바가 없다(이승욱, 1997: 202-3).

(5) 해고대상자의 선정과 관련하여 해고대상자의 범위는 원칙적으로 인수되는 노동자로 제한된다. 만약 양수인의 기존 종업원을 포함시켜서 해고대상자를 선정하게 되면, 원래 긴박한 경영상의 필요를 야기시킨 원인과 무관한 노동자에게까지 직장상실의 위협을 줌으로써 결국 사업양도로 노동관계의 이전을 보장받은 노동자가 추가적인 노동관계의 존속보장을 받는 결과가 되기 때문이다.

노동자가 노동관계의 이전에 대하여 거부권을 행사한 결과 양도인의 사업에서 경영해고를 해야 할 때는 거부권행사에 정당한 이유가 있다면 양도인의 나머지 사업의 다른 노동자도 해고대상자의 범위에 포함되어야 하지만, 거부권이 정당한 이유 없이 행사된 경우에는 해고대상자의 범위는 거부권을 행사한 노동자로 국한된다(이승욱, 1997: 203-212).

대상이 되는 노동자 중 과연 어느 누구를 해고해야 하는지 하는 문제는 경영해고 일반의 선정기준과 마찬가지로 보아야 한다. 즉 그 대상은 대상이 되는 노동자의 보호필요성(소위 '사회적 관점')과 경영상 필요성을 조화시켜 해결할 수밖에 없다. 즉 노동자의 연령, 근속기간, 가족사정 및 기타 경제적 상태(예컨대 수입이 있는 가족구성원의 수, 피부양자수, 배우자의 급료에 의한 생활보장 여부, 현재의 재산상태 등)이 우선 고려의 대상이 되겠다. 한편 특정 노동자가 그 업무에 더욱 적격이거나 지식이나 경험, 거래처와의 관계 등을 고려하여 이 노동자는 해고하지 않는 것도 부당하지는 않다고 한다(김형배, 1997: 21-23). 그러나 경영해고라는 것이 아무런 귀책사유없이 해고된다는 점을 감안할 때 해고기준은 원칙적으로 노동자보호의 필요성이라는 데 두어야 할 것이다.

(6) 경영해고에 관한 성실한 협의와 관련하여서는 구법에서의 판례이기는 하지만 노동자와의 협의절차를 거친다고 하여도 별다른 효과를 기대할 수 없는 경우에는 경영해고시 노동자측과 협의하지 않아도 무방하다고 한 예가 있다(대법원 1992.11.10 선고 91다19463 판결).

이러한 판례의 태도에 찬성하는 견해도 있다. 즉 사용자가 긴박한 경영상의 필요를 이유로 노동자를 해고하기에 앞서 해고이유와 해고대상자 선정기준 등을 제시하고 노동자측과 협의하고 설득하는 과정을 거치는 것이 바람직하나 그러한 의무위반이 해고 자체를 무효로 하는 것은 아니라고 한다. 사용자의 사전협의는 해고대상자의 선정 등과 관련하여 해고를 결정하는 과정에서 판단의 정확성을 확보하는 데 요구되는 절차이며 협의를 하지 않은 것이 해고의 효력 자체를 좌우할 수 있는 실질적 요건이라고는 할 수 없기 때문이라고 주장한다(김형배, 1996: 126).

그러나 이 협의요건은 경영해고의 정당성을 판단하는 데 핵심적인 요소이고(唐津 博, 1996) 근로기준법 제31조 5항은 성실한 협의를 거쳐야 정당한 해고가 된다는 것을 분명히하고 있다. 행정실무 역시 이 절차를 거치지 않은 경우 부당해고가 된다고 해석한다(노동부, 1998a: 20).

경영해고와 관련한 협의의 상대방은 해고대상자가 인수된 노동자로 제한되는 경우에는 이들 노동자의 과반수 대표이며, 사업의 일부가 편입되는 형태의 양도가 이루어진다면 경영해고대상자의 범위는 양수인의 기존의 노동자도 포함되기 때문에 이들을 포함한 노동자의 과반수 대표이다. 근로기준법 제31조 3항에서는 노동자 과반수로 조직된 노동조합이 있으면 그 노동조합을 노동자대표라고 인정하므로 사업의 일부양도 때도 그 노동조합이 양도되는 노동자들을 대표하는지 논란이 있겠으나 그렇게 해석할 바는 아니라고 여겨진다. 관련된 사업별로 판단하여야 하기 때문이다.[19]

---

19) 공동체에 참여하고 있는 모든 구성원들은 正義의 중요한 근거에 의

한편 노동조합이 소속 조합원들을 위하여 경영해고와 관련된 고용안정협약을 체결하기 위하여 단체교섭을 하고 교섭이 결렬되면 쟁의행위를 할 수 있는지 논란의 여지가 있다. 이는 단체교섭 대상사항의 범위획정문제이기도 하다. 조합원인사에 관한 사항이 교섭사항인지 논의가 있기는 하나 적어도 전직·징계·해고 등 인사에 관한 기준이나 절차에 관한 사항을 단체교섭 대상사항으로 이해하는 한(김유성, 1997b: 142) 고용안정협약의 체결 역시 교섭사항이라고 해석해야 한다. 이는 현행 근로기준법 제31조와는 별도로 단체협약이 우선하는 우리나라 노동법체제에서 나오는 결론이라고 보아야 할 것이다.

그리고 그 논리적인 귀결로 교섭이 결렬될 때 쟁의행위도 가능하다고 본다.[20] 다만, 이미 체결된 고용안정협약을 사용자가 지키지 않을 때 그 이행을 위한 쟁의행위가 가능한지는 달리 생각해보아야 한다. 그것은 현행「노동조합 및 노동관계조정법」제45조에서 쟁의조정전치주의를 정하고 있고 (입법론상의 논란은 별도 문제로 하고) 조정의 대상은 소위 이익분쟁에 한정하고 있어서(동법 제2조 5호) 권리분쟁에 해당하는 협약의 이행을 요구하는 쟁의행위는 불가능하다고 해석하여야 하겠기 때문이다.[21]

해 상이한 취급 내지 불평등한 분배가 정당화되지 않는 한 평등하게 취급받아야 하고 또 권리와 의무, 이익과 부담은 그들에게 평등하게 분배되어야 하기 때문이다(평등취급 내지 평등분배의 원리 ; 심헌섭, 1988: 97).

20) 박종희(1998: 25)는 소수조합의 경우에는 쟁의행위가 가능하나 다수대표조합일 때는 노동자전체의 대표성을 고려하여 쟁의행위를 할 수 없다고 해석하나 이해하기 어렵다.

21) 물론 권리분쟁 역시 쟁의행위의 대상으로 널리 이해하려는 견해(정인

5) 기업분할과 경영해고

다음으로 현행 근로기준법에는 정한 바가 없는 기업분할과 경영해고 문제를 살펴보자. 회사의 분할이란 하나의 회사가 둘 이상의 회사로 나누어지는 것으로 분할의 대상이 되는 회사(피분할회사)의 재산과 주주가 분리되어 재산은 적어도 하나 이상의 신설회사 또는 기존의 다른 회사(분할회사)에 승계되고 주식(사원권)은 원칙적으로 피분할회사의 주주에게 부여되는 제도이다.

회사분할은 ① 규모가 비대해진 회사가 영업부문별 또는 지역별로 분할하여 적절한 경영규모로 조절하려 할 때, ② 채산성이 없는 사업부문을 분리하여 별개의 독립회사로 운영함으로써 경영효율을 기하려 할 때, ③ 신규사업에 따르는 위험을 자회사를 통해 해결하려 할 때, ④ 이익을 분산하여 법인세의 감면을 꾀할 때, ⑤ 임원자리의 증설 등 노무관리전략상 이용할 수 있다. 또한 ⑥ 다른 회사들과 함께 공동자회사를 설립할 때도 이용된다. ①에서 ⑤까지는 새 회사를 설립하는 형태로, ⑥은 회사분할과 함께 타회사와의 합병을 통한 새 회사의 설립이라는 모습을 갖추게 된다(분할합병; 손주찬, 1998: 475-1).

이 제도는 기업의 조직변경을 더욱 쉽게 해주는 조치로 상법개정안에 모습을 드러냈다. 하지만, 이미 실무에서는 보통 분사화라고 하여 확산되는 추세인데 그 대표적인 예로 삼성전자가 물류와 서비스 부문을 대규모로 분사한 경우를 들 수 있다(동아일보 1998.9.17. B2면). 상법의 규율영역 밖의 회사분할은 사실상의 회

섭, 1997)에 따르면 이 경우 역시 쟁의행위가 가능하다고 해석된다.

사분할 또는 광의의 회사분할이라 부른다(손주찬, 1998: 475-5).

회사의 분할은 합병의 경우처럼 재산의 포괄적 이전과 채무의 승계라는 법적 효력을 낳는다. 기업분할 때 고용의 승계, 경영해고에 관해서는 현행 근로기준법은 침묵하고 있다. 그러나 기업분할 후에도 사업의 동일성이 유지되면 노동관계는 이전되는 게 원칙이나 노동자는 거부권을 행사할 수 있고, 긴박한 경영상의 필요가 있을 때는 근로기준법이 정하는 요건을 갖추어 경영해고가 가능하다고 해석할 수 있을 것이다.

판례는 "기존의 회사로부터 분리하여 신설회사를 별개의 법인체로 독립시킴에 있어서 소속 노동자들로 하여금 기존회사를 퇴직하고 신설회사에 입사하거나 종전의 지위를 그대로 유지하여 신설회사의 사원이 되도록 하는 두가지 방법중 하나를 자유로운 의사에 의해 택하도록 하였는데, 소속 노동자들 중 상당수는 종전의 지위를 그대로 유지하고 신설회사의 사원이 되는 방법을 택하였고 원고는 그 자유로운 의사에 의해 위 기존회사를 퇴직하여 이에 대한 퇴직금을 수령한 후, 신설회사에 새로이 입사하는 방법을 선택하였다면, 기존회사와 신설회사, 원고와의 사이에서 원고의 기존회사에 대한 임금에 관한 권리의무가 신설회사에 승계되지 아니하였다고 할 것"(대법원 1991.12.13 선고 91다32657 판결)이라고 판시하고 있다. 그 취지는 기업분할로 노동관계는 이전되는 것이 원칙이라는 것을 전제한다는 것으로 읽을 수 있겠다.

그리고 이 판결 전에도 이미 대법원은 이러한 이치를 밝히고 있다. 즉 "기업의 일부가 분리독립하여 새로운 회사가 설립된 경우 신설 회사와 구 회사 사이에 기업의 동일성이 있고 구 회사에 속했던 노동자가 그 회사에서의 퇴직이나 신설 회사에의 신규입사절차를 거침이 없이 신설 회사에서 계속 근무하고 있다면, 신설 회사가 구 회사의 권리의무를 포괄승계하지 않은 경우라 할지라도 노동관계는 신설 회사에 포괄승계되어 노동의 계속성이 유지된다 할 것"이라고 판시한 바 있다(대법원 1987.2.24 선고 84다카1409 판결).

따라서 기업분할에서도 노동관계는 이전되므로 경영해고의 정당한 사유에 해당할 때에만 해고가 가능하다고 본다.

3. 경영해고로 인한 충격 완화방안의 모색

기업조직의 변경은 이제 대세로 다가와 있고 그로 인하여 경영상태가 악화일로에 빠지게 될 때 경영해고를 생각하는 것은 인지상정일지 모른다. 그러나 그로 인하여 노동자가 대단히 큰 충격을 받게 된다는 것 역시 누구나 느끼고 예견하는 바이다. 또한 경영해고는 당해 노동자나 사용자에 대해서만 영향을 미치는 것이 아니라 국가에 대해서도 영향을 미친다. 국가도 대량해고가 발생하게 되면 실업급여의 지급, 직업소개, 직업훈련 등 사회적 비용의 부담을 떠맡기 마련이다. 따라서 그 대책도 노사정이 공평하게 그 위험을 부담하는 것이 타당하며 각국의 입법례는 이런 측면에서 여러가지 제도를 두고 있다.

따라서 그 충격을 어떻게 흡수해나갈 것인지를 고민하는 게 노동을 연구하는 연구자들의 과제로 떠오른다. 그 과제를 풀어헤치는 것은 법제도의 잘잘못을 따지는 법학자(노동법)만이 아니라 현행 제도의 틀 속에서 어떻게 노무관리를 행하고 기업을 운영할지를 연구하는 경제학자(노동경제학)와 경영학자(인사노무관리론)에게 주어진 숙명이다.

우선 노동법학에서는 현행 경영해고제도는 적절한지 법해석론과 입법론 차원의 검토가 필요하다. 우리가 처한 현실과 외국의 입법례(김유성, 1997: 15-35; International Labour Conference 67th Session 1981 Report VIII(1), 70 이하)를 견주어볼 때 먼저 경영해고에 대한 금전적 보상은 필요한지, 필요하다면 과연 어떻게 보상할 것인지를 생각해보아야 하겠다. 그리고 경영해고의 절차적 정당성이라는 측면을 더욱 주의깊게 살펴볼 필요가 있다. 특히 그 실천적인 측면이 중요하다. 또한 소위 사회안전망이 갖추어져 있는 경우에는 경영해고로 인한 충격이 완화·흡수된다는 측면에서 현행 사회보장제도(특히 고용보험제도)의 검토도 필요하다. 아울러 법제도를 떠나서 과연 경영해고가 기업에 도움을 주는지 아니면 오히려 해악이 되는지를 기업경영 차원에서 신중하게 검토하여야 할 것이다.

1) 경영해고수당의 지급

경영해고수당은 경영해고 때 실업급여와는 무관하게 해고에 대한 보상조치로 사용자가 노동자에게 지급하는 수당으로서 영국, 이태리, 독일, 프랑스 등에서 활용하는 방법이다. 경영해고를 하는 사용자에게 경영해고수당을 지급하도록 하면 사용자의 노동자에 대한 노동비용은 당연히 증가하게 된다. 따라서 경영해고수당의 지급이 의무화되면 사용자는 경영해고수당 지급이라는 부담과 경영해고에 의한 인원삭감 효과를 비교하여 후자가 전자보다 큰 경우에만 경영해고를 하게 될 것이다.

경영해고수당의 지급이 최초로 제도화된 영국의 경험을 살펴보자. 영국은 1965년 경영해고수당법(Redundancy Payment Act)을 제정하였다. 이 법을 제정한 목적은 크게 세가지로 설명한다. 첫째로, 경영해고된 노동자에 대해 실업급여 외에 경영해고수당을 지급함으로써 실업기간 중의 생활보장을 가능하게 하여 노동자를 보호한다. 둘째로, 경영해고를 둘러싼 노사간의 갈등을 완화시킨다. 경영해고수당을 지급하면 노동자들이 실직에 대한 보상을 받기 때문에 경영해고에 대해 보다 순응적으로 반응하여 결국 산업평화를 촉진한다. 셋째로, 노동력의 유동화를 촉진시킨다. 경직된 노동이동을 혁신하기 위해 경영해고수당이라는 유인책을 제공함으로써 국내산업의 국제경쟁력을 향상시키고 신기술도입을 촉진시킴으로써 노동력 유동화를 달성한다는 것이다(Grunfeld, 1980: 2 이하).

요컨대 경영해고수당을 지급하여 경영해고에 대한 노동자와 노동조합의 저항을 완화시키면서 산업간 노동력이동을 촉진시키는 것이 동법의 입법목적이었는데, 이러한 목적은 상당히 달성되었다고 평가된다.22) 따라서 경영해고수당의 지급은 노동력의 이동성과 유연성을 증가시키고, 장기적으로는 기업의 국제경쟁력을 향상시키는 경제적 이점이 있다. 뿐만 아니라 경영해고수당에 대한 사용

22) 1971년에 발표된 영국 노동성의 위탁조사보고서인 Effect of the Redundancy Payment Act에 따르면 경영해고수당법은 기업재편과 노동력이동에 효과가 있었으며, 특히 노동쟁의에 의한 노동일수의 손실을 크게 감소시켰다고 한다(김유성, 1997: 36-37).

자의 비용도 경영해고를 둘러싼 노동쟁의의 비용에 비해서는 오히려 적을 수도 있다(Collins, 1992: 165 이하). 단기적으로는 이 제도가 사용자에게 경제적 부담을 지우는 것이지만 장기적으로 보면 사용자에게도 도움이 된다.

이와 관련하여 경영해고를 할 때 해당노동자에게 퇴직금의 1/10 이상에 해당하는 해고수당을 지급토록 하자는 견해(김형배, 1997: 59-60, 66)가 있다.

2) 경영해고의 절차적 정당성

모든 해고가 그러하지만 특히 경영해고는 절차적 정당성이 제도의 정당성을 담보한다고 볼 수 있을 정도로 중요하다. 노동자가 자신으로서는 아무런 잘못을 저지르지 않았는데도 그 기업에서의 노동생활을 마감하도록 강요당하는 게 경영해고이고, 바로 그 때문에 노동자가 반발하는 것은 당연한 이치이라 하겠다. 따라서 경영해고를 피할 수 없다는 것을 노동자측이 납득하느냐 않느냐는 그만큼 중요한 요소라는 것이다. 이 문제는 노동자에 대해 미리 경영해고를 통지하고 노동자대표와 그 대책을 논의하는 절차에 관한 것이다. 절차적 정당성이 갖추어지도록 해석론과 입법론의 재검토, 행정기관의 적절한 감독조치가 필요하다.

(1) 노동자에 대한 사전통지

노동자에게 사전에 경영해고를 통지하는 것 그 자체는 외형적으로 사용자에게 큰 부담이 되지 않는 것처럼 보이지만, 실질적인 부담이 초래될 수도 있겠다. 경영해고를 사전통지하게 되면 노동자들이 일할 의욕을 상실하고 조기이직하여 생산성이 저하될 가능성이 있기 때문이다.

그러나 이러한 우려는 근거가 부실하다고 한다. 우선 노동의욕은 사전통지로 인해 더 향상될 가능성도 있다. 즉 생산성을 향상시키면 사용자가 경영해고의 계획을 변경하리라는 희망으로 바뀔 수도 있다는 것이다. 실제로 사전통지를 하는 경우에는 오히려 파업이 감소된다는 연구결과가 있다(Collins, 1992: 166).

다음으로 조기이직으로 인해 생산성이 저하될 가능성이 있다는 우려도 비현실적이라고 한다. 왜냐하면 우리나라와 같이 경직적인 노동현실에서 노동하던 기업에 특유한 기술을 가진 노동자가 유사한 임금수준의 대체적인 고용을 찾기는 어려울 것이기 때문이다. 따라서 사전통지를 하지 않은 결과 경영해고에 대한 불확실한 정보로 인해 노동자들이 동요하도록 하기 보다는 신뢰성있는 정보를 사전에 제공함으로써 노동생활에 안정감을 부여하는 편이 생산성 향상에 도움이 될 것이다(김유성, 1997: 37-38).

이와 같이 경영해고의 사전통지는 사용자에게는 특별한 부담이 되지 않는 반면, 당해 노동자에 대한 경영해고의 사전통지는 노동자가 새로운 직장을 찾는 데 도움이 되므로[23] 사회적인 유용성은 상대적으로 높다.

23) 구체적인 사례를 분석하여 사전통지를 하는 경우에는 실업기간이 약 35%정도 줄어든다는 연구결과가 있다(Addison & Portugal, 1987: 3-16). 이러한 실업기간의 감소는 특히 실직한 남자노동자에 대해 현저하며, 그중에서도 사무직 노동자의 경우가 가장 혜택을 받는다는 연구결과도 있다(Ehrenberg & Jakubson, 1989: 60-71).

사전통지가 생산성 저하의 원인이 되지 않으며 사회적으로 유용하다고 하면 사전통지는 어떠한 방법으로 언제 하는 것이 바람직한가의 문제가 남는다. 해고당한 노동자에 대한 미국정부의 조사를 분석한 연구결과에 따르면 비공식적인 통지보다는 서면통지가 실업기간을 단축시키는 데 효과적이며, 통지기간은 최소한 60일 이전에 이루어져야 효과가 있다고 한다(Nord & Ting, 1991: 681-691). 이런 관점에서 현행 근로기준법에서 60일전에 경영해고 의사를 통보하고 노동자대표와 성실하게 협의토록 규정하고 있는 점은 적절한 규제라 하겠다.

(2) 노동자대표와의 협의

경영진을 중심으로 경영해고를 노동자측과 협의하는 것은 적절치 못하다는 시각도 없지는 않다. 이러한 입장의 배경에는 경영해고시 노동자보다 사용자가 노무관리를 비롯한 경영사정에 대해 정확한 판단을 할 수 있다는 생각이 깔려 있다.

그러나 해고를 피하기 위해 노동조합이 임금이나 노동조건에 대해 양보할 수 있는 범위를 사용자가 과소평가할 수도 있다. 사용자의 예상을 넘는 양보가 노동자측과의 교섭에서 이루어질 수 있는 것이다. 외국 기업의 구조조정 사례는 노사의 진지한 대화가 그 성패를 좌우한다는 것을 시사한다(김은환/고현철, 1998).

1980년대 초반의 경기침체기에 미국의 거대노조들은 일시해고(lay-off)에 직면하여 사용자와의 교섭에서 임금삭감과 고용보장을 교환하였는데, 이는 사용자로부터도 가장 효율적이었다고 평가받았다. 왜냐하면 숙련노동자를 해고시키지 않고서도 노동비용이 감소될 수 있었기 때문이다(Collins, 1992: 168). 협상과정에서 해고조치 이외의 대안이 도출될 수가 있는 것이다.[24)]

그리고 이 협의과정에서 특히 각종 관련정보를 충분히 그리고 성의껏 공유할 때 바람직한 결론을 얻어낼 수 있다는 데 유념하여야 한다. 정보가 왜곡되는 데서 오는 노사간의 불신과 갈등이 잘못된 결과를 초래하기 쉽기 때문이다.[25)]

(3) 행정관청에 대한 신고

현행법 제31조 4항은 일정규모 이상의 노동자를 경영해고하고자 할 때 노동부장관에게 신고하라고만 규정할 뿐 그 후의 대책에 대해서는 침묵하고 있다.[26)] 그리고 신고라는 행위의 효력 일반론에 따라 이 규정은 효력규정이 아닌 것으로 이해한다. 노동부의 행정실무도 "일정규모 이상을 해고할 경우 신고하도록 한 것은 이를 통해 노사간 원만한 협의를 유도하고, 해고인원 등을 미리 파악하여 취업알선 등의 서비스를 제공해 주기 위한 취지"[27)]이므로 신고

24) 경영해고에서 절차적 정당성의 중요성을 잘 설명해주는 자료로 이홍재, 1993: 182 이하가 많은 도움을 준다.

25) 그 대표적인 사례로 1998년 여름을 뜨겁게 달구었던 현대자동차의 경영해고-파업사태를 들 수 있겠다. 애당초 회사측은 1997년 7,300억원의 적자, 98년도 8,000억원 이상의 적자를 주장한 데 반해 노조측은 97년 주주총회 감사보고서에는 분명히 465억원 흑자로 표시되어 있다고 반박하는 데서 협상은 진전을 볼 수 없음을 예견케했다.

26) 노동자가 해고되고 나서야 그를 위하여 생계안정, 재취업, 직업훈련 등의 조치를 우선 취하도록 한다(근로기준법 제31조의 2 제2항).

27) 행정관청에 대한 통지는 직업소개에 빨리 착수할 수 있도록 하여 직업알선비용을 줄일 뿐만 아니라 노동자가 구직을 빨리 하게 되면 실업급여비용도 줄어드는 순기능을 하는 것은 분명하다(김유성, 1997: 38).

를 하지 않고 해고를 한 경우 해고 자체의 효력을 부인할 수는 없다고 해석하고 있다(노동부, 1998a: 21).

그러나 이러한 소극적인 대처로는 경영해고가 가져오는 파장에 잘 대응해나갈 수 없다. 따라서 외국의 제도를 참조하여 법의 정비를 꾀해야 하겠다. 예컨대 독일의 경우에는 대량해고의 경우 사용자가 이를 신고하면 일정기간동안 해고의 효력발생을 연기시킴으로써 해고회피를 위한 다양한 조치가 강구되고, 프랑스에서는 적극적으로 행정기관에게 사용자의 경영해고경위 및 사후조치에 대한 심사권한을 인정하고 있다. 두 나라 모두 사용자가 신고의무를 게을리할 때 당해 대량해고의 효력을 인정하지 않는다(김형배, 1997: 62).

3) 사회안전망의 확충

경영해고로 인한 충격을 덜기 위해서는 소위 사회안전망(social safety net)이라 불리우는 각종 소득보장대책을 마련하여야 한다. 고용보험법은 각종 고용안정지원제도를 통하여 그러한 기능을 하고 있다. 휴업수당지원금, 노동시간단축지원금, 고용유지훈련지원금, 노동자사외파견지원금 및 인력재배치지원금 등이 그러하다.

휴업수당 지원금제도란 사업주가 경기의 변동, 산업구조의 변화 등에 따라 사업규모의 축소, 사업의 폐지 또는 전환으로 인하여 고용조정이 불가피하게 된 경우에 노동자를 감원하지 아니하고 휴업을 실시하는 경우 금전적 지원을 하는 제도를 말한다. 노동시간단축 지원금제도는 경기불황 등에 따라 생산물량을 감축하고 이에 비례하여 노동자 또한 감원할 필요성이 생겼을 때 노동자를 감원하지 아니하고 실노동시간을 단축하여 고용을 유지하는 조건으로 일정기간 노동시간 단축분에 상응하는 일정율의 임금손실분을 지원한다. 고용유지 훈련 지원금제도는 기업이 단기적으로는 인건비 절감을 위하여 감축이 필요하나 장기적으로는 원래 수준의 인력이 다시 필요한 경우 노동자를 감원하지 않고 일정기간 동안 교육훈련을 실시하는 사업주에게 일정비율의 지원금을 지급하는 제도이다. 그리고 노동자 사외파견 지원금제도는 고용조정이 불가피한 사업주가 잉여인력을 협력회사, 계열회사 등에 파견하면서 계속 고용을 유지하는 경우에 지원하는 제도이다. 인력재배치 지원금제도란 시설 또는 설비를 설치하거나 정비하여 새로운 업종으로 사업을 전환하면서 노동자대표와의 협의에 따라 기존 인력의 60% 이상을 전환업종에 재배치하는 경우에 지원금을 지급하는 제도이다(박종희, 1998: 21-22).

1998년 7월부터는 이들 제도가 고용유지지원금제도로 통합되면서 지원수준이 지급받던 임금의 1/5～1/2에서 1/2～2/3로 상향조정되었다. 아울러 특히 고용조정과정에서 휴직을 통하여 고용을 유지할 경우 지원할 수 있도록 하는 제도를 신설하였다. 휴직에 대한 지원은 유급일 경우 휴직기간동안 사업주가 지급하는 급여의 1/2～2/3을 지급하고, 무급의 경우 사업주가 부담하는 의료보험료, 연차유급휴가수당, 퇴직적립금 등 노무비용을 지원한다는 내용이다(개정 고용보험법 시행령 제17조). 또한 고용보험제도가 적용되는 사업장의 범위나 노동자계층이 점차 확대되고 있어(노동부, 1998b) 이 제도가 노동자의 실직에 대한 보상으로 제대로 기능할 수 있기를 기대케한다. 그러나 고용보험의 규율영역은 아직도 더 넓힐 여지가 충분히 있다 하겠다.

또한 일반적인 업종에서의 고용안정을 위한 각종 제도와 함께 특수지역이나 특수직종에 대한 배려 역시 필요한데 우리 고용보험법은 이 부문에서는 아직 제도가 정비되어 있지 못하다. 물론 고용보험법에서 "고용기회가 현저히 부족하거나 산업구조의 변화 등으로 고용사정이 급속하게 악화되고 있는 지역으로 사업을 이전하거나 그러한 지역에서 사업을 신설 또는 증설함으로써 당해 지역의 실업의 예방, 재취직의 촉진에 기여한 사업주, 기타 당해 지역의 고용기회의 확대에 필요한 조치를 취한 사업주에 대하여" 지역고용촉진지원금을 지급토록 하고는 있으나(동법 제17조, 동법 시행령 제20조) 이는 투자의 촉진책에 불과하다.

이 문제에 대해서는 일본의 사례가 좋은 본보기가 될 듯하다. 일본은 각종 고용안정지원사업과 함께 산업구조의 변화에 따른 불황업종을 지원하는 제도도 갖추고 있다. 「특정불황업종 이직자 임시조치법」(1977년), 「특정불황지역 이직자 임시조치법」(1978년), 그리고 이 두 법을 통합한 「특별불황업종·특별불황지역 관계 노동자의 고용안정에 관한 특별조치법」(1983년)이 관계법규이다. 1987년에는 「지역고용개발 등 촉진법」을 내놓고 있다(膠沼謙一, 1987: 12-14).

실직 저소득층을 위한 사회보장 지출의 확대도 중요한 과제이다. 실직자에 대한 생계보호, 의료보호, 교육비 지원, 영구임대주택지원, 직업훈련 확대 등의 조치가 그러하다. 아울러 물가안정의 중요성이 강조되는 한편(손창희, 1998: 93) 노동의 경영참여·정책참여. 노동시간의 단축, 노동의 인간화를 위한 실질적인 조치가 절실하다는 지적이다(윤진호, 1998: 236-7).

4. 구조조정의 적절성에 대한 신중한 검토

이상의 법제도와 관련한 논의와 함께 경영해고를 불러오는 구조조정에 대해서는 그 실익을 곰곰히 따져보는 일이 중요하다.

경영해고를 통한 구조조정은 기업내 온정주의와 거품을 없애고 성과와 연동된 인력관리를 가능케한다. 또한 종업원에게 경각심을 불러일으켜 인력 수준의 하향평준화 현상을 막는 순기능을 한다.

그러나 경영해고는 조직기강의 해이, 업무에 대한 책임감 결여, 우수인력과 노하우의 유출 등 많은 부작용을 초래하기도 한다. 이 충격과 후유증을 일찍 극복하지 못할 때는 사기 저하와 경영성과의 하락이라는 악순환에 빠져 회생불능의 나락으로 떨어질 위험도 크다. 미국의 경우에도 다운사이징의 성과는 기대에 미치지 못하는 것으로 나타났다.

<표 1> 다운사이징의 결과

(단위 : %)

	증가한 기업	변화가 없는 기업	감소한 기업
영업이익	50.6	29.1	20.4
종업원의 생산성	34.4	35.5	30.1
종업원의 사기	1.9	12.1	86.1

자료: 미국경영자협회(AMA) 보고서(1991-1994년간)(김은환/고현철, 1998에서 재인용)

종업원들은 허탈감, 불안, 배신감으로 사기가 떨어지고, 정상적인 공식의사소통경로가 위축되고 허위정보가 유통되어 불신풍조가 만연해지기도 한다. 유언 무언의 해고 위협이라는 과도한 스트레스로 직장분위기가 침체되고 노동자의 건강에도 나쁜 영향을 미친다.[28]

따라서 구조조정은 시간을 두고 좋은 계획을 짠 후 실행해야 한다. 그리고 종업원들과 충분한 협의를 거쳐야 한다. 그리고 사후대책이 지속적으로 추진되어야 한다는 점이 지적된다. 맥킨지 컨설팅의 제임스 비모스키는 다음과 같은 말로 그러한 이치를 설파하고 있다:

> 구조조정은 일종의 다이어트와 같다. 밥을 굶어 체중을 줄이더라도 생활방식을 바꾸지 않으면 6개월 후에 원래 몸무게로 돌아온다. 구조조정도 근본적으로 기업의 경영마인드와 시스템, 체질 등을 바꾸는 방향으로 진행되지 않으면 기업의 체력만 약화시키는 결과를 가져온다.

---

28) 미국의 경우 구조조정 이전에는 고혈압 노동자가 전체의 11%였는데 구조조정이 있고나서는 22%로 증가하였고, 연간 100-300억달러의 비용이 질병으로 인한 노동시간 상실 및 의료비용으로 지출된다는 연구보고가 소개된다(김은환/고현철, 1998).

V. 성과 관련 임금체계의 법리

1. 문제의 소재

기업의 임금제도를 성과관련 임금체계로 정비하는 일은 이제는 어느 기업이나 반드시 검토해야 하는 문제인양 여겨지고 있다. 종전에는 생산직 노동자는 시간급이나 일급을, 사무직 노동자는 월급을 받는 것을 당연한 일로 여겨왔는데 그 임금지급형태에 변화가 일고 있다는 것이다. 그 배경으로는 크게 두 가지 요인을 들 수 있겠다. 하나는 국제화라는 말로 대변되는 국가간 경쟁의 심화와 기업의 경쟁체제 강화노력이고, 다른 하나는 노동자들의 안정적인 생활수준 확보 또는 계층간의 불평등을 해소하려고 하는 움직임이라고 할 수 있다. 그러면 왜 이러한 움직임이 일고 있을까? 근대법의 역사는 시장메카니즘을 형성하는 과정에서의 여러 시행착오의 역사라고 할 수 있다. 아울러 시장경제 메카니즘에 맡겨두어서는 해결되지 않는 '시장의 실패'라고 불리우는 문제에 대해서는 적절한 공공정책으로 이를 보완해 왔다. 때문에 교육, 의료, 환경, 사회복지 등의 주요부분이 공공정책에 의해 담보되어 왔다.

노동법 역시 이러한 법정책을 담당하기 위해 19세기 중반경부터 20세기 초두에 걸쳐 생성되어 20세기를 통하여 일련의 정비된 법적시스템으로 발전해 왔다. 그 기본적인 구조는 '시장거래에서의 약자인 노동자'가 시장메카니즘의 일방적인 희생물이 되지 않도록 하는 사회적 규제라고 할 수 있을 것이다.

이와 같이 노동법은 시장의 실패를 보완하고 '공공정책으로서의 사회정책'을 실현하기 위한 법적 규제로서의 색채가 농후하다. 반면에 노동법이 경제활동·시장기능에 영향을 미치는 측면, 즉 '공공정책으로서의 경제정책'을 행하는 측면도 간과해서는 안된다. 생산의 파생수요인 고용방침이 역으로 생산에 영향을 미치게 되는 것과 마찬가지로 노동법은 시장메카니즘의 결과를 보완하기 위해 생성된 정책체계인데 체계를 정비하면 할수록 시장기능에 틀을 제공하고 경제에 영향을 미치는 정도가 강해진다. 예를 들어 노동시간단축 입법조치가 단순한 노동정책의 영역을 크게 뛰어넘어 경제정책의 색채를 강화한다든지 산업별 노사관계가 발달함으로써 산업단위에서 체결되는 단체협약의 모습이 경제활동에 크게 영향을 미친다든지 하는 것이다(菅野和夫/取訪康雄, 1994).

이러한 19-20세기형 노동법의 특징은 '사회법'이라고 불리운다는 데서 단적으로 드러난다. 사회법은 시장의 실패에 대응해서 약자 보호를 도모하기 위해 본래는 사법적 관계인 노동관계에 공법적인 방법에 의한 규제를 도입하였다. 사회법에 대비되는 사법은 시장에서 대등한 시민간의 거래관계가 전개되는 것을 염두에 두고 그 적절한 틀의 설정과 규준을 제시하는 것인데, 노동법은 그와 같은 시장지향의 사법을 기초로 하면서도 사회경제적인 약자 보호를 위해 국가에 의한 직접적인 개입을 제도화하고 그 측면에서는 공법적 규제의 양상을 강하게 그려냈다. 결국 노동법은 국가의 개입을 크게 기대해서 사법적인 규제방법보다는 오히려 공법적인 규제에 중점을 두는 것이 일반적이었다. 따라서 노동법의 특징으로는 '시장의 실패'에는 민감하고 비판적인 시각을 가지고 있는 데 비해 국가의 개입이라는 측면 즉 '정부의 실패'라는 문제점에 대해서는 상당히 둔감하고 낙관적이라고 볼 수 있겠다. 그런데 지금 노동법은 커다란 전환의 시기를 맞이하고 있다. 20세기형 노동법은 농업사회에서 산업사회로, 그리고 소규모 수공업에서 대규모 공장제공업으로 탈바꿈하는 전환의 시대에 새로운 사회경제적인 환경에서 나타나는 과제를 해결하기 위해 생성 발전해 왔다. 그런데 이 노동법체계도 그 배경이 되는 사회경제구조가 변함에 따라 새로운 변신을 요청받고 있다. 그것은 한 마디로 포드주의에서 포스트 포드주의로의 이전에 따른 노동시장의 변화를 어떻게 반영할 것인가 하는 문제라고 할 수 있다. 대량생산과 고임금, 대량소비, 장기고용과 노동운동의 활성화라는 방식이 더 이상은 통하지 않게 되었다는 상황을 어떻게 법체계 속에 수용할 것인가 하는 문제이다.

이미 많은 기업에서는 노동자 개인의 개별적인 능력과 의욕의 차이를 보다 단기적으로 반영하는 처우방식(소위 능력주의·실적주의)이 시도되고 있다. 관리직층, 전문직층을 중심으로 연봉제의 도입, 능력평가와 승진제도의 개선 등이 진행되고 있고, 금후로는 연공주의에서 능력주의로의 이행이 한층 진전될 것이다(本多淳亮, 1997: 10).

이러한 능력주의적 제도들이 유효·적절하게 기능하기 위해서는 개별관리로의 이행과 그 기반으로서의 개별노동계약의 관념과 기능이 강화될 필요가 있다. 그리고 능력평가의 공정성(당사자의 납득성)과 기회의 균등(경력)을 확보하는 틀이 필요하고 동시에 개인의 처우상의 불만에 대응하기 위한 고충·분쟁처리시스템의 정비도 불가피해진다.

또한 정보화, 소프트화, 고학력화 등의 진전으로 전통적인 기층으로서의 중간관리직을 매개로 한 피라밋형의 기업조직이 전문직능의 인재가 횡단적으로 제휴하여 경영상층부와 직결되면서 유연하게 기능하는 네트워크형의 노동조직으로 이행하고 있다. 사회와 시장의 격렬한 변화도 경영의 의사결정에 소요되는 시간과 비용을 감축시키고 신속하게 대응할 수 있는 조직체제를 요청한다. 전문직화의 움직임은 이러한 변화에도 연동한 것이라고 생각된다.

그러나 경력 및 보수와 관련된 제도가 라인관리직 중심으로 운영되어온 종래의 방식을 전제로 하면 네트워크화에 따르는 관리직자리의 감소는 중고령자의 처우문제와 동기유발에 많은 영향을 미친다. 권력·명예(지위)·보수라고 하는, 사람을 움직이는 세 가지 요소가 관리직 승진에서 집중적으로 충족되어 온 방식에서 탈피할 필요가 있다. 전문직과 전임직에 대해서는 라인관리직으로서의 '권력'은 발휘할 수 없어도 '보수와 지위'라는 면에서는 보상을 받을 수 있도록 하는 처우시스템을 구축할 필요가 있다는 것이다.

또한 노동자의 모습도 예전과 같은 '절대적인 약자'라는 유형이 감소하고 '상대적인 약자' 혹은 '결국 약자로 보아서는 안된다'는 유형도 나타나기 시작한 것이다. 다른 관점에서 말하자면 사회경제의 성장·성숙에 따라 노동법의 대상이 되는 노동자상이 획일적이고 집약적으로 강행적인 규제를 가하는 대상에 친숙한 '집단으로서의 노동자'에서 당사자의 의사를 존중하면서 개별적으로 보완적인 방법으로 임의적규제를 행하는 쪽이 적절한 '개개인으로서의 노동자'로 전환하고 있다고 하겠다.

노동의 세계에서의, 이러한 '개인으로서의 노동자'의 등장은 종래의 노동법규제의 전제를 크게 변화시키고 있다. 좀더 현저한 현상은 집단규제 자체가 현실적이고 바람직한 방향이라는 인식에 근거한 집단적 노사관계법의 영역에서의 변화일 것이다. 다양화하고 있는 노동자의 모습은 자기의 이익을 옹호하기 위해서라도 단체적인 노사관계의 틀 속에 자신을 맡기는 것을 꺼려하는 경향을 보이고 있고, 이러한 현상은 특히 젊은층에서 두드러지게 나타난다고 한다(菅野和夫/取訪康雄, 1994). 이러한 노동 현실의 변화를 맹목적으로 법에 반영해서야 안되겠지만, 반대로 현실에 둔감한 법 역시 곤란하다.

이러한 시대의 흐름 속에서 우리 기업들도 조직의 전반적인 재편성을 위한 노력, 소위 '변신을 위한 몸부림'을 치고 있는 게 오늘날의 실정이다. 그리고 그러한 노력은 노동자의 노동에 대한 대가(임금)를 어떻게 적절히 지급할 것인가 하는 데에서도 나타나고 있다. 우리 기업들도 초우량기업만이 무한경쟁시대에 살아 남을 수 있다는 위기감 속에서 연공주의에서 벗어나 능력주의 임금제도를 도입하는 기업이 늘어나고 있다고 한다. 학력과 근속년수를 중시하는 연공급 임금체계를 능력을 중시하는 직능급과 직무급체계로 전환해 가고 있다는 것이다.

그런데 연봉제 도입을 중심으로 임금형태의 변화가 어떠한 법적인 문제를 안고 있는지, 이러한 변화는 현행 노동법체계와 조화를 이룰 수 있는 것인지를 충분히 검토하고 있는지는 의문이다. 현행 근로기준법의 관련규정들을 보면 통상임금이다 평균임금이다 하는 임금의 개념에 관한 규정이나 시간외노동수당, 야간노동수당 등 소위 법정수당에 관한 규정이 모두 시간급을 전제로 한 것이라고 이해되기 때문에 임금형태변화가 현행법에 저촉되는 점은 없는지를 미리 검토해보아야 하기 때문이다. 더욱이 우리나라의 임금체계를 볼 때 기본급 비중이 극히 낮고 각종 수당과 상여금의 비중이 극히 높은 상황에서 연봉제를 도입함으로써 임금체계를 단순화한다는 것은 상당히 신중을 요하는 작업이라는 것은 분명할 것으로 생각된다.

이하 연봉제와 스톡옵션제도의 도입, 그리고 법정기준임금을 단일화하는 문제에 대하여 검토키로 한다.

2. 연봉제의 법률 문제

1) 법정수당의 지급 문제

연봉에는 기본급과 각종 수당, 그리고 상여금이 포함되어 있는 것으로 볼 수 있는데, 시간외노동이나 야간노동, 연장노동과 같은 법정수당은 제외된 것이라고 보아야 할 것이다. 왜냐하면 1년 동안 시간외노동, 야간노동, 연장노동을 몇 시간 시킬 것인지 충분히 예측하여 이를 연봉에 반영한다는 것은 거의 불가능에 가깝기 때문이다.[1] 그리고 본래 연봉제라는 것이 몇 시간 노동을 하였느냐 하는 노동시간에 관심을 가지는 제도가 아니라 그 노동자가 몇 시간 일을 하는가에는 관계치 않고 주어진 업무를 얼마나 효율적으로 수행하는가 하는 데 촛점을 맞추고 있는 제도라는 것에 주의해야 한다. 그렇다면 애당초 연봉제에서는 법정수당이 문제시되어서는 안된다는 결과가 된다.

때문에 해결책은 두 가지라고 생각할 수 있다. 첫번째는 '傳家의 寶刀'라고 할 수 있는 포괄산정 임금제도를 활용하는 방법이다. 즉, 연봉 속에 이들 각종 수당이 포함되어 있다고 노사간에 합의를 하여 제도를 운영하는 방법이 그 하나이다. 그러나 이 방법을 활용하기 위해서는 각 노동자가 실제로 행한 시간외노동이나 야간노동, 연장노동이 노사간 합의된 시간외노동이나 야간노동, 연장노동의 범위(시간수) 이내여야 한다(실시간외노동 < 소정시간외노동 < 법정시간외노동). 이 범위를 벗어나게 되면 그 초과하는 부분에 대해서는 수당을 지급하여야 하기 때문이다(법위반에 대한 처벌은 별도로 하고).[2] 어쨌든 이 방법을 활용하기 위해서는 통상임금을 정해두고 소정노동시간을 정해두어야 하며 노동자 한 사람 한 사람

1) 물론 이론상 불가능한 것은 아니지만 그만큼 엄격하게 통상임금과 기준노동시간에 관해 정해 두어야 하는 등 엄격한 관리가 필요한 것이다(青木宗也/片岡昇 編, 1994: 148).

2) 예컨대 연간 소정노동시간이 2,500시간이고 연봉이 2,650만원(이 속에 100시간분의 시간외노동수당이 포함되어 있다)인 노동자의 경우 2,600시간을 넘게 일했다고 하면 그 초과하는 시간만큼은 시간외노동수당이 지급되어야 한다는 것이고, 그 계산은 다음과 같이 하게 된다.

* 시간당 가산임금 = 연봉액(2,650만원)÷{연간소정노동시간(2,500)+예정시간외노동시간(100)×1.5}×1.5

에 대한 노동시간관리를 충실히 해나가야 한다는 결과가 된다. 그러나 이러한 관리방법은 연봉제를 도입하는 의의를 크게 해치는 것이므로 연봉제 도입이 그 기업에 득이 되기는 어렵다고 생각된다.

두번째 방법은 법정수당을 지급하지 않아도 되는 노동자를 대상으로 연봉제를 실시하는 것이다. 이러한 노동자로는 ① 농림수산업 종사 노동자, ② 감시·단속노동자 중 노동위원회의 승인을 받은 자, ③ 관리·감독자, 비밀사무취급 노동자(근로기준법 제61조, 동법 시행령 제30조)가 있다. 특히 관리·감독자, 그리고 비밀사무를 취급하는 노동자가 그 대상이 되기 쉬울 것이다. 여기서 관리·감독자란 기업경영자와 일체를 이루는 입장에 있고 자기의 노동시간에 대한 자유재량을 가지고 있는 자를 말하는데(대법원 1989.2.28. 선고 88다카2974 판결). 대개 ① 노무관리방침의 결정에 참여하거나 노무관리상의 지휘권한을 가지느냐 여부, ② 자기의 노동에 대하여 자유재량권을 가지고 출·퇴근 등에 엄격한 제한을 받지 않는가의 여부, ③ 그 지위에 따른 특별수당을 받고 있는지 여부가 판단기준이 되고 있다(근기 01254-6472, 1987.4.21). 한편 기밀의 사무를 취급하는 자란 비서와 같이 그 직무가 경영자 또는 관리직의 지위에 있는 자의 활동과 불가분하게 이루어져 출·퇴근 등에 엄격한 제한을 받지 않는 자를 말한다.

또한 외판사원의 경우에도 연봉제의 적용이 가능하리라고 본다. 그 이유는 근로기준법 제56조에서 출장중인 노동자나 사업장외에서 노동하는 경우 노동시간 산정이 곤란할 때는 소정노동시간을 노동한 것으로 본다고 규정하고 있어 외판사원의 경우에는 노동시간과 상관 없이 연봉을 정할 수 있기 때문이다.

그런데 문제는 연구직노동자에게 있다. 외국의 예를 보나 국내 기업의 수요를 볼 때도 연구직의 경우가 관리직과 함께 연봉제 적용의 주된 대상이 될 터인데 이들에 대해서는 법령에 아무런 규정이 없기 때문이다. 이들을 연봉제 적용대상자로 활용하기 위해서는 각종 법정수당이 발생하지 않도록 노무관리를 엄격하게 하는 방법, 또는 연봉제의 취지와는 어울리지 않지만 통상임금과 기준노동시간을 분명히 하고 이러한 전제 아래 연봉제를 운영하는 방법말고는 없을 것이다. 보다 근본적으로는 근로기준법 시행령 제30조를 개정하여 연구직 노동자들의 경우에도 근로기준법상의 노동시간 관련 규정을 적용배제토록 하는 방안을 강구하여야 할 것으로 생각된다. 미국에서는 공정근로기준법(FLSA) 제13조 (a)에서 임원, 관리직, 전문직 종사자, 그리고 외판원(employee employed in a bona fide executive, administrative, or professional capacity, or in the capacity of outside salesman) 등에게는 동법상의 최저임금과 노동시간 관련 조항의 적용을 배제토록 하고 있어(소위 exempt employee) 이들에게 연봉제를 적용하는 데 아무런 문제가 없다는 점을 참조할 필요가 있을 것이다.

여하튼 현실성이 있는 것은 두번째 해결책이라고 생각되고 또 실제로 외국의 사례나 우리나라의 경우 각 기업이 구상하고 있는 것도 이 유형이라고 하겠다.

2) 노동시간의 변칙적 운용?

일반노동자에게까지 연봉제를 도입 실시하기 위해 노동시간을 변칙적으로 운용하는 방법도 물론 생각해 볼 수는 있다. 그러나 다음의 제도들도 다 일상적인 노동시간의 편성을 전제로 하여 여러 가지 규제 속에서 예외적으로 노동시간을 변형시키는 것이어서 연봉제 도입과 맞물려 있다고 보기는 어렵다.

(1) 탄력적 노동시간제도(근로기준법 제50조)

기준노동시간을 탄력적으로 조절할 수 있도록 해주는 탄력적 노동시간제도에는 2주 이내 단위와 1개월 이내 단위 두 종류가 있는데 청소년과 임신중인 여자노동자가 배제된다는 것은 꼭같다. 먼저 토요격주휴무제도가 보편적인 형태인 2주간 이내 단위의 탄력적 노동시간제도의 경우에는 취업규칙으로 정하는데 1주 상한시간은 48시간이다. 다음에 1개월 이내 단위의 탄력적 노동시간제도는 노동자대표와의 서면합의가 필요한데 특정주 56시간, 특정일 12시간의 상한 규제가 있다.

(2) 선택적 노동시간제도(법 제51조)

시업과 종업시각을 노동자 자율에 맡기는 제도인 선택적 노동시간제도 역시 노동자대표와의 서면합의로 시행케 된다. 보통 이 제도는 노동자가 반드시 사업장에서 일할 것을 요구하는 의무시간대(core time)와 노동자의 자율에 맡기는 선택시간대(flex time)를 설정하여 운용하는데, 청소년은 배제된다. 총노동시간은 정산기간을 평균하여 주의 기준노동시간을 초과하지 않는 범위내이어야 하고, 이 총노동시간을 넘는 부분이 연장노동시간이 된다.

3) 단체협약의 효력확장 문제

노조법(노동조합 및 노동관계조정법) 제35조는 하나의 사업(장)에서 상시 사용되는 동종노동자의 반수 이상의 노동자가 하나의 단체협약을 적용받을 때는 그 사업장의 다른 동종의 노동자에게도 그 단체협약을 적용하도록 하고 있다. 따라서 연봉제 적용 노동자가 다른 시간급이나 월급제 적용 노동자와 동종의 노동자인지가 사업장 단위의 단체협약의 일반적구속력을 적용받느냐 여부의 관건이 된다. 이와 관련된 행정해석으로는 "단체협약 당사자인 노동조합의 조합원이 운전기사, 안내원, 정비사인 노동자로서 구성되어 있으며 또한 위 조합원과 비조합원인 사무직 노동자의 근무조건 등이 동일하지 아니하다면 이를 동종의 노동자로 볼 수 없기 때문에 위 단체협약을 위 사무직 노동자에게 확장·적용할 수 없는 것"이라고 한 예가 있다(법무 811-24487, 79.10.19). 그리고 판례에서는 "사업장단위로 체결되는 단체협약의 적용범위가 특정되지 않았거나 협약조항이 모든 직종에 걸쳐서 공통적으로 적용되는 경우에는 직종의 구분없이 사업장 내의 모든 노동자가 동종의 노동자에 해당한다"고 한다(대법원 1992.12.22. 선고 92누13189 판결).

따라서 단체협약의 적용을 받는 노동자의 범위가 한정되지 않은 경우에는 시급이나 월급제 노동자를 대상으로 한 임금인상률이 연봉제 사원에게도 적용되어 능력주의 임금제도라고 하는 연봉제의

의의는 사라지고 말 우려도 없지는 않다. 하지만, 실제로는 감독·관리직이나 연구직 노동자에 한해 연봉제가 운용될 것이기 때문에 이러한 우려는 이론상 가능하기는 하나 현실화한다는 것은 거의 예견되지 않는다. 일반노동자에게까지 연봉제를 도입하고자 할 때는 반드시 이 문제에 관한 검토가 있어야 할 것이다.

더 나아가 연봉제 노동자가 노조원인 경우에는 단체협약의 확장적용이 아니라 바로 단체협약을 적용받음으로써 더욱 문제가 될 것으로 생각되기도 한다. 그러나 그러한 경우가 실제로 나타나지는 않을 것이다. 독일의 경우에도 연봉제사원은 단체협약과는 무관하게 사용자와 개별적으로 임금계약을 체결하는 소위 협약외 급여소득자(Außertarifliche Angestellte)라는 특징이 있다고 한다(김강식, 1994: 62-63).

4) 취업규칙의 개정 문제

한편 임금과 노동시간에 관한 사항은 취업규칙의 필수기재사항이므로(근로기준법 제96조) 이를 변경하고자 할 때는 당연히 취업규칙의 변경절차를 거쳐야 한다(동법 제97조). 따라서 연봉제 적용대상자 과반수의 의견을 들어야 하고 취업규칙이 이들에게 불이익하게 변경된다고 생각되면 이들 과반수의 동의를 얻어야 한다. 이때 적용대상자가 소수에 불과하다면 그 의견은 묵살해도 상관이 없지 않은가 하는 주장도 물론 있겠지만,[3] 연봉제 노동자는 기업

---

3) 법원은 취업규칙의 개정이 일부 노동자에게는 유리하고 일부 노동자에게는 불리할 때는 노동자 전체에 획일적으로 결정되어야 한다는 취지

내에서 하나의 부분사회를 구성하는 존재이고 부분사회를 구성하는 법규범의 작성·변경에는 부분사회 구성원 자체가 직접 참가하는 길이 보장되어야 하기 때문이다(오문완, 1994: 155쪽).

그런데 단순히 의견을 듣는 차원이라면 별다른 문제가 없겠지만, 취업규칙이 불이익하게 변경되는 경우라고 판단이 된다면 이들의 집단적 동의를 받아야 한다는 데서 유불리의 판단은 엄격하게 행해야 할 것이다. 법원은 이익과 불이익을 종합하여 판단하여야 한다는 의견을 제시하는 한편(대법원 1992.2.28. 선고 91다30828 판결), "취업규칙의 변경이 (사회통념상 합리성이 있느냐의 여부나) 노동자에게 불리한가의 여부는 그 변경의 취지와 경위, 해당 사업체의 업무의 성질, 취업규칙 각 규정의 전체적인 체제 등 제반사정을 종합하여 판단하여야 한다"는 태도를 보이고 있다(대법원 1988.5.10. 선고 87다카2853 판결).[4]

를 밝히고 있다(대법원 1993.5.14 선고, 93다1893 판결). 다만, 이 판결에서 "취업규칙의 변경이 노동자에게 전체적으로 유리한지 불리한지를 객관적으로 평가하기가 어려우며, 같은 개정에 의하여 노동자 상호간의 유·불리에 따른 이익이 충돌되는 경우에는 그러한 개정은 노동자에게 불이익한 것으로 취급하여 노동자들 전체의 의사에 따라 결정하게 하는 것이 타당하다"고 한 점은 주목할 요하는 대목이다.

4) 그런데 이 판결과 그 후의 판결(대법원 1990.3.13. 선고, 89다카24780 판결)에서도 사회통념상 합리성이 있다고 인정되면 노동자집단의 동의 없이도 취업규칙을 불이익하게 변경할 수도 있다는 취지를 내비치고 있다. 그러나 이 판결들은 1989.3.29. 근로기준법의 개정을 통하여 제95조(현행법 제97조) 1항에 단서로 "취업규칙을 노동자에게 불이익하게 변경하는 경우에는 그 동의를 얻어야 한다"는 규정이 명문화되기 전의 사건들에 관한 것이어서 법개정후의 문제에 관한 사안에 대해서도 유지되지는 않을 것으로 예견된다.

그렇다면, 연봉제의 도입을 전후하여 대상노동자의 임금수준이 떨어진다든가 작업강도가 강화된다든가 하는 경우에는 취업규칙이 불이익하게 변경된 것이라고 보아야 한다. 최근에 일부 기업에서는 연봉제 도입을 능력 있는 노동자에게 인센티브를 주어 기업분위기를 진작시킨다는 차원이 아니라 인건비 감소 차원에서 검토하는 곳도 있는 듯한데 특히 그러한 곳에서는 취업규칙의 개정이 법의 요건을 충족시키고 있는지 엄밀하게 검토할 필요가 있다고 생각한다. '3진 아웃'[5] 이라는 냉혹한 제도의 설정도 신문에 오르내리고 있는데 그러한 제도의 설정이 가능한지는 의문이다.

5) '경영악화를 방지하기 위한' 연봉제의 도입

기업의 회생을 위한 연봉제의 도입이라면 노동조건의 불이익변경에 관한 제한을 벗어날 수 있다는 논의도 있다. 소위 '노동조건의 하향조정'의 문제이다. 노동조건을 하향조정하지 않으면 기업의 존속 자체가 문제가 될 때는 정리해고 이전의 조치(해고회피조치)로 노동자 역시 어느 정도의 불이익을 감내해야 하지 않는가 하는 문제이다.

기본적으로는 이러한 지적에 찬동하는데, 다만 그 내실을 정확히 따져볼 필요는 있다. 그러한 조치가 없다면 기업이 회생하지 못하느냐 아니면 단순히 남들과의 경쟁에서 우위에 서기 위한 것인지를 가려내는 일이 필요하다는 것이다. 결국 경영악화를 방지하

5) 성적이 부진하여 내리 3년을 임금이 깎이면 그 직장에서 떠나야 하는 (해고당하는) 제도를 말한다.

기 위한 조치가 무엇을 의미하는지가 근로기준법 해석의 관건이 되겠다.

이 부분의 해석에 관해서는 아직 법원의 판단은 없다. 그런데 이는 긴박한 경영상의 필요성을 판단하는 기준으로 작용하므로 법원이 긴박한 경영상의 필요라는 것을 어떻게 이해하는지를 살펴보면 앞으로의 해석방향을 미루어짐작할 수 있을 것이다.

법원은 처음에는 '긴박한 경영상의 필요'를 기업이 일정수의 노동자를 경영해고하지 않으면 경영악화로 사업을 계속할 수 없거나 적어도 기업재정상 심히 곤란한 처지에 놓일 개연성이 있을 긴박한 경영상의 필요성이 있어야 하는 것이라고 엄격하게 해석하였다(대법원 1990.1.12 선고 88다카34094 판결).

그런데 나중에는 반드시 기업의 도산을 회피하기 위한 것에 한정할 필요는 없고, 인원삭감이 객관적으로 보아 합리성이 있다고 인정될 때에는 '긴박한 경영상의 필요성'이 있는 것으로 넓게 보아야 한다는 것으로 바뀌었다(대법원 1991.12.10 선고 91다8647 판결). 기업의 인원삭감 조치가 영업성적의 악화라는 기업의 경제적인 이유뿐만 아니라 생산성의 향상, 경쟁력의 회복 내지 증강에 대처하기 위한 작업형태의 변경, 신기술의 도입이라는 기술적인 이유와 그러한 기술혁신에 따라 생기는 산업의 구조적 변화도 이유로 하여 실제 이루어지고 있고 또한 그럴 필요성이 충분히 있다는 점을 반영한 것이다.

이와 같이 판례는 긴박한 경영상의 필요라는 요건을 완화하여 해석하려는 태도를 보이고 있다. 그런데 그 완화된 해석이라는 개념표지가 무엇인지 하는 것은 신중하게 검토할 필요가 있다. 기업의 합리화조치를 인정하였다고 평가받는 대법원 1991.12.10 선고 91다8647 판결을 면밀히 분석해보면 이와 같은 결론에 이르는 과정에 기업의 경영이 계속적인 적자상태인지가 중요한 사실판단요소로 고려되며, 누적된 기업경영의 적자가 장차 기업경영을 심각하게 곤란케할 경우를 예방하기 위해 해고가 인정될 수 있다는 것을 의미한다. 이는 기업경영이 적자이어서 더 이상 고용관계를 지속한다는 것이 일반적으로 기대불가능한 것으로 보는 객관적 인식을 근거로 한다는 것이다. 그러므로 판례가 제시하는 '객관적으로 보아 인원감축의 합리성이 있다고 인정되는 경우'란 결국 기업이 도산에 이르지는 않을지라도 해고를 하지 않으면 기업의 경영이 위태로울 정도를 의미한다. 달리 말하자면 경영해고의 본래적인 요청인 '기업의 존립보호'를 위할 때 그 정당성이 인정된다는 것이다. 구체적으로 기업이 어느 정도의 위기에 처하면 긴박한 경영상의 필요성이 인정되는 경영악화라고 볼 수 있는지는 판례의 형성을 기다려야 할 터인데, 그 해석은 상당히 엄격할 것으로 예견된다.

6) 매월 일정시기 지급 원칙의 문제

근로기준법 제42조는 임금지급과 관련하여 몇 가지 중요한 원칙을 정하고 있다. 직접지급의 원칙, 전액지급의 원칙, 통화지급의 원칙(현물급여의 금지), 매월 일정시기 지급의 원칙이 그것이다. 이 가운데 특히 연봉제와 관련해서는 매월 일정시기 지급의 원칙이 문제될 수 있다. 연봉은 1년 단위로 산정되는 게 보통이므로 연봉제는 근기법 제42조 위반이 아닌가 하는 의문이 제기될 수 있다는 것이다.

그러나 연봉제란 임금산정 단위가 1년이 기준이 된다는 의미이지 임금을 1년에 한 번씩 지급한다는 것을 의미하지는 않는다. 그리고 연봉을 12로 나누어 달마다 지급하기도 하지만, 16 또는 18로 나누어 상여금 지급시기에 맞추어 지급하는 방식을 취하기도 하고 있는 것이 외국의 실정이기도 하다. 따라서 이러한 방식을 취한다면 근로기준법 제42조 위반의 우려는 없다고 보아도 된다.

7) 사회보장법상의 문제

연봉제를 실시할 때는 국민연금이나 의료보험과 같은 각종 사회보장법상의 갹출료를 납부하는 문제에 대한 검토가 필요하다는 지적도 있다. 그러나 임금형태의 변화가 사회보장법에서 문제로 대두되지는 않을 것으로 생각된다.

예컨대 국민연금법을 보자. 사업장가입자인 경우 국민연금기금에 기여하는 몫(연금보험료)은 사업장가입자 본인(노동자)의 기여금과 사용자의 부담금으로 구성되는데 그 금액은 각각 표준소득월액의 0.45%로 하고 있다(국민연금법 제75조 2항). 그리고 표준소득월액은 연금보험료와 보험급여를 산정하기 위하여 가입자의 소득월액을 기준으로 하여 등급별로 대통령령을 통해 정해지기 때문에(동법 제3조, 동법 시행령 제6조) 임금형태가 달라진다고 해서 그 산정방법이 달라지는 것은 아니다.

8) 마무리

연봉제의 도입은 속인적인 성격이 짙었던 임금체계가 업무와 능력에 알맞는 임금체계로 바뀌어 가는 이정표가 된다는 점에서, 그리고 그간 불합리하다고 생각되던 각종 차별을 시정할 수 있는 계기가 된다는 점에서 신중히 도입을 검토해볼만하다고 생각된다. 그러나 이 제도의 도입이 기업의 인사노무나 재정에 미치는 영향을 충분히 고려하면서 도입하여야 한다는 것은 누구나 느끼고 있을 것이다. 아울러 법제도의 정비도 함께 생각해 보아야 할 것이다.

현행 법제도 아래서 연봉제를 모든 노동자에게 확산시킨다는 것은 거의 기대하기 어려울 것이다. 협행법제 속에서는 연봉제는 관리·감독직과 외판사원에게 도입하는 것으로 한정하는 게 바람직하다. 연구직, 전문직에의 연봉제 도입은 엄격한 시간관리가 함께 따라주어야 법상 문제가 생기지 않는다.

그리고 임금형태를 변경시키는 과정에서 주의하여야 할 것은 이제는 과거와 같은 주먹구구식의 임금관리가 통하는 시대는 지났다는 점이다. 많은 논란을 불러일으키는 포괄산정 임금제도를 폐기하는 데서부터 시작하여야 할 것이다. 또한 직장 내에서도 정서적인 면보다는 합리적인 것을 중시하는 분위기가 확산되고 있다는 점을 감안한다면 하루 속히 불합리한 임금 차별은 시정하는 방향으로 제도가 정비되어야 할 것이다.

3. 스톡옵션제도의 법률 문제

1) 제도의 의의

스톡옵션제도는 회사가 임직원에게 장래의 일정한 기간(권리행사기간) 안에 약정된 가격(권리행사가격)으로 일정 수량의 자사 주식을 매입할 수 있는 권리를 부여하는 제도를 말한다. 처음부터 주식을 매수해서 보유토록 하는 게 아니라 주식을 매수할 수 있는 권리(선택권)를 임직원이 보유하는 것이다. 이 제도는 임금을 거치했다가(deferred) 지급하는 셈인데, 이를 통하여 세금 액수를 줄이고 저축과 연금 기능을 아울러 꾀할 수 있다.

스톡옵션제도는 주가가 장래에 하락하거나 현재와 비슷한 수준을 유지하지는 않고 상승할 것이라는 가정을 전제로 해서 성립한다. 즉 임직원이 장래의 일정 시점에서 주가가 상승하면 주식을 매수하는 옵션을 사전에 약정된 가격으로 행사함으로써 회사로부터 주식을 매입하고 그 취득한 주식을 시장에서 매각함으로써 이득을 얻을 수 있다는 것이다. 이 제도는 특히 리스크가 높은 벤처기업에 우수한 인재가 모이는 커다란 이유가 되고 있다고 한다. 기업공개를 통해 자금조달의 가능성이 크게 확대되기 때문이라는 것이다. 더욱이 스톡옵션제도를 통해 능력있는 종업원을 우대함으로써 우수한 인재를 모을 수 있다고 한다(박경열, 1999: 145, 151).

이 제도를 통하여 회사는 임직원에 대하여 다음과 같은 효과를 기대한다. ① 주가 상승이 성과에 대한 경제적 보상과 직결되므로 노동의욕이 증대된다. ② 기업의 성공이 임직원의 성공과 직결된다. 즉 기업가치의 극대화라는 공동의 목표 아래 종업원 역시 주주와 같은 시각에서 의사결정을 하므로 종업원의 경영참가의식이 높아진다. ③ 종업원의 동기부여를 위한 장기 인센티브제로서 업적향상이 높은 주가상승으로 이어져 종업원도 높은 수익을 얻게 되고 자산 형성의 지름길이 된다. ④ 주식을 매입할 수 있는 권리만이 부여되기 때문에 주가가 하락할 경우 권리행사를 포기할 수 있다. 이 때 기대한 인센티브는 얻을 수 없지만 주식 매입에 따른 위험은 없다(김영재, 1999: 5-8).

2) 관련 법규정

스톡옵션제도에 관해서는 기본적으로 상법과 증권거래법이 정하고 있다. 1999년말 개정된 상법은 제340조의 2 제1항에서 「회사는 정관이 정한 바에 따라 제434조의 규정에 의한 주주총회의 의결로 회사의 설립·경영과기술혁신 등에 기여하거나 기여할 수 있는 회사의 이사·감사 또는 피용자에게 미리 정한 가액("주식매수선택권의 행사가액")으로 신주를 인수하거나 자기의 주식을 매수할 수 있는 권리("주식매수선택권")를 부여할 수 있다. 다만, 주식매수선택권의 행사가액이 주식의 실질가액보다 낮은 경우에 회사는 그 차액을 금전으로 지급하거나 그 차액에 상당하는 자기의 주식을 양도할 수 있다. 이 경우 주식의 실질가액은 주식매수선택권의 행사일을 기준으로 평가한다.」라고 주식매수선택권을 규정하고 있다. 다만, ① 의결권없는 주식을 제외한 발행주식총수의 100분의 10이상의 주식을 가진 주주와 ② 이사·감사의 선임과 해임 등 회사의 주요경영사항에 대하여 사실상 영향력을 행사하는 자, 그리고 ③ 이들의 배우자와 직계존·비속에게는 주식매수선택권을 부여할 수 없도록 하고 있다. 그 행사는 주주총회결의일부터 2년 이상 재임 또는 재직하여야 이를 행사할 수 있도록 제한을 하고, 주식매수선택권은 양도할 수 없다.

증권거래법도 제189조의 4에서 주식매수선택권을 규정한다. 동조 제1항에 따르면 주권상장법인 또는 협회등록법인은 당해 법인의 설립·경영과 기술혁신 등에 기여하거나 기여할 수 있는 당해 법인의 임·직원(대통령령이 정하는 자를 제외한다)에게 미리 정한 가격으로 신주를 교부하거나 기타 대통령령이 정하는 방법에 따라 당해 법인의 주식을 매수할 수 있는 권리("주식매수선택권")를 부여한다. 특별결의로써 부여할 수 있는 주식의 총한도와 주식매수선택권을 부여받을 자의 성명·행사가격 등 특별결의하여야 할 사항은 대통령령으로 정한다. 주식매수선택권은 결의일부터 3년이 경과되어야 이를 행사할 수 있으며, 그 결의일부터 당해 법인의 정관에서 정한 주식매수선택권의 행사만료일까지 회사에 대하여 그 효력을 가진다. 이 경우 주식매수선택권을 부여받은 자는 재정경제부령이 정하는 경우를 제외하고는 결의일부터 2년이상 재임 또는 재직하여야 이를 행사할 수 있다. 주식매수선택권은 타인에게 양도할 수 없다. 다만, 주식매수선택권을 부여받은 자가 사망한 때에는 그 상속인이 이를 부여받은 것으로 본다.

한편 2007년 12월 31일까지 효력이 있는 '벤처기업 육성에 관한 특별조치법' 제16조의 3은 특별히 벤처기업의 주식매입선택권을 정하고 있다. 즉 주식회사인 벤처기업 (증권거래법에 의한 주권상장법인과 협회등록법인을 제외한다)은 정관이 정하는 바에 따라 특별결의로써 ① 벤처기업의 임·직원, ② 기술 및 경영능력을 갖춘 자로서 대통령령이 정하는 자, ③ 대학 또는 대통령령이 정하는 연구기관 중 당해 기업의 설립 또는 기술·경영의 혁신 등에 기여하였거나 기여할 능력을 갖춘 자에게 특별히 유리한 가격에 의한 신주의 매입 기타 대통령령이 정하는 바에 따라 당해 기업의 주식을 매입할 수 있는 권리("주식매입선택권")를 부여할 수 있다.

이 주식매입선택권에 대해서는 한시적이기는 하지만(2003년 12월 31일까지 부여받아 이를 행사함으로써 얻는 이익 부분) 과세특례제도를 설정하여 제도의 도입과 정착을 유도하고 있다. 즉 조세특례제한법 제15조는 창업자, 신기술사업자 또는 벤처기업으로서 대통령령이 정하는 내국법인과 증권거래법에 의한 주권상장법인 또는 협회등록법인으로서 대통령령이 정하는 요건을 갖춘 법인의 종업원이 주식매입선택권을 2003년 12월 31일까지 부여받아 이를 행사함으로써 얻는 이익(그 주식의 실제 매입가액과 시가와의 차액을 말하며, 주식에는 신주인수권을 포함하는 것으로 한다)은 이를 노동소득·사업소득 또는 기타소득으로 보지 않도록 규정하고 있다. 다만, 다음 몇 가지 요건을 구비하여야 한다. ① 창업법인 등이 당해 주식매입선택권을 부여하기 전에 주식매입선택권의 수량·매입가액·대상자 및 기간 등에 관하여 주주총회의 결의를 거쳐 당해 종업원등과 약정한 것일 것, ② 그 주식의 매입가액이 대통령령이 정하는 가액 이상일 것, ③ 주식매입선택권이 다른 사람에게 양도할 수가 없는 것일 것, ④ 주식매입선택권을 부여받은 날부터 3년이 경과한 후에 주식매입선택권을 행사하는 것일 것, ⑤ 창업법인 등이 발행주식총수의 100분의 10(벤처기업의 경우에는 100분의 20의 범위안에서 대통령령이 정하는 율)의 범위안에서 동일 종업원 등에게 주식매입선택권을 부여하고 주식의 매입가액의 연간 합계액이 대통령령이 정하는 금액이하일 것이라는 요건을 갖추어야 한다(강정애, 2000: 52). 그런데 종업원 전부에 대하여 옵션을 부여하는 경우에는 과세특례의 대상에서 제외하는데, 그 이유는 변칙적으로 임금을 주는 것을 막자는 취지라고 설명한다(김희인, 1999:, 87).

3) 제도의 미비점

하지만 현행 제도는 여러 방면에서 문제점이 지적된다. 먼저 증권거래법이 정하는 스톡옵션의 부여방식이 신주인수권 방식, 자기주식 방식, 주식평가보상 방식의 3가지로 한정되어 다양한 인센티브 부여 제도로서 기능하는 데 한계가 있다는 점을 들 수 있다. 기업의 전략이나 필요, 상황에 따라 적절한 스톡옵션을 활용할 수 있도록 다양화할 필요가 있다는 것이다(김영재, 1999: 24).[6]

그리고 제도의 도입 취지와는 달리 부실기업까지 스톡옵션을 부여하는 도덕적 해이 현상이 문제가 되기도 한다. 또한 경영실적과

---

6) 김영재(1999: 8-10)는 미국의 스톡옵션 유형으로 인센티브 스톡옵션(incentive stock options: ISO), 비적격 스톡옵션(nonqualified stock options: NQSO), 주식평가보상(stock appreciation rights: SARs), 성과주식/단위제도(performance shares/unit plans), 제한부 주식제도(restricted stock plans), 가상 주식제도(phantom stock plans)를 소개하고 있다.

는 상관없이 주가가 오르거나 경영진이 주가를 조작하는 경우에는 소액주주나 채권자에게 치해를 끼치는 결과가 된다. 때문에 기업의 지배구조와 재무구조를 감안하고 부실법인에 대해서는 엄격하게 적용하는 방안을 강구해야 한다는 지적이 있다(김희인, 1999:, 87).

아울러 연간 과세특례혜택을 받을 수 있는 금액이 옵션행사가액의 연간 합계액을 기준으로 5,000만원이라는 상한선이 설정되어 있는 것도 문제점으로 지적된다. 예컨대 주당 매입가격이 5,000원에 10만주를 부여받아 시가가 10,000원일 때 옵션을 행사하는 경우를 생각해보자. 총액 5,000만원에 해당하는 1만주까지는 비과세 혜택을 받지만, 나머지 9만주에 해당하는 금액에 대해서는 일반상여금으로 인정되어 과세처분을 받게 되는 것이다. 이렇게 된다면 스톡옵션제도의 본래 기능인 인센티브 기능은 거의 기대할 수 없지 않느냐 하는 문제이다. 따라서 세제지원 금액의 확대가 필요하다는 주장이다(김영재, 1999: 24). 다만, 이 문제는 손쉽게 접근할 수 있는 것은 아니다. 스톡옵션제도에 접근할 수 없는 종업원과 그 혜택을 받고 있는 종업원 사이의 형평의 문제가 언제나 제기되기 마련이므로 지나치게 불공평한 제도의 설정은 오히려 불필요한 갈등만 불러일으키게 된다. 따라서 적절한 타협점을 모색하는 노력이 필요하다.

가장 문제가 되는 것은 스톡옵션을 객관적인 경영성과에 근거하지 않고 이 제도를 실시하는 경우이다. 별다른 근거없이 나누어먹기 식으로 스톡옵션제도가 실시된다면 이 제도 본래의 취지가 살아날 수가 없다. 또한 스톡옵션의 부여 기준이 분명치 않거나 정보가 공개되지 않아 오히려 종업원의 사기를 저하시키는 경우까지 나타나고 있다. 따라서 적절한 평가를 통해 동 제도는 시행되어야 한다(김영재, 1999: 24). 물론 기업경영의 측면인 아닌 법적인 측면에서 평가를 강제하는 게 적절한지에 대해서는 의문이 제기되기도 한다. 그러나 능력·성과주의 임금체계가 현행 노동법의 틀에서도 기능을 하기 위해서는 평가는 가장 핵심적인 요소가 된다고 보아야 한다. 사용자에게 종업원의 직업적 능력을 적정하게 평가할 의무를 지우면서, 그 의무를 ① 객관적 평가기준에 따라 ② 적정한 평가를 하고 ③ 평가결과와 그 이유를 노동자에게 제시하고 설명할 의무라고 정의하는 견해(毛塚勝利, 1997: 22)에 주목할 필요가 있다.

4. 기준임금의 단일화 문제

1) 문제의 소재

(1) 현행 근로기준법상 기준임금에는 통상임금과 평균임금이 있다. 통상임금은 소정노동에 대해 지급을 약속한 임금, 평균임금은 고용기간 중에 노동자가 지급받고 있던 평균적인 임금수준이라는 의미를 지닌다.

> 근로기준법 시행령 제6조 1항(통상임금)
>
> 법과 이 영에서 "통상임금"이라 함은 노동자에게 정기적·일률적으로 소정노동 또는 총노동에 대하여 지급하기로 정하여진 시간급금

액·일급금액·주급금액·월급금액 또는 도급금액을 말한다.

근로기준법 제19조(평균임금의 정의)

① 이 법에서 "평균임금"이라 함은 이를 산정하여야 할 사유가 발생한 날 이전 3월간에 그 노동자에 대하여 지급된 임금의 총액을 그 기간의 총일수로 나눈 금액을 말한다. 취업후 3월미만도 이에 준한다.

② 제1항의 규정에 의하여 산출된 금액이 당해 노동자의 통상임금보다 저액일 경우에는 그 통상임금액을 평균임금으로 한다.

(2) 법정수당은 통상임금이나 평균임금에 근거하여 산출되는데, 그 기준임금은 다음과 같다.

통상임금	평균임금
해고예고수당 시간외·휴일·야간노동 가산수당 연차휴가수당 기타 법에서 '유급'이라 한 경제적보상	퇴직금 휴업수당 연차휴가수당 휴업보상·장해보상 등 각종 재해보상

(3) 그런데 현재 통상임금과 평균임금으로 나뉘어 있는 기준임금제도는 그 개념에서부터 포섭범위, 산정방법 등에 관하여 많은 혼란과 갈등을 불러일으키고 있다(노사관계개혁위원회, 1996: 79-83). 이를 네 가지로 요약할 수 있겠다.

① 불명확한 임금개념으로 해석상 논란이 끊이지 않는다.

근로기준법에서는 임금을 "노동의 대상"이라고만 정의하고 있다. 임금총액을 기초로 산정되는 평균임금의 경우는 하위법령에의 위임규정 없이 시행령에서 "임시로 지불된 임금과 통화 이외의 임금"을 제외토록 하고 있다. 그 결과 평균임금 산정을 위한 임금의 범위와 관련하여 사안에 따라 행정해석과 판례의 입장이 달라진다. 행정해석은 "복리후생비"에 대해 전노동자에게 정기적·일률적으로 지급되지 않는 경우 평균임금에서 제외한다. 하지만 판례는 일률적이 아닌 경우에도 계속적·정기적으로 지급되고, 단체협약·취업규칙 등에 의해지급의무가 지워진 금품은 명칭 여하를 불문하고 임금으로 보아 평균임금 산정시 포함한다(예컨대 노동일에만 지급되는 급식비·교통비, 가족수에 따라 차등지급되는 가족수당 등).

통상임금의 경우 법상 하위법령에의 위임규정 없이 시행령에서 "소정노동에 대해 정기적·일률적으로 지급하기로 정해진 임금"으로 정의하고 있으나 '정기적·일률적' 임금의 범위나 판단기준이 불명확하여 사안에 따라서 행정해석과 판례가 다르고, 법원 안에서도 의견이 엇갈리는 경우가 적지 않은 실정이다(예컨대 전노동자에게 일률적으로 지급되는 가족수당, 급식비, 사택수당, 입갱수당 등을 통상임금으로 볼 것인지 하는 문제와 같은 것인데 대법원 1996.2.9. 선고, 95다1951 판결은 해마다 한 번 지급되는 체력단련비와 월동보조비도 통상임금에 속한다고 한다).

법의 일반성·추상성이라는 것을 감안한다면 현행규정이 탄력적이라고 생각할 수도 있겠지만, 가능하기만 하다면 구체적으로 규정해 주는 것이 보다 합당한 태도라고 하겠다. 이 점과 관련하여 일본의 입법태도가 참조할만하다. 일본에서는 ① 가족수당, ② 통근수당, ③ 별거수당, ④ 자녀교육수당, ⑤ 임시로 지급되는 임금,

⑥ 1개월을 초과하는 기간마다 지급되는 임금은 할증임금의 기초가 되는 임금(즉, 통상임금)에 포함되지 않는다고 명시함으로써(근로기준법 제37조 4항, 동법 시행규칙 제21조) 그 이외의 모든 임금은 가산임금의 기초가 되는 임금이라고 분명히 하고 있는 것이다.

② 임금관리가 복잡하고 임금구조가 왜곡된다.

근로기준법이 정하는 임금이 통상임금과 평균임금으로 2원화되어 있어 기업의 임금관리가 어렵고 복잡하게 된다. 또한 노사간의 마찰을 조장하는 결과를 빚기도 한다. 사용자로서는 임금인상 때 각종 수당이나 상여금의 산정기준이 되는 기본급(또는 통상임금)의 인상을 억제하는 대신 여타 수당이나 상여금의 신설·증액을 선호한다. 반대로 노동자측은 기본급이나 통상임금 자체의 인상에 노력하기 마련이다. 이 때문에 임금교섭 때 임금인상의 기준에 관한 갈등이 일곤 한다.

한편 기업은 통상임금의 범위에 포함되지 않는 각종 수당을 신설하여 임금구성체계를 복잡하게 하고 있다(「95년도 노동부 매월노동통계조사보고서」에 따르면 임금총액 중 통상임금의 비중은 42.3%에 불과한 것으로 나타났다고 한다).

이러한 현상은 정부가 임금정책(임금인상 가이드라인 제시)을 펼 때 두드러지게 나타난다. 정부가 임금인상을 억제할 때 노사가 담합하여 표면상의 타결인상율(기본급이나 통상임금의 인상율)은 낮게 하는 대신 실질인상율(별도의 수당이나 상여금을 신설하거나 증액한 부분)을 높여 임금구조는 더욱 왜곡되곤 한다(박래영, 1993: 16).

③ 법령상 평균임금 산정방식이 명확하지 않다.

평균임금의 경우 1임금산정기간외에 지급되는 연차휴가노동수당, 상여금의 산정방식에 대한 구체적 규정이 없다. 때문에 연차휴가노동수당이나 상여금은 평균임금 산정 사유 발생일 이전 1년간에 지급받은 액수의 3/12을 임금총액에 산입하고 있다(노동부예규, 「평균임금산정상의 상여금 취급요령」1981. 6. 5).

판례도 "상여금을 임금의 일종으로 보는 이상 평균임금산정 사유발생일 이전 3개월분의 상여금을 미리 임금의 총액에 포함시킨 다음 그 총액을 그 기간의 총일수로 나누는 것이 합리적인 계산방식"이라고 하고 있다(대법원 1989.4.11. 선고, 87다카2901 판결). 그러나 반드시 그렇게 해석하여야 하는지 전혀 의문이 없는 것은 아니다.

또한 법률의 위임없이 시행령에서 평균임금 산정시 제외되는 기간을 규정하고 있는 것도 문제이다(예컨대 업무수행으로 인한 부상 또는 질병의 요양을 위하여 휴업한 기간, 사용자의 귀책사유로 인하여 휴업한 기간 등)

④ 평균임금 산정과 관련하여 불합리한 결과가 나타난다.

평균임금을 계산할 때 연장·야간·휴일노동수당 등 가산임금이 산입되기 때문에 산출시점에 따라 평균임금액이 증감되고, 이를 기초로 퇴직금 및 재해보상금이 산정·지급되어 때에 따라서는 납득하기 어려운 결과를 초래한다. 기업의 입장에서는 퇴직금 등의 부담을 줄이기 위해 퇴직이전 3개월간 보직을 면하게 하거나 초과노동을 제한하여 평균임금을 낮추려고 하고, 노동자들의 경우 퇴직금 산정기초가 되는 평균임금을 높이기 위해 퇴직전 3개월 기간 중 집중적으로 연장·야간·휴일노동을 자청하여 평균임금을 높이거나, 임금수준이 높은 해외 파견근무를 하는 도중에 또는 작업물량이 많은 성수기에 퇴직하는 경우도 있다(특히 택시기사, 영업직 등 성과급의 비중이 높은 노동자의 경우 의도적으로 평균임금을 높이기가 비교적 손쉽다).

판례는 특별한 사유로 임금이 높은 경우 동기간을 평균임금 산정에서 제외한다는 태도를 취하고 있으나[노동자가 퇴직전 의도적으로 평균임금을 높이기 위한 행위를 했을 경우 퇴직금 산정을 위한 평균임금 계산에서 그 기간을 제외해야 한다고 판결(대법원 1995. 2.28. 선고, 94다 8631 판결)] 과연 이렇게 해석하여야 할 것인지는 의문이다. 판례는 지나치게 결과에 중점을 둔 것이 아닌가 하는 의문이 든다. 현행법에서는 평균임금이 높아지는 이유에 대해서는 묻지 않기 때문이다.

(4) 이렇듯 기준임금으로 기능을 하는 통상임금과 평균임금이 병존하는 것은 노사간의 불필요한 마찰을 불러일으키고 급기야 소송으로 치달아 노사 모두에게 갈등과 비용만 증폭시키는 결과를 낳게 한다. 노동관계소송에서 가장 높은 비중을 차지하는 임금 관련 소송이 대부분 기준임금의 해석과 병존에 관한 것이기 때문이다. 따라서 우리가 시급히 해결하여야 할 일은 이러한 불합리를 해소하여 노사간의 불필요한 분쟁을 미리 막는 일이라고 하겠다.

2) 문제의 접근법과 전제

(1) 분석의 틀로서의 법경제학

(1) 현재의 임금체계에 문제가 있다면 그 문제를 점검·해결하는 것은 국가 차원에서 반드시 필요한 일이다. 그리고 그러한 해결책에 이르는 길로 법경제학(Law & Economics)의 도움을 받을 만하다. 법경제학의 창안자라고 할 수 있는 코스는 "거래비용 발생의 필요를 줄이는 방향으로 법정책을 활용함이 바람직하다. 왜냐하면 거래비용은 사회적 관점에서 볼 때 불필요한 자원의 낭비이기 때문이다."(박세일, 1994: 87)라고 지적한 바 있다.

(2) 즉 법원이나 입법부의 결정이 단순한 법적 결정에 그치는 것이 아니라 곧 경제적 결정이기도 하다는 것이다. 본래 거래비용이란 광의로 해석하면 시장이라는 자발적 교환의 장을 활용하기 위해 드는 일체의 비용을 뜻한다. 예컨대 ① 교환의 전제로서 재산권의 확정 및 확정된 재산권관계의 유지비용, ② 거래 상대방을 찾아내고 상대방의 거래조건을 상호인지하는 데 드는 정보비용, ③ 최종거래조건을 확정하는 과정에서의 교섭비용·계약체결비용, ④ 계약 내용을 충실히 이행시키기 위해 드는 집행·감독비용(사법비용 포함) 등을 생각할 수 있다고 한다. 이들 거래비용의 합이 너무 커서 교환·거래의 이익보다 비용이 커지면 시장실패, 즉 시장메커니즘이 작동하지 못하게 된다. 재산법이나 계약법의 주요 기능이 이들 거래비용을 낮추는 데 있다(달리 말하면 재산법, 계약법의 운용

비용이 시장메커니즘의 운용인 셈이다). 이렇듯 거래비용을 광의로 해석하게 되면 본래 외부효과도 거래비용이 과다하여 발생하는 현상으로 이해할 수 있다. 요컨대 거래비용이 지나치게 많을 때는 외부효과가 내부화하지 못하고 시장의 자발적 교환메커니즘도 작동하기 어렵기 때문에 이런 상황 속에서 사법적 판단은 곧 자원배분 즉 국민총생산고의 수준에 직접 영향을 미치게 된다는 것이다(박세일, 1994: 89-90).

(3) 본래 노동법은 법경제학의 분석의 틀과는 친하지 않다.[7] 그러나 노동자의 임금 수준에 관한 게 아니라 단순히 기술적인 체계에 관한 문제가 되면 문제는 달라진다. 이는 효율적인 법체계의 구축이라는 문제로 법-경제의 관련 문제가 되기 때문이다.

따라서 현재의 임금체계에 거래비용을 높게 유발시키는 요소가 있다면 이를 없애고 노사간에 쉽사리 타협을 보도록 하는 방안을 강구할 필요가 있다.

(2) 노동법상의 임금

(1) 우리나라 근로기준법 제18조는 "이 법에서 임금이라 함은 사용자가 노동의 對償으로 노동자에게 임금, 봉급 기타 여하한 명칭으로든지 지급하는 일체의 금품을 말한다"라고 규정하여 임금에

---

7) 코스는 효율성의 법원리를 찾고 있을 뿐 소득분배문제를 둘러싼 배분적 정의의 문제에 대한 법-경제의 통일이론에는 관심을 보인 바 없다(박세일, 1994: 93).

관한 유권해석(입법해석)을 내리고 있다. 이 규정에 따르면 임금은, 그 명칭은 문제가 되는 게 아니고, ① 사용자가 노동자에게 지급하는 금품으로 ② 그것이 노동의 대가여야 한다.

구체적으로 이러한 임금에 포섭되는지 아닌지를 분명하게 해주는 작업 역시 필요하다. 만약 임금 해당성 여부를 놓고 노사간에 마찰이 생긴다면 그만큼 노사관계는 경색되기 때문이다.

(2) 노동법상의 임금이 되는지의 여부는 결국 '노동의 대가'인지 아닌지 하는 데 달려 있다고 볼 수 있다. 이와 관련해서 賃金本質論에서는 勞動對價說, 勞動力對價說, 賃金二分說의 대립이 있는데(이철수, 1993: 16-21) 1995년의 대법원 판결은 노동대가설로 일응 결론을 내렸다.[8] 결국 노동의 대상이라는 것은 노동의 이행에 대한 대가를 의미하기 때문에 노동자의 노동이행이 전제가 되지만 그 의미는 아주 좁은 것은 아니다. 노동의 제공과 밀접한 관련이 있는 것(대법원 1995.5.12. 선고, 94다55934 판결), 또는 노동자로 하여금 노동의 제공을 원활하게 하거나 노동의욕을 고취시키기 위해서 지급되는 것(대법원 1996.2.27. 선고, 95다37414 판결) 역시 임금이라고 해석한다.

---

8) 삼척군 의료보험조합 사건에서 대법원은 "모든 임금은 노동의 대가로서 '노동자가 사용자의 지휘를 받으며 노동을 제공한 것에 대한 보수'를 의미하므로 현실의 노동제공을 전제로 하지 않고 단순히 노동자로서의 지위에 기하여 발생한다는 이른바 생활보장적 임금이란 있을 수 없고, 또한 우리 현행법상 임금을 원심과 같이 사실상 노동을 제공한 데 대하여 지급받는 교환적 부분과 노동자로서의 지위에 기하여 받는 생활보장적 부분으로 2분할 아무런 법적 근거도 없다."고 밝힌 바 있다(대법원 전원합의체 1995.12.21. 선고, 91다26721 판결).

(3) 어쨌든 '널리 사용자가 노동자에게 지급하는 것 중에서 노동자가 이른바 사용종속관계 아래서 행하는 노동에 대하여 그 대가로서 지급되는 것'이면 모두 임금이 되는 것이고 그 명칭이나 성격이 노동의 양이나 질과 等價性을 가져야 하는 것은 아니다. 결국 그 때 그 때 사용자가 호의로 지급하는 것이라면 임금이 아니지만, 그 지급이 명시적이든 묵시적이든 노동계약의 내용이 되어 의무적으로 지급하여야 하고 노동의 이행과 직접·간접적으로 관련이 있는 것이라면 임금이라고 보아야 한다는 해석이다(대법원 1992.4.10. 선고, 91다37522 판결 등). 이 때 노동계약의 내용으로서 의무적으로 지급되는가의 여부는 노동계약이나 취업규칙에 그 지급이 명시되어 있는가에 따라 형식적으로 판단하는 것이 아니라 당해 사업장의 임금지급실태, 임금지급관행 등을 아울러 고려하여 판단하고 있다(이철수, 1993: 10).

(3) 동일가치노동 동일임금의 원칙

(1) 다음으로 임금체계를 논할 때 과거와 달리 앞으로는 '동일노동 동일임금'의 원칙이 훨씬 중요시될 것이다. 그것은 그만큼 노사의 의식이 깨어 있다는 의미이고, 과거와 같은 주먹구구식의 임금관리는 더 이상 발붙일 곳이 없다는 것을 뜻한다.

남녀고용평등법 제6조의 2는 '동일가치노동 동일임금 원칙'을 명시하고 있는데, 이는 우리 현실상 가장 차별 대우를 받고 있는 여성 노동에 대한 보호를 목적으로 한 규정이라고 이해할 수 있다. 그러나 이 원칙은 남녀간의 임금차별금지에만 적용되는 것은 아니다. 이 원칙은 헌법상의 평등권조항(제11조)을 비롯하여 근로기준법 제5조의 차별대우금지(균등처우원칙)조항에서도 도출될 수 있다고 생각된다. 그리고 보다 직접적인 규정으로는「경제적, 사회적 및 문화적 권리에 관한 국제규약」[9] 제7조를 들 수 있다. 동조 (a)(1)은 모든 노동자에게 공정한 임금과 어떠한 종류의 차별도 없는 동일가치노동에 대해 동일한 보수(fair wages and equal remuneration for work of equal value without distinction of any kind)를 지급할 것을 정하고 있다.

(2) 따라서 동일가치의 노동 즉 직종, 작업내용, 기능, 책임, 노동밀도, 능률 등의 점에서 동등한 노무를 제공하고 있는 한 동일한 임금이 주어져야 할 것이다. 그런데 우리나라의 경우 임금체계와 임금 결정의 틀을 보면 구미 각국과는 달리 동일노동인가 아니가를 엄밀하게 묻지 않은 채 임금은 연령, 학력, 근속년수라는 속인적 요소에 의해 결정되는 경우가 많다. 그리고 제공하는 노동에 따른 급여부분만이 아니라 생활보장을 취지로 하는 급여부분도 많다. 만약 동일가치노동 동일임금 원칙이 구미 제국에서 이해하는 바와 같이 직무평가를 불가결한 전제로 하고 있다고 생각하면 우리나라의 임금 결정 틀 자체를 근저에서부터 뜯어고쳐야 한다는 얘기가 된다. 직무평가를 통한 임금결정방법에 관한 노사간 합의형성이라는 조건이 성숙하지 않는 한 엄밀한 의미에서 이 원칙을 실시하는 것이 불가능에 가깝다고 볼 수도 있겠다.

---

9) 우리나라는 1990.6.13. 이 조약을 비준하여(조약 제1006호) 1990.7.10.부터 국내법률과 같은 효력을 가지고 있다.

그러나 근로기준법 제5조 및 「경제적, 사회적 및 문화적 권리에 관한 국제규약」 제7조는 동일가치노동 동일임금 원칙을 예정하고 있다고는 해도 직무평가의 도입까지를 요청하는 규정이라고는 해석하기 어렵다(반드시 직무평가를 통한 동일임금 지급이 의무화되어 있는 것은 아니다). 임금결정방법은 계약당사자의 자유에 맡겨져 있다고 이해되기 때문이다. 달리 말하자면 職務內容의 價値(value of job content)만으로 동일임금 지급 여부를 결정할 수는 없고, (동일직무에 대한 동일임금만이 아니라 동일 연공에 대한 동일임금, 동일 능력에 대한 동일임금 등) 각 기업의 임금결정요소에 상응하는 기준을 동일가치노동의 기준으로 삼으면 된다는 것이다(김태홍/양승주, 1993: 198). 남녀고용평등법 제6조의 2 제2항에서는 그 기준을 노동수행에서 요구되는 기술, 노력, 책임 및 작업조건이라고 제시하고 있고, 여기서 '기술'은 자격증·학위·습득된 경험에 의한 능력을, '노력'은 육체적 및 정신적 노력, 작업수행과 관련된 물리적 및 정신적 긴장 즉 노동강도를, '책임'은 직업에 내재한 의무의 성격·범위·복잡성, 그리고 고용주가 피고용주에게 의지하는 정도를, '작업조건'은 소음·열·물리적 위험·고립·추위 등의 물리적 환경을 의미하는 것으로 해석되고 있다(서울지방법원 1991.6.27. 선고, 90가단7848 판결).

(3) 다만, 임금에 격차를 두는 것에 합리성이 있다면 그 한도에서 차별대우도 합리적임은 물론이다. 판례도 "근로기준법 제5조에서 말하는 남녀간의 차별적 대우란 합리적인 이유 없이 남성 또는 여성이라는 이유만으로 부당하게 차별대우하는 것을 의미한다"라

고 하여 '합리적인 이유' 없는 차별만을 금지하고 있다(대법원 1988.12.27. 선고, 85다카657 판결). 행정해석에서 합리적인 차별이라고 판단하는 예로는 근속년수에 따른 상여금 지급률의 차등(근기 01254-3066, 87.2.25), 개인적 직무, 기능, 능률, 근무부서의 난이도에 따른 상여금 지급 차등(근기 01254-18898, 87.11.28), 근무부서, 난이도에 따라 상여금, 학자금 및 근속수당을 차등 지급하기로 합의한 경우(근기 01254-8593, 89.6.12) 등이 있다.

3) 기준임금의 단일화

(1) 단일화 여부에 관한 논의

(1) 현재의 기준임금에 문제가 있다는 데는 누구나 인식을 같이 하면서도 그 해결 방안에 대해서는 쉽사리 합의점을 찾기가 어려운 게 현실이다. 그만큼 노동법의 파행이 오랜동안 지속되고 있다는 것을 의미한다.

(2) 논의는 먼저 표준임금제도를 설정하자는 데서 비롯된다. 현행 근로기준법의 토대를 마련한 노사관계개혁위원회(이하 '노개위')의 전신이라 할 수 있는 노동관계법 연구위원회는 근로기준법 제19조를 다음과 같이 개정하자는 취지의「노동관계법 개정건의안(기초위원회안)」(이하 '연구회안')을 작성하였다(이 자료는 공식적으로는 발표되지 않았다).

제19조【표준임금】 ① 이 법에서 표준임금이라 함은 이를 산정하여야 할 사유가 발생한 날 이전 3월간에 정기적·고정적으로 지급된 임금의 총액(고정상여금 기타 이에 준하는 임금액은 이전 1년간에 지급된 총액의 12분의 3을 포함한다)을 그 기간의 총일수로 나눈 금액을 말한다.

② 제1항의 규정에 의한 기간에 연장근로, 휴일근로, 야간근로 기타 대통령령으로 정하는 특수한 근로로 인하여 변동된 임금액은 제1항의 규정에 의한 표준임금의 산정에서 제외한다.

③ 업무상 부상 또는 질병의 요양을 위한 휴업, 제60조의 규정에 의한 출산휴가, 제38조의 규정에 의한 휴업 기타 대통령령으로 정하는 특수한 취업상태의 기간과 그 기간중에 지급한 임금은 제1항의 규정에 의한 총일수와 임금의 총액에서 공제한다.

④ 표준임금의 시간당금액은 제1항의 규정에 의하여 산정된 금액에 그 기간중 1주 평균 소정근로일수를 곱하고 이를 1주 평균 소정근로시간수로 나눈 금액으로 한다.

⑤ 제1항의 규정에 의하여 표준임금을 산정하기 곤란한 경우의 표준임금의 결정에 관하여는 대통령령이 정하는 바에 의한다.

(3) 이후 논의는 노개위로 넘겨졌고 다양한 의견이 나오게 된다.

노동계는 현재와 같은 통상임금/평균임금체계를 유지하자는 입장이다. 노동계의 문제의식은 우리나라의 임금체계가 왜곡된 중요한 이유가 초과노동수당의 산정기초인 통상임금의 시간단가를 낮추기 위하여 기본급 이외의 각종 수당을 신설하였기 때문인데, 제수당을 통상임금에 포함시키면 사용자는 구태여 수당을 신설할 이유가 없어지므로 임금체계가 합리적으로 개선될 것이라는 이유를 든다. 그리고 이런 이유로 통상임금에 관한 정의규정만 근로기준법에 신설한다면 문제는 해결된다고 본다(한국노총과 민주노총 모두 근로기준법 제19조의 2 「통상임금의 정의」규정을 신설하자고 주장한다 : 「이 법에서 통상임금이라 함은 (명칭 여하를 불문하고[10]) 노동자에게 정기적·고정적으로 소정근로 또는 총근로에 대하여 지급하기로 정하여진 시간급금액·일급금액·주급금액·월급금액 또는 도급금액을 말한다」)(전국민주노동조합총연맹, 1996; 한국노동조합총연맹, 1996). 이 주장의 요체는 근로기준법 시행령에 규정된 '정기적·일률적'이라는 요건을 근로기준법에서는 '정기적·고정적'으로 바꾸면 문제는 해결된다는 것으로 이해할 수 있겠다.

이 문제에 대한 사용자측의 견해가 표명된 예는 거의 찾아보기 어렵다. 다만 "평균임금은 3개월평균금액이기 때문에 시간외근무의 다과나 상여 기타 비정기적 급부, 심지어 숙직비도 평균임금 산출요소가 되어 적용대상자의 사유발생 시기에 따라 福·不福의 운이 작용되므로 공평의 원칙이 적용되지 않는 제도이다. 심지어 퇴직을 의도한 노동자가 퇴직금을 증대시킬 목적으로 의도적 연장노동을 하는 등의 법악용이 만연되고 있다"는 이유로 평균임금이라는 개념 자체를 없애자는 주장이 있다(바른경제동인회, 1996). 이 견해는 결국 통상임금으로 일원화하자는 것이어서 기준임금 단일화론으로 이해할 여지도 없지는 않으나, 그 취지가 임금부담을 줄이자는 데 있지 임금구성문제를 해결하자는 데 있는 것이라고 보기는 어렵다.[11]

---

10) 이 문구는 한국노총의 법개정 의견서에만 들어 있음.

11) 나중에 한국경영자총협회(경총)는 기업별로 표준임금의 단일기준임금제 또는 평균임금과 통상임금의 이원기준제 중 노사합의로 선택케 하자고 제안한 바 있다. "기준임금 단일화에 대한 경총의 입장"(1997.8.28.), 노사관계개혁위원회, 1997: 510.

한편 노개위 공익위원들의 의견도 통상임금/평균임금 체제는 유지하는 게 바람직하다는 의견이라고 한다. 그 이유는 임금의 개념이 복잡해서 그간 표준임금, 총액임금 등으로 통합하려 한 바 있으나 이는 오히려 임금구조 및 체계를 더욱 복잡하게 할 염려가 있다는 것이다(노사관계개혁위원회, 1996: 85).

(4) 노개위의 최종 결론은 현행 제도의 골격을 유지한다는 것이었다. 실무연구진의 검토 결과(김소영, 1997: 464)를 토대로 1997. 9.9. 노개위는 19차 전체회의에서 "검토 결과 표준임금제도의 도입은 기업의 임금관리가 다소 용이해질 것으로 전망할 수 있으나 오히려 임금체계를 더욱 복잡하게 할 가능성도 존재하며, 또한 40여년간 시행되어 온 근로기준법의 법적 안정성이 저해되고, 임금체계 조정에 따른 노사간의 분쟁을 초래할 소지가 클 것이 예상되므로 도입의 필요성에 의문을 제기하는 견해가 우세하였음."을 이유로 현행 기준임금제도를 유지하면서 부분적인 보완책을 강구하기로 하였다고 한다. 그 부분적인 보완책은 ① 평균임금과 통상임금의 개념·범위를 명확히 하기 위한 제반조치를 강구하고 이에 관한 행정해석은 원칙적으로 판례에 일치시키며, ② 기준임금제도의 개선방안을 검토할 것을 정부에 권고하는 것이었다(노개위 제19차 전체회의 참고자료- (4) 기준임금제도 개선방안).

(2) 기존 제도의 존치(개선)와 단일화의 장단점

(1) 이상의 논의 상황을 보면, 기준임금의 재편은 크게 두 가닥

으로 잡을 수 있다. 하나는 평균임금/통상임금체제를 유지하면서 문제점을 보완하는 방안(이하 '개선안')이고, 다른 하나는 평균임금·통상임금을 통합하여 표준임금제도를 도입하는 방안(이하 '개혁안')이다.

개선안의 골자는 평균임금의 정의규정을 보완하여 임금총액에서 '임시적·실비변상적 금품과 단순한 복리후생적 임금'을 제외할 수 있는 기준을 제시하고 1임금지급기간을 초과하여 지급되는 상여금, 연차휴가노동수당의 산정방식을 구체적으로 명시하며 평균임금 산정 때 제외되는 기간·금품을 시행령으로 정할 수 있게 한다는 것이다. 그리고 통상임금 정의규정을 시행령이 아닌 모법에 둔다는 것이다.

한편 개혁안은 법정가산임금, 퇴직금, 재해보상금 등의 산정기초를 일원화하기 위하여 현행 평균임금 보다는 범위가 좁고 통상임금보다는 넓은 '표준임금'을 설정하는데, 표준임금(=기본급+고정수당+고정상여금)은 "임금 중 연장·야간·휴일노동수당과 연차유급휴가수당 및 임시적·은혜적 금품을 제외한 임금을 소정노동시간으로 나누어 시간급, 일급으로 산정한 금액"으로 정의하자는 것이다.

(2) 이 두 방안은 모두 현재의 난맥상을 타개하는 데 적절한 방안이라 할 수 있겠으나 그 나름의 문제 역시 안고 있다는 지적을 받는다.

개선안은 현행 제도의 틀을 유지한다는 점에서 법적 안정성이 유지되고, 임금의 개념과 범위를 명확히 할 수 있어 해석상의 논란을 해소할 수 있을 것이나, 임금관리의 복잡성을 해소하지 못하고 기준임금으로서의 안정성 확보가 곤란한 문제를 여전히 안고 있다.

개혁안은 기업의 임금관리가 용이해지고, 기준임금으로서의 안정성이 확보되어 불합리한 평균임금으로 인한 문제를 방지할 수 있을 것으로 기대한다. 그러나 40여년간 시행되어 온 근로기준법의 안정성이 저해되고, 임금체계 조정에 따른 가산임금의 증가, 퇴직금·재해보상 등의 감소를 둘러싼 노·사간의 첨예한 이해대립을 초래할 우려가 있다고 한다(노동부, 1996).

(3) 사견

(1) 사견으로는 개혁안에 찬동한다. 노개위가 개선안에 손을 들어주면서도 기준임금제도의 개선방안을 검토할 것을 정부에 권고하고 있는데, 이는 노개위 스스로 현재의 임금체계로는 안된다고 인식하고 있음을 뜻한다고 읽어도 잘못된 판단은 아닐 듯하다. 어차피 제도를 뜯어고친다면 근본부터 재검토하는 게 합당하고 기준임금은 단일화하는 게 바람직하다고 생각한다.

그 이유는 연구회안에서 적절하게 지적하고 있듯이 ① 근로기준법에서 기준임금이 통상임금과 평균임금으로 이원화되어 있으면 임금관리가 어렵고 이를 둘러싼 분쟁이 생기기 마련이고, ② 통상임금이 적용되는 경우(연장, 야간 및 휴일노동에 대한 가산임금, 해고예고수당, 유급휴일 및 유급휴가에 대한 급여 등)와 평균임금이 적용되는 경우(퇴직금, 휴업수당, 산재보상 등)의 구분에 합리적인 근거를 찾기가 곤란하며,[12] ③ 평균임금에 변동적인 노동에

12) 단, 통상임금은 당해 노동자에 대하여 지급하기로 약정된 계약상의

대한 임금이 포함되므로 이러한 임금이 있는 자와 그렇지 않은 자 사이에 불공평한 결과가 발생하기 때문이다. 또한 사용자는 임금 인상 때 변동적인 부분의 증액·신설을 꾀하므로 임금구조가 왜곡되는 현상은 피하기 어려울 것이다.

기준임금 단일화를 주저하는 이유 가운데 하나는 노사 어느쪽에 지나친 부담을 강요하는 게 아닌가 하는 의구심일 터인데, 한 연구(예측)에 따르면 그 손익은 미미한 수준이고(때문에 이는 단기적인 조정으로 해결할 수 있고) 더군다나 장기적으로는 차이가 나지 않는다고 한다(박래영, 1993). 그리고 기준임금으로서 기능하기 위해서는 포괄성, 명료성, 안정성, 보편성, 공정성이라는 다섯가지 덕목을 갖추어야 하는데 종래의 통상임금/평균임금은 그렇지 못해 표준임금으로의 단일화가 필요하다는 지적도 있다(박래영, 1993: 17).[13)]

임금액을 명확히 하기 위한 것이고, 평균임금은 그 지급기간 동안의 노동자의 통상의 생활을 종전과 같이 보장하려는 제도이기 때문에 두 제도는 존치하여야 한다는 주장(1996.7.22. 노개위가 개최한 노동관계법 개정을 위한 공개토론회에서 김수복 한국노동연구소장이 발언한 내용. 노개위 토론회 자료집, 1996: 55)에는 충분한 주의를 기울여야 할 것이다. 그러나 설령 그렇다고 하더라도 가산율을 조정하여 문제를 해결하는 방법도 있다.

13) 더 나아가 김수곤교수는 "우리나라 임금체계를 '걸레'와 같이 복잡하게 만든 원인은 통상임금과 평균임금이라는 세계에서 그 유례를 찾아볼 수 없는 임금2원제와 실제 효력도 없는 각종 수당을 의무화해 놓고는 악명높은 포괄역산제를 통해서 편법을 거듭한 관행 때문이었다. 때문에 성과에 비례한 보상을 할 수가 없어 동기유발을 위한 임금의 도구성이 상실되고 말았다."고 지적하면서 임금제도를 고치는 것이야말로 개혁우선순위 제1호라고 한다(노사관계개혁위원회 토론회 자료집, 1996a).

(2) 장기적으로는 4대 사회보험의 갹출료도 표준임금을 기준으로 산정하는 방안을 강구할 필요가 있다. 현재는 표준보수월액(의료보험, 국민연금), 임금총액(산재보험, 고용보험) 등 다양한 기준이 설정되어 있어 불필요한 행정비용이 들어가는 셈이다. 이러한 비용을 줄이는 게 정부의 사명이라 할 수 있다. 또한 연금재정의 안정성과 적절한 액수의 연금수급이라는 측면에서도 연금부문의 갹출료 또는 연금수급액수 산정에서 근로기준법상의 표준임금을 확대적용하는 게 적절해 보인다.

단, 조세 부분까지 이 제도를 확대시키는 것은 곤란하다. 조세 부분에도 표준임금을 적용시킬 때는 '소득 있는 곳에 세금 있다'는 기본원칙이 흔들리기 때문이다. 달리 말하자면 노동소득이 많은 자나 적은 자나 표준임금만 같다면 같은 액수의 세금을 내게 되는데 이러한 결과는 불공평하다는 것이다.

(3) 개혁안과 관련해서 각종 휴가수당에 대한 검토는 필요할 듯하다. 현재는 통상임금을 지급받고 휴가를 가는 경우가 일반적이나 앞으로 그 기준임금이 표준임금으로 바뀌게 되면 연월차휴가수당, 산전산후휴가수당이 정상노동에 대한 임금보다 높아진다. 물론 충분한 휴가비용을 확보토록 한다는 차원으로 접근할 수도 있겠으나 형평의 문제가 제기될 것으로 보여 전액이 아닌 일정비율(현재의 통상임금과 표준임금과의 격차를 감안한 비율)만큼만 인정하는 방안을 생각할 수 있을 듯하다.

이 경우에만 표준임금 대신 '정상노동에 대한 소정의 임금액'을 기준임금으로 생각해 볼 수도 있겠으나(아니면 현행 근로기준법

제45조 휴업수당조항을 다음과 같이 바꾸는 것과 같은 방안도 있을 수 있다 : 「……표준임금의 100분의 70 이상의 수당을 지급하여야 한다. 다만, 표준임금의 100분의 70에 상당하는 금액이 통상임금을 초과하는 경우에는 통상임금을 휴업수당으로 지급할 수 있다.」) 이는 기준임금 단일화의 취지를 몰각시키므로 채택하기 어려울 듯하다.

(4) 사용자측이 거부감없이 표준임금제도를 받아들이기 위해서는 연장노동했을 때 가산임금을 30% 정도로 낮추어야 한다는 지적도 있다.[14]

그런데 이 문제는 노동시간의 단축과 관련하여 신중하게 검토할 필요가 있다. 즉 사용자의 부담이 늘지 않도록 하는데 입법의 목적을 둘 것인지 아니면 노동시간 단축의 압박을 가하도록 할 것인지 하는 정책적 판단이 필요하다는 것이다.

5. 마무리

임금체계의 개편은 속인적인 성격이 짙었던 임금체계가 업무와 능력에 알맞는 임금체계로 바뀌어 가는 이정표가 된다는 점에서, 그리고 그간 불합리하다고 생각되던 각종 차별을 시정할 수 있는 계기가 된다는 점에서 신중히 도입을 검토해볼만하다고 생각된다. 그러나 이들 제도의 도입이 기업의 인사노무나 재정에 미치는 영향

---

14) 김수곤교수의 계산방법인데, 노개위 토론회 자료집, 1996: 184-6.

을 충분히 고려하면서 도입하여야 한다는 것은 누구나 느끼고 있을 것이다. 아울러 법제도의 정비도 함께 생각해 보아야 할 것이다.

그런데 현행 법제도 아래서 연봉제를 모든 노동자에게 확산시킨다는 것은 거의 기대하기 어려울 것이다. 현행법제 속에서는 연봉제는 관리·감독직과 외판사원에게 도입하는 것으로 한정하는 게 바람직하다. 연구직, 전문직에의 연봉제 도입은 엄격한 시간관리가 함께 따라주어야 법상 문제가 생기지 않는다. 생산직 월급제는 현행 포괄산정 임금제도를 폐기하고 소위 '통상임금'과 기준노동시간을 분명히 정한 후 시행하는 것이 바람직하다. 아울러 변형노동시간제도의 도입을 또 하나의 축으로 삼아야 할지도 모르겠다. 스톡옵션제도 역시 그러한 한계를 안고 있고 법상의 제약도 있다.

그리고 임금형태를 변경시키는 과정에서 주의하여야 할 것은 이제는 과거와 같은 주먹구구식의 임금관리가 통하는 시대는 지났다는 점이다. 기준노동시간과 (통상)임금을 분명히 정하고 그 바탕위에서 개별 노동자의 형편을 고려한 복리후생적인 수당을 더하여 (더 장기적인 안목으로는 이러한 은혜적인 성격의 수당은 폐지하는 대신 기본급의 액수를 더 높이는 방향으로 임금체계를 개편하는 게 합당할 것이다) 노동자의 급여를 산정하는 게 합당하다. 많은 논란을 불러일으키는 포괄산정 임금제도를 폐기하는 데서부터 시작하여야 할 것이다. 또한 직장 내에서도 정서적인 면보다는 합리적인 것을 중시하는 분위기가 확산되고 있다는 점을 감안한다면 하루 속히 불합리한 임금 차별은 시정하는 방향으로 제도가 정비되어야 할 것이다.

VI. 노동시간의 단축과 유연화

1. 주40시간 근무제도

2003년의 근로기준법 개정 (2003.9.15)으로 우리 나라에도 주40시간 근무제도가 도입되었다(그 단계적 도입 실시는 <표 2> 참조). 근무시간의 배분은 노사가 알아서 정할 사항이어서 주40시간이라는 의미가 곧 주5일 근무제도와 일치하는 개념은 아니다. 그러나 대개는 이 둘을 같은 것으로 이해하고 있고, 사실 그렇게 운영되는 게 일반적인 형태이기도 하다. 현재 100인 이상 사업장에서 시행되고 있고, 규모가 이에 미치지 못하는 곳에서도 노사가 합의하면 주40시간제도를 도입 실시할 수 있다.

<표 2> 주 40 시간제도의 단계적 시행

시행일	시행 대상
2004.7.1.	① 금융·보험업 ② 정부투자기관 ③ 지방공사/지방공단 ④ 국가·지방자치단체나 지방공사/공단이 자본금·기본재산의 1/2 이상 출자·출연한 기관·단체 ⑤ ④의 기관·단체가 자본금·기본재산의 1/2 이상 출자·출연한 기관·단체 ⑥ 상시 1,000인 이상 노동자를 사용하는 사업(장)
2005.7.1.	⑦ 상시 300-1,000인 미만 노동자를 사용하는 사업(장)
2006.7.1.	⑧ 상시 100-300인 미만 노동자를 사용하는 사업(장)
2007.7.1.	⑨ 상시 50-100인 미만 노동자를 사용하는 사업(장)
2008.7.1.	⑩ 상시 20-50인 미만 노동자를 사용하는 사업(장)
2011년 이내 시행령 지정일	⑪ 국가·지방자치단체의 기관 ⑫ 상시 20인 미만 노동자를 사용하는 사업(장)

그런데 노동시간의 단축 문제는 그렇게 녹녹한 문제가 아니다. 노동절(메이데이) 자체가 1일 8시간 근무제도를 쟁취한 데서 비롯되었다는 사실이 이를 웅변한다. 우리나라의 경우 1997년말 외환·금융위기로 야기된 국제통화기금(IMF) 관리체제하의 경제악화상황에 따른 실업 문제가 최우선과제의 하나로 등장하게 되고, 그 해결책의 하나로 법정노동시간 단축문제가 논의되어 왔다.[1] 그후 경

제여건이 호전되어 가고 이번에는 노동자의 삶의 질 향상과 기업의 국제경쟁력 제고라는 차원에서 법정노동시간 단축문제가 노사간 핵심쟁점의 하나로 부각되었다.

노동시간 단축문제에 대하여 노동계는, 법정노동시간 단축은 장기적인 차원의 실업대책의 하나이며 노동자의 건강과 풍요로운 생활을 위한 필수조건이라고 주장한다. 이에 대하여 경영계는, 현재 우리 경제가 처한 위기상황 극복과 기업의 경쟁력을 회복하기 위해서는 무엇보다 불필요한 사업과 조직을 정리하고 그 대신 모든 역량을 핵심분야의 생산과 판매에 집중시키는 노력이 필요하다고 하면서, 법정노동시간 단축방안보다는 실노동시간 단축을 위한 현실적 대안제시에 주력하여야 한다고 주장한다.

이렇듯 노동시간 단축 문제는 현실적이고 이론적 측면에서 접근할 필요가 있다. 또한 선진 각국의 제도 변천을 살펴보고 시사받을 바는 없을지 검토하는 게 적실하다.

2. 노동시간의 탄력적 운용

현행법은 노동시간을 유연하게 운용할 수 있도록 하는 제도적

---

1) 근래 전세계적으로 노동시간 단축문제는 양면에서 전개되어 왔다. 실업문제가 심각하지 아니한 영미국가에서는 특히 전문직 정규노동자를 중심으로 노동생활과 가족·공동체 생활의 원활한 공존을 위하여 노동시간 단축이 논의되어 온 반면, 실업문제가 심각한 유럽국가들에서는 실업문제 해결을 위한 이른바 '일자리공유(work-sharing)' 차원에서 노동시간 단축문제가 언급되어 왔다(OECD, 1998: 153).

정비를 하고 있는데 탄력적 노동시간제도와 선택적 노동시간제도, 간주노동시간제도와 재량노동시간제도가 그것이다.

(1) 탄력적 노동시간제도(근로기준법 제50조)

기준노동시간을 탄력적으로 조절할 수 있도록 해주는 탄력적 노동시간제도에는 2주 이내 단위와 3개월 이내 단위 두 종류가 있는데 청소년과 임신중인 여자노동자가 배제된다는 것은 꼭같다. 먼저 토요격주휴무제도가 보편적인 형태인 2주간 이내 단위의 탄력적 노동시간제도의 경우에는 취업규칙으로 정하는데 1주 상한시간은 48시간이다. 다음에 3개월 이내 단위의 탄력적 노동시간제도는 노동자대표와의 서면합의가 필요한데 특정주 52시간(유예사업장 56시간), 특정일 12시간의 상한 규제가 있다.

(2) 선택적 노동시간제도(법 제51조)

시업과 종업시각을 노동자 자율에 맡기는 제도인 선택적 노동시간제도 역시 노동자대표와의 서면합의로 시행케 된다. 보통 이 제도는 노동자가 반드시 사업장에서 일할 것을 요구하는 의무시간대(core time)와 노동자의 자율에 맡기는 선택시간대(flex time)를 설정하여 운용하는데, 청소년은 배제된다. 총노동시간은 정산기간을 평균하여 주의 기준노동시간을 초과하지 않는 범위내이어야 하고, 이 총노동시간을 넘는 부분이 연장노동시간이 된다.

(3) 사업장외노동에 대한 시간 계산(노동시간의 간주; 간주노동시간제도; 인정노동시간제도)

이 제도는 예전에는 근로기준법 시행령 제37조로 정하던 것을 현행법 제56조 1, 2항으로 규정한 것이다. 이 제도는 사업장 밖에서 일하는 것이 상태적이거나(취재기자) 임시적인(출장) 경우 작업의 전부나 일부에 대한 사업장 밖 근무를 소정노동시간 동안 일한 것으로 보는 제도이다. 때문에 이 제도는 노동시간의 산정이 어려운 경우에만 허용된다. 예컨대 사업장외노동의 시업·종업시각이 해당 노동자의 자유에 맡겨져 있고, 휴게시간의 운용이 자유로운 경우이다. 반면에 사업장외노동라 하더라도 노동시간을 산정할 수 있는 경우에는 산정된 노동시간 동안 노동한 것으로 본다.

(4) 재량노동의 인정노동시간제도(재량노동시간제도 - 법 56조 3항)

이 제도는 노동시간의 운용을 노동자 자율에 맡기는 것이다. 제도 도입의 취지는 최근 기업에서 정보화·기술혁신·서비스경제화 등의 새로운 현상으로 인하여 업무수행방식에 대한 노동자의 재량의 여지가 커지고, 그 보수도 노동의 양에 의하는 것이 아니라 질이나 성과에 의하여 결정됨으로써 종래의 통상적인 방법에 의하여 노동시간을 산정하는 것이 부적절한 전문적 업무가 증가하고 있는데 대응하기 위한 것이라고 이해할 수 있다. 이 제도는 노동자대표와의 서면합의로 실시하는데, 그 대상업무는 기사의 취재·편성·편집업무, 정보처리시스템의 설계·분석업무처럼 고도의 전문성을 요하는 업무에 한정된다(근로기준법 시행령 제26조 참조).

3. 우리나라 노동시간의 유연화 제도의 문제점 및 개선방안

1) 문제의 개관

아직 우리나라에서는 노동시간을 유연하게 운용하는 기업이 많지 않다. 그나마 인정노동시간제도와 탄력적 노동시간제도가 활용되는 듯하다. 이는 아마도 직무나 업종의 특성 때문일 것이다. 즉 판매직과 같이 외근이 상태화되어 있는 경우에는 인정노동시간제도를 널리 활용하여야 할 터이고, 교대제를 시행하고 있는 업체에서는 탄력적 노동시간제도를 제대로 활용하지 않고서는 단축된 노동시간제도에 적응하기가 힘들 것이다. 그럼에도 불구하고 그 비율은 높지 않다. 그 이유는 노동시간이 갑자기 주40시간으로 단축되었지만 그 대응으로서의 노동시간의 유연화에 대한 대비는 부족했기 때문이라고 생각된다.

이 시점에 우리나라 노동시간 유연화 제도의 문제점과 개선방안을 논하는 것은 대단히 어려운 작업이다. 제도를 제대로 시행해 보지도 않았기 때문이다. 따라서 차분히 사태의 추이를 지켜보면서 문제점을 깨닫고 그 대안을 찾는 인내가 필요하다. 다만, 타산지석이라는 말이 의미하듯 다른 나라의 경험에 비추어 우리의 문제점을 미리 점검해보는 것은 의미 있는 작업이라고 생각한다.

그러나 이 또한 조심하지 않고서는 빠지고 마는 함정을 파놓고 있다. 노동법이나 노사관계의 국제비교라는 작업 자체가 그 나라의 역사와 문화에 대한 이해 없이는 애당초 불가능한 일이기 때문이다. 우리는 많은 연구자가 단순한 제도 비교를 통해 선부른 결론을 이끌어내는 잘못을 끊임없이 보고 있다. 이런 잘못에 빠지지 않기 위해서는 해당 국가에 대한 (현지조사를 포함한) 깊이 있는 연구가 선결된다는 것을 지적하고 싶다.

이하 노동시간의 유연한 관리를 위해 기업은 어떠한 노력을 해야 하고, 정부는 기업의 이러한 노력에 어떻게 도움을 줄 것인지, 그리고 제도의 개선은 어떻게 모색해야 할 것인지 정리해 보기로 한다(오문완, 2004a: 48-64).

2) 고용관행상 유의점

(1) 노동교육(일반/전문)의 필요와 정보의 공유

한국근로기준협회의 설문조사 결과를 보면, 노동시간의 유연화를 위해서는 "다수 노조원의 의식변화와 교육훈련이 필요"하다고 한다. 노동시간의 단축과 그 유연화는 하나의 패키지로 운용되어야 하는데 다수 노조원이 그런 생각을 가지지 않고 있다는 것이다. 따라서 기업은 제도의 도입에 앞서 제도 도입의 취지를 노동자들에게 적극 설명하고 이해를 구하는 진취적인 태도가 필요하다.

또한 "전문인력 부족"이 인정노동시간제를 도입하지 않는 이유라는 결과에서 나타나듯이 제도의 성패는 노동시간 관리를 위한 전문인력의 보유에 달려있기도 하다. 따라서 기업은 일반 노동자의 교육과 함께 전문가 양성 교육에도 투자를 아껴서는 안 된다.

아울러 많은 노사 갈등이 서로를 믿지 못하는 데서 말미암으므로 서로 정보를 주고받으며 같이 문제를 풀어나가는 노사관계가 형성되어야 할 것이다.

(2) 생산성 향상에 따른 보상관리

실태조사 결과 노동시간의 유연화는 생산성의 향상으로 귀결된다는 결론이 나왔다. 노동시간 단축에 따른 비용 증가분과 생산성 향상 정도가 어떻게 어우러지는지에 대해서는 정확한 통계가 나와 있지 않지만, 앞으로는 그런 분석이 필요하다. 그리고 생산성 향상이 더 크게 나타난다면 그에 따른 성과배분 역시 염두에 두어야 할 것이다. 성과배분에 대한 기대가 노동시간 유연화 제도 도입의 유인이 되기도 한다. 이를 홍보하자는 의견도 있다.

(3) 연관부서(업체)와의 연계성 강화

재량노동시간제 도입이 어려운 이유의 하나로는 "고객사의 근무시간 연계" 문제가 제시된다. 따라서 동종 업계의 공동노력이나 사용자단체와의 긴밀한 협력 아래 노동자들이 이 제도를 편리하게 이용할 수 있도록 해줄 필요가 있겠다. 이는 기업 사이에서만 문제가 되는 게 아니라 기업 내 부서 간에도 나타나는 현상이므로 그 대책이 필요하다.

다만, 재량노동시간제와 관련해서는 "업적집착에 따른 장시간노동의 일상화"에 대한 우려도 크므로 연관업체와의 공동 노력을 통해 이러한 폐해는 미연에 방지하는 게 바람직하다.

3) 정부의 적극적인 노동행정

(1) 노동교육·연구의 지원

노동시간의 유연화를 위해서는 "다수 노조원의 의식변화와 교육훈련이 필요"하다는 설문조사결과는 정부의 적극적인 노동교육을 바란다고 읽을 수 있다. 즉 기업의 교육훈련과 함께 정부 역시 노동교육을 통해 노동시간의 단축과 그 유연화의 의미를 노동자들에게 일깨워 주어야 한다는 것이다.

이러한 교육을 담당할 전문교육기관을 설치하는 것도 좋은 해법이 되겠다. 특히 선택적 노동시간제의 도입과 활성화를 위해서는 "노동조합의 유연성 제고와 노동자의 자발적 참여"가 필요하다고 하는데 이를 교육시키기 위해서는 중립적인 교육기관이 필요하다고 생각된다.

또한 선택적 노동시간제 정착의 선행조건은 "노동시간 산정과 정산의 명확성"이라는 지적이 주목된다. 위 교육기관은 이러한 문제까지 아울러 정리할 수 있는 능력을 갖추어야 하고, 정부는 그렇게 될 수 있도록 지원을 아끼지 말아야 하겠다. 그리고 노동시간 관리를 위한 전문인력을 갖추지 못한 중소규모 기업에 대한 교육·상담, 전문가의 파견까지 이 기관이 담당할 수 있도록 할 필요가 있다.

(2) 기업과 노조에 대한 지원

제도가 성공하기 위해서는 기업과 노조에 대한 지원이 필요하다. 노동시간의 단축에 따른 기업에 대한 지원뿐만 아니라 노동시간 유연화를 위한 지원 역시 필요하다는 것이다. 선택적 노동시간제의 정착을 위해서는 세제 지원책을 마련하여야 한다고 지적하고 있다. 제도의 도입에 따르는 비용을 정부가 지원하는 방안을 강구해 볼 필요가 있을 듯하다.

노조에 대해서는 노동시간의 유연화가 생산성의 향상으로 이어지고, 결국 성과배분으로 귀결될 수 있다는 점을 알려주고, 기업에 대해서도 그렇게 하도록 지도하는 적극적인 행정을 펴는 게 바람직하다.

(3) 모범사례의 발굴과 홍보

제도의 정착을 위해서는 정부가 솔선하여 성공적인 사례를 발굴하고 그 효용을 널리 알리는 일이 필요하다. 일본의 예에서 볼 수 있듯이 성공사례를 통해 모범 취업규칙을 제시하고 모범 노사협정서를 안내하는 일이 중요하다. 이 모범안의 개발은 업종의 특성을 발휘할 수 있도록 구체적인 연구가 필요하다.

또한 선택적 노동시간제도와 관련하여 "정부부처의 시범적 도입과 시행"을 주문하고 있는데 정부의 선도적인 자세가 필요하다. 재량노동시간제와 관련해서는 업적에 집착해서 장시간노동이 일상화하는 게 아닌가 하는 우려가 있는데, 정부 부처에서 먼저 이 제도를 도입하고 시행착오를 거쳐 제도를 개선하고 정착해가는 방법도 강구해 볼만하다.

4) 제도개선에 대한 논의

(1) 노동자대표와의 합의라는 요건

위 설문조사에서는 노조를 포함한 노동자대표와의 합의라는 요건을 문제라고 지적하고 있다. 즉 이런 절차 없이 사용자가 필요하다면 시행할 수 있도록 해달라는 것이다. 특히 재량노동시간제도의 경우 대기업에서는 "노사협의와 서면합의"에 어려움을 느끼고 있는 것으로 나타났다.

그러나 노동시간의 유연화는 노동자의 건강과 생활에 미치는 영향이 크므로 이러한 주장에 선뜻 동의하기는 어려워 보인다. 또한 아직은 제도 시행의 초창기이므로 보다 많은 경험이 쌓인 이후에 논의하는 게 바람직하다. 다만, 노동자대표와의 서면합의와 취업규칙의 불이익변경(근로기준법 제97조 제1항)을 중복적으로 운용하는 것은 지나친 규제라고 생각된다.

(2) 탄력적 노동시간제도의 확대 여부

탄력적 노동시간제의 인정폭, 즉 단위기간의 확대도 논란이 된다. 현재 우리나라는 탄력적 노동시간제를 2주 및 3개월 이내의 단위기간에 대해서만 인정하고 있는데, 유럽국가는 물론 일본의 경우와 비교할 때 그 범위가 좁다. 특히 유럽국가들은 4개월～6개월 단위까지는 별도의 단체협약이 없어도 당연히 인정하며 단체협약 등을 통해서는 1년 단위까지 허용하는 것이 일반적이다. 일본도 법정 노동시간이 단축되기 시작한 1987년에 3개월 단위까지 허용한 이래 주40시간제가 적용되게 된 1993년에는 1년 단위 탄력적 노동시간제를 허용한 역사를 보여주고 있다.2)

그러나 탄력적 노동시간제를 현행 외에 3개월-6개월, 또는 1년 단위로 확대하는 문제는 간단한 것이 아니다. 그리하여야 할 분명한 논거도 보이지 않을 뿐 아니라 6개월의 허용만으로도 계절적

2) 주40시간제 전면시행과 함께 1년 단위 탄력적 노동시간제를 도입하자는 견해로는 김재훈, 2000: 15.

사업 등에 있어서는 사실상 1년 단위를 허용한 것과 별반 다르지 않은 결과를 가져오는바 노동자에게 미치는 영향이 매우 크기 때문이다. 따라서 이 부분은 신중한 선행연구 후에 판단되어야 할 성질이고 이 경우에는 특정 업종에 한해 제한적으로 실시하는 형태로의 입법이 바람직할 것으로 보인다.

또 한 가지 주목할 점은 탄력적 노동시간제의 단위기간 확대 시 각국이 취하고 있는 노동자보호책이다. 1년 단위까지 탄력적 노동시간제를 허용하고 있는 유럽 국가들은 대체로 이러한 제도의 실시 시에도 특정 주에 시간외노동을 포함한 총 노동시간(최대노동시간)을 1주 48시간, 1일 13시간의 범위 내에서 움직이고 있어 이중의 연장을 인정하는 우리나라의 입법례에 시사하는 바가 크다고 보인다. 그리고 일본이 시간외노동 한도 자체에 대해서는 규제하지 않는 대신 탄력적 노동시간제 실시에 따른 주 48-52시간 이내의 노동을 연속하는 3주를 넘지 못하도록 규정하고 있는 점은 매우 주목되는 점이다.

따라서 동 제도의 인정 폭을 확대하는 경우에는 탄력적 노동시간제가 가져올 수 있는 노동자의 건강한 삶에 대한 보호책으로서 양 측면에서[총 노동시간 규제(유럽국가들) 및 연속적인 장시간 노동 규제(일본)] 또는 어느 한 측면에서의 규제는 반드시 필요하다고 판단된다(이철수/강현주, 2000).

한편, 일본에서는 1주 단위 비정형적 탄력적 노동시간제가 규정되어 있다. 이 제도는 매일의 소정노동시간이 미리 정해질 필요는 없지만, 매일의 노동시간이 전혀 불확정 된다면 노동자의 노동생활이 불안정해질 우려가 있기 때문에 1주간의 각일 노동시간을 당해 1주간 개시 전에 미리 노동자에게 통지하도록 하는 제도이다(근로기준법 제32조의 5 제2항, 동법 시행규칙 12조의 5 제3항). 이 1주 단위 비정형적 탄력적 노동시간제도는, 업무의 번한이 심한 영세규모 일부서비스업에 대해 적용되고 있는 제도인 바, 규모·업종의 특성을 고려하여 도입을 검토할만한 제도라고 할 수 있다(김재훈, 2000: 15).

(3) 재량노동시간제 확대 문제

노동시간 운용의 유연성을 제고하는 방안의 하나로 재량노동제의 대상(범위)을 확대하여 노동자의 생활과 업무의 조화로 효율성을 도모하는 한편, 불필요한 연장노동 감소로 노동시간을 단축시키는 방법을 고려할 수 있다.

일본에서는 전문업무형 재량노동제의 인정범위를 확대하여, 1997년 노동성고시로 컴퓨터업무, 공인회계사, 변호사, 일급건축사, 부동산감정사, 변리사의 업무 등을 재량노동제의 대상으로 확대하였다.

그리고 1998년의 법개정에서는 이른바 기획업무형 재량노동제를 도입하여, '기업의 본사 등 중추부문에서 기획·입안 등의 업무를 자신의 재량으로 수행하는 노동자'를 적용범위 대상에 추가하여, 이 노동자범주 중 당해 사업(장)에 설치된 노사위원회에서 결정함에 의해 적용대상이 되도록 하였다. 최근의 개정은 예전과는 완연히 다른 모습을 보이고 있고, 일본에서는 아예 노동시간 규제의 적용배제 문제로 다루어야 한다는 주장이 나오고 있다.

이와 같은 재량노동제의 확대는 불필요한 노동시간을 단축시키고 나아가 성과급제의 도입을 용이하게 한다는 장점이 있는 반면, 그 남용가능성에 대한 방지책도 강구되어야 할 것이다.

(4) 노동시간 규제의 적용배제 문제

일본과 미국의 사례를 보면 이들 나라에서는 노동시간의 유연화 문제를 한 걸음 더 나아가 노동시간 규제 자체의 적용배제(근로기준법 제61조)라는 측면으로 접근하는 경향을 보이기까지 하고 있다. 우리 역시 이러한 논의에서 자유로울 수는 없다.

① 규정 및 취지

근기법 제58조(노동시간 및 휴게시간의 특례)는 사용자와 노동자대표가 서면합의를 한 경우에는 주 12시간을 초과하여 연장노동하게 하거나 휴게시간을 변경할 수 있다고 하면서, 1) 운수업·물품판매 및 보관업·금융보험업, 2) 영화제작 및 흥행업·통신업·교육연구 및 조사사업·광고업, 3) 의료 및 위생사업·접객업·소각 및 청소업·이용업, 4) 기타 공중의 편의 또는 업무의 특성상 필요한 경우로서 대통령령이 정하는 사업(사회복지사업)을 들고 있다.

그리고 근기법 제61조(적용의 제외)는 동법에서 정한 노동시간·휴게와 휴일에 관한 규정은 다음에 해당하는 노동자에 대하여는 적용하지 아니한다고 하면서, 제1호에서 토지의 경작·개간, 식물의 재식·재배·채취사업 기타의 농림사업, 제2호에서 동물의 사육, 수산동식물의 채포·양식사업, 기타의 축산, 양잠, 수산사업, 제3호에서 감시 또는 단속적으로 노동에 종사하는 자로서 사용자가 노동부장관의 승인을 얻은 자, 제4호에서 대통령령이 정한 업무(관리

·감독업무 또는 기밀을 취급하는 업무)에 종사하는 노동자를 규정하고 있다.

연장노동 및 휴게시간 특례규정의 취지에 대해서는, 운수업 등 소정의 사업에 있어서는 이용자·소비자인 '공중의 편의'를 위하여 특별히 1주 12시간 한도를 초과하는 연장노동 및 휴게시간의 변경을 허용한 것으로, 이들 사업에 해당한다고 하여도 탄력적 노동시간제 또는 선택적 노동시간제에 의하여 노동하기로 한 경우에는 소정의 연장노동 한도가 적용된다고 해석되고 있다.

그리고 노동시간규정 적용제외규정의 취지에 관하여는, 이 규정은 인위적으로 노동시간을 규제하기 곤란한 사업, 노동시간 중 휴식을 충분히 취하기 때문에 노동시간을 엄격히 규제할 필요가 높지 않은 직종, 출·퇴근에 엄격한 제한을 받지 아니하는 직종에 대하여 노동시간규정의 원칙적인 적용제외를 정한 것으로, 이들 경우에 해당한다고 하여도 야간노동수당에 관한 규정(야간노동은 노동시간의 규제와는 차원을 달리한다고 함)이나 연월차휴가 규정(휴가와 휴일은 구별됨) 등은 적용이 배제되지 않는다고 설명되고 있다.

② 노·사의 관련주장 및 국제기준

관련되는 노·사의 주장을 보면, 한국노총산하 전국자동차연맹은 운수업에 대한 노동시간단축 분과위원회 설치를 노사정위 노동시간특위 제6차 회의(2000. 7. 5)에서 청원하였는데, 한국노총에서는 위와 같은 청원사항은 운수업을 근기법 제58조 【노동시간 및 휴게시간의 특례】 적용대상에서 제외시켜 달라는 의미라고 해석할 수 있다고 밝히고 있다.

이에 대해 경영계에서는 노동시간규제 적용제외범위를 확대(근기법 제61조 개정)하여 관리사무직·전문직 및 연봉제적용 노동자를 적용제외범위에 포함시키자고 주장하면서, 그 이유로 관리사무직·전문직·연봉제적용 노동자 등은 그 업무의 성격상 근기법상의 노동시간 및 휴일·휴게규정을 일률적으로 적용할 수 없는데, 적용제외범위에 포함되어 있지 아니한 문제로 인하여 최근 들어 급속한 산업구조와 노동시장 변화에 대응하기 어려운 실정이라는 점을 들고 있다(한국경영자총협회, 2000:, 62-63).

국제적으로 볼 때 노동시간 규제에 있어서 어떠한 형태로든 적용특례·제외규정이 마련되어 있다고 할 수 있다. ILO 제1호 협약(공업부문 사업장에서 노동시간을 1일 8시간, 1주 48시간으로 제한하는 협약, 1919년)에서는 감독·관리직이나 기밀취급업무 노동자에 대한 적용제외, 항구적 예외, 일시적 예외규정 설정 등을 예정하고 있다. 그리고 제30호 협약(상업 및 사무부문 사업장에서의 노동시간 규제에 관한 협약, 1930년)에서는 동협약에서 정하는 1일 8시간·1주 48시간의 원칙 적용에 있어서, 사업이나 직무의 특수성에 기인하는 상당한 범위의 적용제외[3])를 인정하고 있다. 아울

3) 예를 들면 동협약 제1조 제2항에서는, 원칙적 적용제외범주로 (a) 환자·허약자·빈민 또는 정신이상자의 치료 또는 보호를 위한 사업장, (b) 호텔·레스토랑·클럽·카페 및 기타 음식점, (c) 극장 및 공중오락장을 들고 있다. 그리고 제1조 제3항에서는, 관리직 지위에 있는 자 또는 기밀취급사무에 종사하는 자, 외판원 및 대리인(다만 그 업무를 사업장 밖에서 행하는 경우에 한정됨)에 대하여 협약 적용범위에서 제외할 수 있음을 정하고 있다.

러 제116호 권고(주 40시간으로의 노동시간 단축에 관한 권고, 1962년)에서는 노동시간 단축의 항구적 예외·일시적 예외·정기적 예외의 경우를 상정하고 있다.

일본의 경우에는 우선, 근로기준법 제40조【노동시간 및 휴게의 특례】에서 일정한 사업에 대하여, 시행규칙이 정하는 바에 의하여 노동시간 및 휴게규정의 적용에 있어서 특례를 설정할 수 있도록 정하고 있는데, 이 특례가 인정되는 업종은 제조관련업·광업·토목건축업·농림업·축산업·양잠업·수산업 이외의 사업으로 공중의 불편을 피하기 위하여 필요한 것 기타 특수한 필요가 있는 것으로 그 필요부득이한 정도에 한정된다(동조 제1항). 상세한 정함은 동법 시행규칙 제25조의 2 제1항에 마련되어 있는데, 이에 따르면 물품판매·배급·보관·임대 또는 이용업, 영화영사·연극 기타 흥행업(영화제작업 제외), 병자 혹은 허약자의 치료·간호 기타 보건위생사업, 여관·요리점·음식점·접객업·오락사업 중 상시 10인 미만의 노동자를 사용하는 사업에 대해서는 1주 46시간·1일 8시간 노동하게 할 수 있다고 규정하고 있다.

그리고 근로기준법 제41조【노동시간 등에 관한 규정의 적용제외】에서는 일정한 사업 내지 직종 노동자에 대하여 노동시간·휴게·휴일에 관한 근로기준법상 규정의 적용을 배제하고 있는데, 대상업종은 임업을 제외한 농림사업, 축산·양잠·수산업이다(동조 제1호). 그 대상직종은 사업의 종류를 불문하고 감독 혹은 관리의 지위에 있는 자 또는 기밀사무를 취급하는 자(동조 제2호), 감시 또는 단속적 노동에 종사하는 자로서 사용자가 행정관청의 허가를 받은 자(동조 제3호)로 규정되어 있으며, 이러한 규정의 해석상 노동시간규제 적용배제 노동자에 대해서도 야간노동 제한규정과 휴가규정은 적용이 된다고 풀이되고 있다.

미국의 경우를 본다면, 공정근로기준법(Fair Labor Standard Act, FLSA)에서는 광범위한 시간외노동수당 적용제외그룹을 규정하고 있다. 동법 제13조 (a)에서는, 제6조(최저임금)와 제7조(노동시간 및 시간외노동수당)의 규제적용을 받지 않는 범주로, 수산업·일정한 요건을 갖춘 농업·임시직 baby-sitter 등을 열거하고 있는데, 이들 중 제13조 (a) (1)의 관리직 노동자, 운영직 노동자, 전문직 노동자 및 외근salesman은 일반적으로 "white-collar exemption"으로 총칭된다.

특히 관리직·운영직·전문직 노동자는 종종 'exempt'라고 불려지며 노동시간규제를 받지 않는 상급화이트칼라의 대명사로 되어 있는데, 그 구체적 기준은 노동성장관이 정하는 규칙(29 C.F.R. Part 541)에 의해 직무내용 및 급여액의 양면으로부터 정해지며 대략적인 기준은, 직무수행에 있어서 독립적인 재량·판단을 행하고 결근시간분에 대하여 임금삭감이 행해지지 않는 것이 기본적인 조건으로 되어 있다(Martin v. Malcolm Pirnie, Inc., 949 F. 2d 611[2d Cir. 1991]). 그리고 동법 제13조 (b)에서는 제7조(노동시간 및 시간외노동수당)만 적용제외되는 범주를 정하고 있는데, 이에는 자동차운수·철도·항공이라는 특별법적용을 받는 경우 이외에, 농업관련노동자와 영화업 노동자, 택시노동자, 가사사용인 등 매우 상세한 경우가 포함되어 있다(R. Blanpain ed., 1989; 中窪裕也, 1995).

최근 프랑스의 경우를 본다면, 노동시간 규제에 대하여 항상적 예외규정(derogations permanentes)·일시적 예외규정(derogations temporaires)이 존재하며 최근의 2차 오브리법에서는 관리직 노동자의 노동시간 규제에 대하여 명확한 규정을 마련하였다(R. Blanpain ed., 1991; 박우성, 2000). 즉, 2000. 1. 19 공포된 2차 오브리법에서는 관리직 노동자의 노동시간 취급에 대하여 명확한 규정을 마련하였는데, 이에 따르면 노동시간 확정이 어려운 대부분의 관리직 노동자의 경우 협약을 통해 연간노동시간이나 연간노동일수를 사전에 확정하여 운용하도록 하고, 그렇지 않은 경우에는 일반 노동자와 동일하게 집합적인 노동시간 관련규제의 적용을 받도록 하고 있다.

③ 개선방안

연장노동·휴게시간의 특례규정과 관련하여서는 우선, 허용되는 연장노동의 한도가 설정되어 있지 아니하다는 점을 문제로 들 수 있다. 공중의 편의나 업무의 특수성에서 週 연장노동 제한규정을 획일적으로 관철하기 어려운 경우에 대한 규정이라고 하여도, 적지 아니한 대상사업에 대해 한정없는 시간외노동을 허용하는 것은 연장노동의 제한에 대한 법규정(근기법 제52조)의 존재의미를 形骸化할 수 있다. 사업의 성격 내지 업무의 특성과 노동자보호의 필요성을 조화시키는 상한선 규정이 마련될 필요가 있다.[4] 아울러 대상업종도, 정확한 실태조사를 통하여 재점검할 필요가 있을 것

4) ILO에서 1962년 채택된 권고(제116호; 노동시간 단축에 관한 권고) 제17조에서는 초과노동에 대하여, 각국의 관계기관이나 당국은 불가항력의 경우를 제외하고는 소정기간에 대하여 허용될 수 있는 총초과노동시간수의 한도를 정해야 한다고 규정하고 있다. 이와 유사한 규정은 노동시간과 관련되는 여러 협약 및 권고에 들어 있다.

이다.

노동시간규제 적용제외규정에 대해서는, 미국의 입법례 등을 참조하여 노동의 형태나 노동자의 상황 등을 종합하여 근기법상 노동시간·휴일·휴게규정의 강행적인 적용이 적합하지 아니한 경우에는 적용제외범위에 추가하는 것을 고려할 수 있다.

또한 유럽의 경우처럼 개별 직종의 사정을 감안하여 다양한 제도의 설정을 모색해 봄직하다. 물론 이를 위해서는 노동과학적인 연구가 선행되어야 함은 더 이상 얘기할 필요가 없을 것으로 보인다. 즉 유럽의 노동시간지침에서는 다음과 같이 업종의 특성을 감안하고 있는데 우리나라도 이런 제도를 도입할 수 있는지를 검토해야 한다는 것이다.

첫째, (a) 임원(managing executives)이나 스스로 방침을 결정할 권한이 있는 노동자, (b) 가족노동자(family workers), (c) 교회나 교단의 종교의식을 거행하는 노동자(workers officiating at religious ceremonies)의 경우 1일의 휴식시간, 휴게시간, 주휴, 주 노동시간, 야간노동에 관한 규정(지침의 제3조, 제4조, 제5조, 제6조, 제8조 그리고 제16조)을 적용배제할 수 있다.

둘째, 신문, 방송, 병원과 같은 유형의 직종에서 일하는 노동자의 경우 1일의 휴식시간, 휴게시간, 주휴, 야간노동에 관한 규정(지침의 제3조, 제4조, 제5조, 제8조 그리고 제16조)을 적용 배제할 수 있다(주 노동시간과 연차유급휴가 규정만 적용: 동지침 제17조 제3항).

셋째, (a) 교대제 사업장에서 그때마다 근무시간대가 바뀌고 근무 종료와 새 근무 시작 사이에 1일의 휴식시간과 주휴를 취할 수 없는 경우, (b) 청소업무처럼 노동시간이 그 날 전체에 걸쳐 있는 경우 1일의 휴식시간과 주휴에 관한 규정(지침의 제3조, 제5조)을 적용배제할 수 있도록 한다.

5) 단체협약에 열려 있는 법제도

유럽의 경우를 보면, 단체협약이라면 법규정과 관계없이 관련 노동자의 노동조건을 규율할 수 있도록 되어 있다. 우리나라의 경우에도 이러한 체계로 이행하여야 할 것으로 보인다. 다만, 그 시점이 지금인지는 의문이다. 노동조합이 힘을 갖게 되었을 때(소규모 단위노조도 사용자와 대등한 힘을 갖게 되었을 때)는 이러한 제도의 설정을 생각해 봄직하다. 아울러 유럽연합의 경우 직종의 특성을 최대한 반영하려고 하고 있다는 점에 주목할 필요가 있다. 예컨대 주휴의 탄력화와 관련하여 노동시간지침에서 직종별 특성을 반영하고 있다는 점은 시사하는 바가 크다. 노동과학에서의 연구가 기대된다.

3부

고용형태 변화의 법률문제

VII. 비전형노동의 법리

1. 비전형노동의 문제상황

산업구조가 고도화되고 노동력구조가 변화함에 따라 점차 고용·취업형태가 다양화하고 파견노동자, 하도급노동자, 단시간노동자와 같은 비정규노동자가 늘어나게 된다. 또한 정부로서는 실업문제에 대한 대책으로 단시간노동을 널리 활용하고자 한다.

이렇듯 비정규노동자가 증가하는 원인은 어디에서 찾을 수 있을까? 이에 대해서는 크게 보아 노동수요와 노동공급 및 정부의 노동정책이라는 세 가지 측면에서 설명할 수 있겠다(오문완, 1994: 1-3).

우선 기업의 노동수요 측면에서 들 수 있는 것이 극소전자화(ME화)와 서비스경제화의 진전에 따른 비전형노동에 대한 수요증가이다. ME화는 종래 하나의 직종으로 통합되어 있던 업무를 보다 전문적인 직종과 보다 기능을 요하지 않는 직종으로 분화하였고, 이에 따라 각 영역에서는 노동력확보의 어려움을 타개하기 위해서 또는 경비절감 등을 위해 비정규노동에 대한 수요가 증가하고 있다. 그리고 서비스경제화 역시 업무량의 단기적 변동에 대한 탄력적 대응 또는 노동시간 단축 움직임 속에서의 영업시간의 연장을 위해 비정규노동에 대한 수요를 촉진시키고 있다. 더욱이 기업간 경쟁이나 국제경쟁의 심화에 따라 기업은 감량경영의 이름 아래 고정인건비를 절감하려고 함으로써 비정규노동자에 대한 수요는 한층 늘고 있다. 요컨대 노동수요측면에서는 산업구조의 고도화와 정보산업화의 진전 등에 따라 필요한 전문인력을 적기에 확보하고, 인력관리·임금관리면에서의 유연성을 확보하기 위하여 일정 업무를 파견노동, 단시간노동, 하도급노동 등으로 해결하려는 경향이 보이고 있다.

다음으로 노동공급 측면에서 들 수 있는 것이 여성화, 고령화, 고학력화 등으로 불리우는 노동력구조의 변화이다. 이에 따라 고용기간의 일시성, 근무시간의 탄력성 등을 확보할 수 있는 비정규적 형태의 근무를 원하거나 또는 일부 전문직·기술직 노동자들이 특정 직장에 얽매이지 않고 자신의 지식과 기술을 자유롭게 활용하려는 경향도 나타나고 있다. 특히 학생이나 주부 또는 고령자들의 사회참가의욕이 높아지고 있는데, 이들은 학교생활이나 가사·육아의 필요 내지는 체력적인 이유에서 자신의 형편에 맞는 노동시간과 근무일을 선택하고자 하고 이러한 욕구를 충족시키는 것으로서 비정규적인 고용형태를 선호하곤 한다.1)

한편 노동력의 수요와 공급측면에서의 이상과 같은 요인과 함께 비전형노동의 증가원인으로 또 하나 들 수 있는 것이 정부의 노동

1) 제조업부문 단시간노동자의 구성을 보면 중장년여성과 고령노동력이 상대적으로 많이 진출하고 있어, 이들이 한계노동자(marginal workers)의 성격을 가지면서 젊은 노동력의 제조업 기피로 인한 공백을 보완하고 있는 현실을 확인할 수 있다(어수봉, 1991: 63).

정책이다. 최근 들어 우리 사회에는 취업난과 구인난이 함께 병존하는 인력수급의 불균형현상이 나타났고 정부는 이에 대한 대처방안으로 기존의 실업해소를 중심으로 한 소극적 고용정책에서 탈피하여 산업간 노동력이동의 촉진, 유휴노동력의 활용, 직업안내와 직업소개의 체계화 등 이른바 종합적 고용정책을 적극적으로 추진하고 있다. 특히 중소기업을 중심으로 심화되고 있는 인력난에 대처하기 위해서는 유휴노동력의 활용이 매우 필요하다고 판단하고 이를 위한 효율적인 방안으로서 단시간노동의 활성화 등 비전형노동의 확대를 염두에 두고 있는 것으로 보여 비정규노동자는 더욱 늘어날 전망이다(경제기획원, 1991).

그런데 이러한 '고용·취업형태의 다양화현상'의 결과 종신고용제나 연공서열형임금체계 등 통상적인 노동자를 기반으로 한 종래의 고용관행이 붕괴되는 것이 아닌가 하는 의문이 제기되기도 한다.[2] 또한 이러한 현상은 이른바 정규노동자의 보호를 주로 염두에 두고 만들어진 현행 노동법제와 노동법학에 대해서도 새로운 문제를 제기하고 있다(오문완, 1998).[3]

---

2) "역사적으로 '안정된' 일자리라는 개념은 그리 오래된 것이 아니다. 그리고 지금 상황으로 보아 그 수명 또한 길지 않을 것이다. 대량 생산의 시대 150년 동안 미국과 다른 선진국에서 '안정된' 일자리가 한창 그 꽃을 피웠지만, 이제 종말이 가까워오고 있다."[Robert B. Reich, 2001: 130)는 진단은 우리를 전율케 한다.

3) 이러한 문제는 우리나라 특유의 일은 아니고, 전지구적인 차원에서 노동유연성과 연관되어 추진되고 있는 현상이다[西谷 敏, 2000; Craig Becker, 1996 등). 우리 노동법학에서도 노동유연성 문제가 중요한 이슈로 등장하고 있는데(오문완, 2000 등) 이에 적극 대처하여 국내자-국외자(insider-outsider) 문제를 해결하자는 주장(채호일, 2001)도 주목된다.

2. 비전형노동의 특징

비정규노동자란 종래의 정규(전형; typical)노동자에 대비되는 의미에서 사용되는 용어인데, 정규노동자는 다음과 같은 속성을 지니고 있다(김성환, 1992: 15-16). ① 노동자의 지위는 사용자에게 종속적이다. 즉, 사용자와 노동자가 노동계약을 맺으면 노동자는 사용자의 지시를 수행할 자세를 갖추어야 한다. ② 노동계약은 특별한 사유가 없는 한 기간을 정하지 않은 상용고용이다. ③ 노동시간은 전일제(full-time)이다. ④ 노동시간의 배분은 균일하고 노동장소가 일정하다. ⑤ 임금은 월급으로 지급한다. ⑥ 법과 단체교섭에 의해 임금을 보장받을 수 있고 노동조합과 같이 고용의 안정성을 보장받을 수 있는 장치가 있다. 그리고 노동자의 이해관계는 노동조합과 같은 대표기구를 통해 집단적으로 보호받는다. ⑦ 임금의 수준은 숙련도와 (기업내) 근속년수에 의한다.

비정규노동은 이러한 전형적인 특징들에서 벗어나는 형태의 노동라고 할 수 있겠다. 비정규노동 혹은 주변적 노동(contingent work)의 개념 징표로는 대략 다음과 같은 것을 들 수 있다. 첫째로, 고용보장이 희박하고 그 노동관계는 임시적이다. 둘째로, 노동시간의 변동이 큰데, 그 변동은 노동자가 원하기 때문에 바뀌는 것이라기 보다는 사용자가 그때 그때 바꾸기를 바라기 때문에 그러한 결과를 초래하는 것이다. 셋째로, 복리후생 혜택이 없거나 그 수준이 미미하다는 점 등이다(A. E. Polivka & T. Nardone, 1989: 9-12). 이는 그만큼 개별 노동자와 기업간의 결합도가 낮다는 것을 의미하는데 정규노동자와 비정규노동자의 차이를 도표화하면 다음과 같이 정리할 수 있다(표 3 참조; R. S. Belous, 1989: 8).

<표 3> 노사간의 결합도 스펙트럼

종 신 고 용 모 델 (강한 결합도)	비 정 규 근 로 모 델 (약한 결합도)
·노동자는 한 기업에서 모든 경력을 보낸다. ·노사는 서로 깊은 관련성을 가지고 장기간에 걸쳐 서로 책임을 진다. ·노동자는 자신의 장래를 회사의 운명과 연계시키고 회사와 강한 일체감을 가진다. ·사용자는 노동자에게 (예를 들어 숙련 개발, 교육·훈련 등) 중요한 인적 자본 투자를 할 강한 인센티브를 가진다.	·노사는 아주 짧은 기간을 규율하는 계약을 체결한다. ·노사는 서로간의 관련성이 결여되어 장기적으로 볼 때 아주 높은 정도의 유연성과 자유를 가진다. ·노동자는 자신의 장래를 특정 사용자의 운명에 연계시키지 않는 바,(사용자가 아니라) 그들의 직업에 강한 일체감을 가진다. ·사용자는 특정 노동자에게 중요한 인적 투자를 할 인센티브가 없다. 다만, 인적 자본 투자를 제공하는 시스템을 지원할 수는 있다.

이를 보다 상세히 설명하자면 다음과 같다.

첫째로, 정규노동자의 고용은 계속적이고 규칙적임에 비해 비정규노동자의 고용은 단속적이고 불규칙적이다. 즉, 정규노동자는 고용에 기간의 정함이 없는 종신고용관행 아래 고용이 보장되고 있는 동시에 노동시장에서의 이동성이 거의 없고 노동시간도 고정적이다. 더욱이 이러한 정규노동자의 기본적인 지위는 법률과 취업규칙, 그리고 단체협약에 의해 강화되고 있다. 이에 대해 비정규노동자는 고용에 기간의 정함이 있는 경우가 많고 계약이 반복갱신되고 있다 하여도 종신고용의 관행 아래 있는 것은 아니고 신분적으로 불안정하고 계약의 해지와 기간만료에 의한 종료는 고용의 단절을 낳으며 노동시장에서의 이동이 빈번하고 노동시간도 변동적이다.

둘째로, 연공제도는 일반적으로 정규노동자에게만 적용된다. 연공제도는 장기근속자의 임금을 확실하게 증가시킬 뿐만 아니라 교육훈련과 승진기회의 증가, 책임과 결정권한의 증가에 결부되어 있다. 이에 대해 비정규노동자는 연공제도에서 배제되고 있기 때문에 임금의 증가만이 아니라 승진에서도 배제되고 고용의 계속에 따른 노동관계의 전개를 기대할 수 없는 지위에 있다.

셋째로, 정규노동자의 노동계약에서 일반적으로 발견되는 고용의 계속을 전제로 한 보호규정이 비정규노동자에게는 결여되어 있다. 정규노동자의 경우 사고와 질병때 그 지위와 급여를 보장하는 제도가 마련되어 있지만 비정규노동자는 그 대상에서 제외되어 있다. 그리고 통근수당을 제외하고는 각종 수당이 지급되지 않는 경우가 많고 기업내의 복리후생시설의 이용 등에 관해서는 차별이 없다 하여도 기본적인 노동자로서의 지위와 신분의 보호라는 관점에서는 정규노동자와는 구별되고 있다.

3. 비전형노동의 유형과 법적 평가

1) 임시노동

임시노동자의 법적 지위에 관해서는 그 고용의 계속성이 관건이 되는데 1년을 초과하는 노동계약기간을 정한 노동계약의 효력에 관한 대법원판결(대법원 1996.8.29. 선고 95다5783 전원합의체 판결)이 눈길을 끈다. 그 판결요지는 다음과 같다.

> 근로기준법 제21조는 "노동계약은 기간의 정함이 없는 것과 일정한 사업완료에 필요한 기간을 정한 것을 제외하고는 그 기간은 1년을 초과하지 못한다." 고 규정하고 있는 바, 그 입법취지는 장기의 근로기간을 정함으로 인하여 근로자가 퇴직의 자유를 제한당하게 됨으로써 장기간 근로의 계속을 강요당하는 것을 방지할 목적으로 근로자 보호를 위하여 1년을 초과하는 근로계약기간 부분의 노동관계에 있어서 근로자에게 퇴직의 자유를 보장하려는 것에 있고, 근로계약기간은 단지 근로계약의 존속기간에 불과할 뿐 '근로관계에 있어서 임금·근로시간·후생·해고 등 근로자의 대우에 관하여 정한 조건'을 의미하는 근로기준법 제20조 소정의 근로조건에 해당하지 아니하므로 근로계약 당사자는 원칙적으로 이를 임의적으로 정할 수 있으며, 따라서 1년을 초과하는 근로계약기간을 정하여 근로계약을 체결하였다 하더라도 그 계약기간의 정함 자체는 유효하므로 약정기간 범위 내에서는 사용자는 근로기준법 제21조를 근거로 단순히 노동자에게 1년의 기간이 경과하였음을 이유로 근로관계의 종료를 주장할 수 없고 다만 근로자로서는 1년이 경과한 후에는 언제든지 당해 근로계약을 해지할 수 있다 할 것이며, 한편 근로계약기간을 정한 경우에 있어서 근로계약 당사자 사이의 근로관계는 특별한 사정이 없는 한 그 기간이 만료함에 따라 사용자의 해고 등 별도의 조처를 기다릴 것 없이 당연히 종료된다.

이 판결은 1년을 초과하는 노동계약기간을 정한 경우에 그 노동계약은 1년의 계약기간을 가진 노동계약으로 인정되고, 그 이후의 노동관계는 특별한 사정이 없는 한 기간의 약정이 없는 것으로 보아야 한다는 기존의 판례법리(대법원 1989. 7. 11. 선고 88다카 21296 판결)를 변경하였다. 그 논리에 따르면 당사자가 원하는 고용기간을 설정할 수 있다는 장점이 있는 반면 임시노동자의 법적 지위가 장기간 고착된다는 문제점이 있다. 입법론으로는 "노동자의 퇴직의 자유를 보장하고자 하는 근로기준법 제 23조의 입법취지가 현 시점에서는 퇴색되었으므로 계약직 노동의 활성화를 위해 동 규정을 '노동자의 직장보호'와 '기업활동의 유연화'라는 두가지 목적이 달성될 수 있도록 합리적으로 개정할 필요가 있다. 즉 노동계약은 원칙적으로 기간의 정함이 없는 것으로 하되 예외적으로 유기계약으로 할 수 있는 경우를 법에 명시하여야 할 것"이라는 주장이 있다(김소영, 1997b).

이 판결을 포함하여 현재 기간의 정함이 있는 노동계약에 관한 근로기준법의 규정 및 이에 근거한 대법원판례상의 규율은 다음과 같다. 우선 그 기간을 1년이내로 정한 경우에는 당해 계약이 반복갱신된 경우를 제외하고는, 기간의 설정한 이유를 묻지 않고 합법적이며, 정해진 기간이 만료됨으로써 노동관계는 자동적으로 종료한다. 둘째, 1년을 초과하는 기간을 정한 경우에도, 대법원 1996. 8. 29 선고, 95다5783 전원합의체 판결에 의하면, 그 계약기간의 정함 자체는 유효하기 때문에, 약정기간 범위 내에서는 사용자는 1년의 기간이 경과하였음을 이유로 노동관계의 종료를 주장할 수 없고, 다만 노동자로서는 1년이 경과한 후에는 언제든지 당해 노동계약을 해지할 수 있다. 그리고 노동계약기간을 정한 경우에는 노동관계는 특별한 사정이 없는 한 그 기간이 만료함에 따라 사용자의 해고 등 별도의 조처를 기다릴 것 없이 당연히 종료된다. 셋째, 노동계약의 기간이 만료된 후 노동자가 사실상 노무를 계속제공함으로써 행해진 묵시적 갱신의 경우에, 이후의 노동조건과 기간은 이전의 노동계약상의 그것과 동일하다(대법원 1986. 2. 25. 선고, 85다카2096 판결). 넷째, 기간을 정하여 채용된 노동자라 할지라도 장시간에 걸쳐 그 기간의 갱신이 반복되어 그 정한 기간이 단지 형식에 불과하게 된 경우에는 사실상 기간의 정함이 없는 노동자의 경우와 다를 바 없게 되는 것이고 그 경우에 사용자가 정당한 사유없이 갱신계약의 체결을 거절하는 것은 해고와 마찬가지로 무효이다(대법원 제2부 1994. 1. 11. 선고, 93다17843 판결).

이러한 판례법리는 비판을 받고 있다. 노동계약의 기간에 관한 근로기준법 제23조의 취지를, 노동자의 고용보장이라는 측면에서, "기간을 정하지 않은 노동계약의 체결을 원칙으로 하면서, 사용자측의 특수한 사업목적이나 노동자의 진정한 요구 또는 사업상의 일시적·임시적 특별수요에의 대응 등 예외적인 경우에 기간의 정함을 인정하되, 그 기간의 길이는 기간설정의 일시적·예외적 목적에 비추어 원칙적으로 1년으로 제한하는 한편, 건축·토목업에서와 같이 특정한 사업의 완료에 필요한 기간을 설정할 수요가 많은 경우에는 1년을 초과할 수 있도록 한 것"으로 본다. 이에 따라 기간의 정함이 있는 노동계약과 관련된 여러 문제도 다음과 같이 보아야 할 것으로 생각된다. 첫째, 1년이하의 기간을 정한 경우에도 기간설정에 객관적이고 합리적인 이유가 있었던 경우에는 원칙적으로 기간의 만료에 의해 노동관계는 종료되는 것이지만, 기간설정의 객관적·합리적 사유가 없는 경우에는 처음부터 기간의 정함이 없는 노동계약이 체결된 것으로 보아, 기간의 만료에 의해 자동적으로 노동관계가 종료되는 것은 아니고, 해고의 정당한 이유가 있어야 한다. 그리고 단시간노동 그 자체가 기간설정의 객관적·합리적 이유가 될 수는 없다. 둘째, 1년을 초과하는 기간을 정한 경우에는 일정한 사업의 완료에 필요한 경우를 제외하고는 탈법을 목적으로 한 것으로 애초부터 기간을 정하지 않은 노동계약이 체결된 것으로 보아야 한다. 셋째, 계약기간 만료후 사실상의 노무제공으로 인한 묵시적 갱신이 이루어진 경우에, 이후 계약기간은 최후의 갱신시에도 기간설정의 객관적·합리적 이유가 존재하는가에 따라 판단하여야 한다. 마지막으로, 계약의 반복갱신에 의해 기간설정이 무의미하게 되었다면, 당해 계약은 기간의 정함이 없는 노동계약으로 되고, 이후의 갱신거절은 실질적으로 해고에 해당하기 때문에 갱신거절에 의해 노동관계가 종료되기 위해서는 근기법 제30조 1항의 '정당한 이유'가 있어야 한다(강성태, 2000b: 54-56).

2) 단시간노동

아직까지 우리나라에서는 단시간노동이 크게 부각되고 있지는 않지만, 구미 각국에서는 이미 중요한 노동형태로서 자리잡고 있는 실정이다. 우리나라에서도 꾸준히 단시간노동자가 증가하고 있고 특히 90년대 들어 증가속도가 빨라지고 있다.

단시간노동의 문제점 가운데 특징적인 것 몇 가지를 들면, 첫째로 기업에서 유사 단시간노동자를 널리 활용하고 있다는 점을 지적할 수 있다. 단시간노동자를 활용하는 본래의 목적은 유휴노동력의 활용, 특히 기혼여성의 경우 가정과 직장을 병존시킬 수 있는 고용형태로서 활용한다는 것인데, 유사 단시간노동자의 활용은 이러한 기본취지를 변질시키고 있다는 것이다. 즉, 유사 단시간노동자의 경우 장시간의 연장노동이 상태화하여 통상노동자와 유사하게 노동시키면서 인건비를 절감하기 위해 낮은 임금, 부당한 대우를 하므로써 단시간노동자의 활용에 장애요인이 되고 있다(예컨대 주 30시간 근무키로 계약한 단시간노동자가 주 12시간의 시간외 근무를 하는 경우에도 주 44시간을 넘지 않으므로 법정시간외 노동수당을 받지 못하고 있으며 상여금, 수당 등도 차등지급되고 있는 실정이다). 둘째로, 단시간노동이 통상노동을 대체하는 경향이 나타나고 있다. 통상노동자가 퇴직하면 그 자리를 단시간노동자가 대신하게 되면서도, 이들은 정규직으로 채용되지 아니하여 고용불안이 초래되고 있다는 것이다. 금융노련 내부 자료에 따르면, 1994년 은행의 신규채용자중 단시간노동자 채용이 63.2%이며, 고졸자가 맡는 단순 업무를 단시간노동로 대체하고 있다고 한다. 셋째로, 단시간노동자는 국민연금, 고용보험, 직장의료보험 등 각종 사회보장제도의 보호대상에서 제외되어 생활의 안정을 기하기가 어렵다. 넷째로, 통상노동자로 조직된 기존노조의 자체 규약에서 단시간노동자를 가입대상에 포함시키지 않는 예가 많아 단시간노동자의 보호가 불충분하다는 문제를 안고 있다(노동부 근로기준국, 1996).

이런 문제를 해결하고자 노동부는 1992.1.4.「시간제노동자의 노동조건보장에 관한 지침」(근기 32003-2호)을 정하였으나 별다른 호응을 얻지 못했다. 개정근로기준법(1997. 3. 13. 법률 제5309호)은 단시간노동자의 정의와 함께 노동조건의 보호에 관한 규정을 신설하였다. 이에 의하면, 우선 근기법상 단시간노동자란 "1주간의 소정노동시간이 당해 사업장의 동종 업무에 종사하는 통상근로자의 1주간의 소정근로시간에 비하여 짧은 근로자"를 말한다(제21조). 다음으로 단시간노동자의 노동조건에 관해서는 제25조에서 규정하고 있다. 즉 "단시간근로자의 근로조건은 당해 사업장의 동종 업무에 종사하는 통상근로자의 근로시간을 기준으로 산정한 비율에 따라 결정하여야 한다(제1항)"고 규정하면서, 단시간노동자의 노동조건을 결정함에 있어서 기준이 되는 사항 기타 필요한 사항은 동법시행령에 위임하고 있다(제2항). 이에 따라 개정근로기준법 시행령(1997. 3. 27. 대통령령 제15320호)은 근로기준법 제25조 제2항에 의한 위임에 따라 단시간노동자의 노동조건의 기준을 다음과 같이 정하고 있다(제9조 제1항에 의한 별표1).

첫째, 노동계약의 체결에 관한 것으로 다음 두 가지이다. 하나는 "사용자가 단시간노동자를 고용할 경우에는 임금·노동시간 기타의 노동조건을 명확히 기재한 노동계약서를 작성하여 노동자에게 교부하여야 한다"(1-가)는 것이고, 다른 하나는 "단시간노동자의 노동계약서에는 계약기간, 노동일, 노동시간의 시작과 종료시각, 시간급임금 기타 노동부장관이 정하는 사항이 명시되어야 한다"(1-나)는 것이다. 통상노동자의 경우에도 사용자는 노동계약체결시에 노동조건을 명시하여야 하고 특히 임금의 구성항목, 계산방법 및 지불방법에 관해서는 서면으로 명시하여야 한다(근기법 제24조 및 동법시행령 8조 참조). 그러나 단시간노동자는 이것만으로는 노동조건상의 불안정성과 불명확성이 제거되지 않기 때문에 근기법 시행령에서 특별히 사용자에 대하여 노동조건을 명시한 노동계약서의 작성과 교부의무를 부과한 것이다.

둘째, 임금의 계산 등에 관한 것으로 다음 두 가지이다. 하나는 임금계산의 기초가 되는 "단시간노동자의 1일소정노동시간수는 4주간의 소정노동시간을 그 기간의 총일수로 나눈 시간수로 한다"(2-나)는 것이고, 다른 하나는 "단시간노동자의 임금산정 단위는 시간급을 원칙으로 하며, 시간급임금을 일급통상임금으로 산정할 경우에는 나목의 규정에 의한 1일소정노동시간수(바로 위의 계산방법: 필자주)에 시간급임금을 곱하여 산정한다"(2-가)는 것이다. 이는 근로기준법상의 각종 수당의 계산이 시간급임금이나 일급임금을 기초로 한 경우가 많기 때문에 정해진 것이다.

셋째, 초과노동에 관한 것으로 다음 두 가지이다. 하나는 "사용자는 단시간노동자에 대하여 소정노동일이 아닌 날에 노동시키거나 소정노동시간을 초과하여 노동시키고자 할 경우에는 노동계약서·취업규칙 등에 그 내용 및 정도를 명시하여야 하며, 초과노동에 대하여 가산임금을 지급하기로 한 경우에는 그 지급율을 명시하여야 한다"(3-가)는 것이고, 다른 하나는 "사용자는 노동자와의 합의가 있는 경우에 한하여 초과노동을 시킬 수 있다"(3-나)는 것이다. 요컨대 사용자는 단시간노동자에게 초과노동을 시키기 위해서는 노동계약서·취업규칙등에 그 내용 및 정도를 명시함과 동시에 노동자의 동의를 받아야 하고, 실제로 이루어진 초과노동에 대해서는 약정된 가산임금을 지급하여야 한다는 것이다.

넷째, 휴일·휴가의 적용에 관한 것으로 다음 네 가지이다. ① 사용자는 단시간노동자에 대하여 법 제54조의 규정에 의한 유급휴일을 주어야 한다(4-가). ② 사용자는 단시간노동자에 대하여 법 제

57조의 규정에 의한 월차유급휴가 및 법 제59조의 규정에 의한 연차유급휴가를 주어야 한다. 이 경우 유급휴가는 각각 다음의 방식으로 계산한 시간단위로 하며 1시간 미만은 1시간으로 본다. 통상노동자의 월차 또는 연차유급휴가일수×단시간노동자의 소정노동시간/통상노동자의 소정노동시간×8(4-나). 한편 사용자가 지급하여야 하는 임금은 시간급을 기준으로 한다(4-마). ③ 사용자는 여자인 단시간노동자에 대하여 법 제71조의 규정에 의한 유급생리휴가 및 법 제72조의 규정에 의한 산전후휴가를 주어야 한다. 이 경우 통상노동자와 휴가일수에 차이를 두어서는 아니된다(4-다). ④ 앞의 세 가지 경우에 사용자가 지급하여야 하는 임금은 2-가에 의한 일급통상임금을 기준으로 한다(4-라).

다섯째, 취업규칙의 작성 및 변경에 관한 것으로 다음 세 가지이다. 하나는 사용자는 통상노동자에게 적용되는 취업규칙과는 별도로 단시간노동자에게 적용되는 취업규칙을 작성할 수 있는데(5-가), 이렇게 별도의 취업규칙을 작성하거나 이를 변경하고자 하는 경우에는 적용대상이 되는 단시간노동자 과반수의 의견을 들어야 하고, 특히 취업규칙을 단시간노동자에게 불이익하게 변경하고자 하는 경우에는 그 동의를 얻어야 한다(5-나)는 것이다. 다른 하나는 단시간노동자에게 적용될 별도의 취업규칙이 작성되지 아니한 경우에는 통상노동자에게 적용되는 취업규칙이 적용되고, 취업규칙에서 단시간노동자에 대하여 적용이 배제되는 규정을 두거나 달리 적용한다는 규정을 둔 경우에는 이에 따르도록(5-다) 한 것이다. 나머지 하나는 5-가 내지 5-다에 의하여 단시간노동자에게 적용되는 취업규칙을 작성 또는 변경하는 경우에는 노동시간수에 따른 비례적 평등을 정한 법 제25조 제1항의 취지에 반하는 내용이 포함되어서는 아니된다(5-라)는 것이다.

한편 근기법 제25조 제3항은 "1주간의 소정노동시간이 현저히 짧은 단시간노동자로서 대통령령이 정하는 자에 대하여는 이 법의 일부규정을 대통령령이 정하는 바에 따라 적용하지 아니할 수 있다"고 규정하고 있다. 여기서 '1주간의 소정노동시간이 현저히 짧은 단시간노동자로서 대통령령이 정하는 자'라 함은 4주간(4주간 미만으로 노동하는 경우에는 그 주간)을 평균하여 1주간의 소정노동시간이 15시간미만인 노동자를 말한다(동법시행령 제9조 제2항). 그리고 이들에 대해서는 근로기준법 제34조(퇴직금제도), 제54조(유급휴일), 제57조(월차유급휴가) 및 제59조(연차유급휴가)를 적용하지 아니한다(동법시행령 제9조 제3항).

그러나 현행법제 역시 문제를 안고 있다. 특히 다음과 같은 점을 지적할 수 있겠다. 단시간노동자에 대한 대우의 기본원칙은 균등대우원칙으로 잡아야 하고, 단시간노동자가 동일가치의 노동 즉 직종, 작업내용, 기능, 책임, 노동밀도, 능률 등의 점에서 동등한 노무를 제공하고 있는 한 동등한 노동조건으로써 대우토록 하여야 할 것이다(다만, 단시간노동자에 대해 노동조건에 격차를 두는 것에 합리성이 있다는 것을 사용자측이 입증할 수 있다면 차별이라고 볼 수 없다. 다시 말해 합리적인 이유 없는 차별만 금지된다). 특히 단결권이나 안전보건면에서는 통상노동자와 꼭같은 보호를 받을 수 있도록 하여야 한다. 다만, 사회보장과 관련해서는 극소시간노동자(예컨대 주 8시간 미만 노동자)를 일정 기간 보호의 대상에서 제외하는 방안을 생각해 볼 수 있다. 합리적인 구별이유가 없을 때는 기본급을 비롯하여 각종 수당, 휴업수당, 퇴직금은 동종(또는 유사) 업무에 종사하는 통상노동자와 동일한 임금률 및 승급률로 계산한 금액(시간급의 경우에는 시간당 임금)을 단시간노동자의 노동시간에 비례하여 지급하여야 한다. 퇴직금, 휴업수당, 휴업보상(재해보상)액 산정의 기준임금은 앞에서 말한 바 있는 일급평균임금이 되어야 한다.

고용관리와 관련해서는 특히 노동시간에 관한 관리를 엄격하게 하여 단시간노동자가 時間主權을 누릴 수 있도록 하여야 한다. 특히 단시간노동자에게는 자신에게 주어진 시간을 어떻게 활용하는가 하는 게 주된 관심사이므로 초과노동의 제한이 중요한 과제이다. 따라서 초과노동시간의 총량을 미리 제한하는 한편 실노동시간과 소정노동시간의 차이를 가능한 한 감축함으로써 초과노동에 대한 사용자의 자유를 제약해야 한다. 또한 단시간노동제도의 취지를 살리기 위해서는 초과노동수당과 관련하여 단시간노동자에 대해서는 소정노동시간을 넘는 초과노동(즉, 법정내초과노동)에 대해서도 초과노동수당을 지급토록 하여야 할 것이다. 단시간노동자의 각종 휴가일수는 통상노동자의 노동시간에 비례하여 산정토록 한다. 단, 연월차유급휴가와 달리 모성보호 및 여성보호기능을 하는 유급산전산후휴가와 유급생리휴가 등은 노동시간에 비례하여 주어질 성격의 휴가가 아니므로 통상노동자와 꼭같이 주어야 할 것이다. 그러나 이 경우 휴가수당은 노동시간에 비례하여 지급토록 하는 것이 합당하다.

단시간노동자의 노동조건은 취업규칙과 노동계약서에 분명히 밝히도록 하여야 하고, 단시간노동자 취업규칙의 작성·변경에는 단시간노동자의 의견이 반영되도록 하여야 한다. 단시간노동과 통상노동 사이의 전환을 인정하는 것이 중요하다. 통상노동자가 단시간노동로의 전환을 요구할 때 사용자는 합당한 이유없이 이를 거부하지 못하도록 하고, 단시간노동자가 통상노동로의 전환을 요청할 때 사용자는 신규채용 때 이들에게 우선권(기대권)을 주도록 한다. 이 두 노동형태 사이의 전환조건은 현행 법령의 틀 속에서 노사가 자율적으로 정하도록 한다. 단시간노동의 활성화를 위한 전제요건(육아휴직제도의 정비와 사용자에 대한 원조조치 등)의 구비를 위한 노력도 중요하다(오문완, 1994: 46-47).

3) 파견노동

노동자파견은 자신이 고용하는 노동자를 타인의 지휘명령하에서 일하도록 하는 것으로 쉽게 인력용역업체를 연상하면 된다. 기존노동법이론에서 볼 경우 그것은 노동자와 사용자라는 2자관계로 구성되던 종래의 노사관계에서 노동자, 파견사업주, 사용사업주라는 3자관계를 예외적으로 인정하는 것인데, 현재는 직업안정법에 의해 노동자공급사업의 한 유형으로 파악되어 금지되고 있다.[4] 그리고 이를 위반할 때는 5년 이하의 징역이나 2천만원 이하의 벌금에 처하도록 하고 있다(직업안정법 제47조).

먼저 노동자파견과 노동자공급의 관계에 대한 이해가 필요하다. 1993년의 노동자파견법안(현행 파견근로자 보호 등에 관한 법률)

---

4) 직업안정법 제33조와 동법 시행령 제33조는 노동조합에 한해 노동부장관의 허가를 받아 국내 노동자공급사업을 할 수 있도록 하고 있다.

이 나오기 전까지 노동자파견은 넓은 의미의 노동자공급의 일종으로서 파악되었으나, 이 법안이 나오면서 양자는 구별되게 되었다. 즉 노동자 공급이란 자신의 지배 하에 있는 노동자를 직접 타인에게 고용시키는 것만을 지칭하는 것으로 바뀌었다. 따라서 노동자파견에서는 파견노동자와 파견사업주간에만 고용 내지 노동계약관계가 성립하고 노동자와 사용사업주 즉 파견을 받은 사업주 사이에는 직접적인 고용 내지 노동계약관계가 성립하지 않음에 비해서, 노동자 공급에서는 노동자 공급을 받아 이를 사용하는 사업주와 노동자 사이에 직접적으로 고용 내지 노동계약관계가 성립하는 점에서 양자는 근본적으로 차이가 있다. 현재 입법적으로 합법화된 것은 전자인 노동자 파견뿐이고 노동자 공급은 특히 국내 노동자 공급사업은 여전히 직업안정법 제33조에 의해 금지되어 있다.[5]

많은 논란을 거치면서 특히 1997년말부터 몰아닥친 IMF 사태라는 미증유의 경제적 어려움이 계기가 되어 노동자파견법은 성립되었다. 그 개괄적인 내용은 다음과 같다. 우선 노동자파견이라는 개념을 파견사업주가 노동자를 고용한 후 그 고용관계를 유지하면서 노동자파견계약의 내용에 따라 사용사업주의 지휘·명령을 받아 사용사업주를 위한 노동에 종사하게 하는 것이라고 정의하였다(동법 제2조 1호).

파견대상업무는 두 종류로 나뉘는데, 전문지식과 기술, 경험 등

5) 노동자공급사업에서는 노동자가 계속 공급업자의 지배를 받고 강제노동과 중간착취를 당할 가능성이 있고, 또 공급상대방이 공급노동자와 고용계약을 체결하지 않아 실제로 노동자를 사용하는 자가 노동보호법규상의 사용자책임을 회피하기 쉽게 되므로 여전히 금지된다(임종률, 2004: 586).

을 필요로 하는 업무는 대통령령으로 정하는 업무가 그 대상이 되고(positive system) 단순업무의 경우에는 출산이나 질병, 부상 등으로 결원이 생기거나 임시적·간헐적으로 인력확보가 필요할 때 법령으로 금지하는 업무를 제외하고는 파견대상이 되도록 한다(negative system). 후자의 경우 사용사업주는 노동조합 또는 노동자대표와 사전에 성실히 협의하여야 하고, 건설현장업무, 항만·철도 등의 하역업무, 선원업무, 유해·위험업무 등에서는 노동자파견이 허용되지 않는다(동법 제5조).

파견기간은 전문지식·기술 또는 경험 등을 필요로 하는 업무는 1년 이내를 원칙으로 하되, 파견사업주·사용사업주·파견노동자간의 합의가 있을 경우 1회에 한하여 1년 더 연장이 가능하다. 출산·질병·부상 등 그 사유가 객관적으로 명백한 경우에는 그 사유가 해소되는 데 필요한 기간 동안 파견이 가능하다. 계절적 요인 등 일시적 사유로 인력확보가 필요한 경우에는 3월 이내를 원칙으로 하되, 당사자간의 합의로 1회에 한하여 3월 더 연장이 가능하다(동법 제6조). 파견노동이 사회전체의 시각에서 볼 때 긍정적인 평가를 받을 수 있는 가장 큰 이유는 고용시장의 확대 내지 고용창출에 있다. 달리 말하자면 파견노동의 도입이 기존 정규노동자에게는 부정적인 효과가 없다는 것이 전제가 되어야 한다. 때문에 파견이 허용될 수 있는 사업과 기간에 제한을 두는 것은 필수적이라고 하겠다.

파견법에 의하면, 사용사업주는 2년을 초과하여 계속적으로 파견노동자를 사용할 수 없다. 만약 2년을 초과하여 사용한 때에는 2년만료일의 다음날부터 사용사업주가 파견노동자를 고용한 것으로 본다(제6조제2항). 그런데 이 규정과 관련하여 문제될 수 있는 것은 2년이 특정 파견노동자의 사용기간의 최장한도인가 아니면 어떠한 파견노동자이든 불문하고 계속사용기간의 최장한도인가 하는 점이다. 노동법상 상시고용이 원칙이라는 점, 그러므로 파견노동자의 사용은 상시허용업무든 일시허용업무든 상시고용을 계속적으로 대체하기 위해 사용되어서는 아니된다는 점에 비추어 보면 후자로 해석하여야 할 것이지만, 법문의 표현 즉 당해 파견노동자가 명시적인 반대의사를 표시하는 경우를 제외한다는 단서규정을 보면 전자를 염두에 두고 규정된 것으로 보인다.

그리고 이와 관련하여 또 문제될 수 있는 것은 2년의 기간제한을 회피하기 위하여, 일시적인 中間休止期間을 두고 반복하여 파견노동자를 사용하는 경우이다. 이 점에 관해서는 독일의 예를 참조하여 직전 파견기간의 일정비율(독일의 경우 25%)이내에서 재사용하면 당해 기간을 통산하도록 하는 것이 타당할 것이다.

노동자파견사업은 노동부장관의 허가를 받아야 가능한데, 노동자파견사업의 허가를 받기 위해서는 노동자파견사업을 적정하게 수행할 수 있는 자산과 시설 등을 갖춰야 하며 근로기준법, 직업안정법 등을 위반하여 처벌을 받은 자에게는 일정 기간 허가가 제한된다. 허가의 유효기간은 3년으로 하되, 3년후 갱신이 가능하다(동법 제7조-제10조). 한편 노동자파견법은 노동자파견의 제한에 관하여 규정하고 있는데, 파견사업주는 쟁의행위중인 사업장에 그 쟁의행위로 중단된 업무의 수행을 위해 노동자를 파견해서는 안되고 사용사업주는 경영상의 이유로 해고를 한 후 그 업무에 일정 기간 파견노동자를 사용해서는 안된다(동법 제16조).

파견노동자의 보호를 위하여 법은 파견사업주와 사용사업주의 의무에 관하여 정하고 있다. 그 내용은 파견중인 노동자의 임금·재해보상 등에 관한 사용자의 의무는 파견사업주가 부담토록 하고, 노동시간·휴게·휴일 및 산업안전보건법상의 의무는 사용사업주가 부담한다는 것이다(동법 제23조-제33조). 한편, 파견노동자를 사용하기 위해서는 사용사업주와 파견사업주간에 노동자파견계약을 서면으로 체결해야 하는데, 동 계약서에는 파견노동자가 행할 업무의 내용, 근무하는 사업장의 명칭과 소재지, 파견기간, 노동자파견의 대가 등이 포함되어야 한다. 파견사업주가 노동자를 파견할 때에는 동 계약의 내용을 노동자에게 미리 알려줘야 한다(동법 제20조).

<파견사업주와 사용사업주의 근로기준법상 사용자책임의 분배>

사용자 책임의 소재	적용되는 근로기준법 규정
파견사업주	제22조 내지 제36조(계약기간, 근로조건의 명시, 근로조건의 위반, 위약예정의 금지, 전차금상쇄금지, 강제저축의 금지, 해고 등의 제한, 경영상 이유에 의한 해고의 제한, 해고예고, 정당한 이유없는 해고 등의 구제신청, 퇴직금제도, 금품청산 등) 제38조(사용증명서), 제40조(근로자의 명부), 제41조(계약서류의 보존) 제42조 내지 제47조(임금지불의 방법, 도급사업에 대한 임금지급, 비상시지불, 휴업수당, 임금대장), 제55조(연장근로 등에 대한 가산임금지급) 제59조(연차유급휴가), 유급휴일 및 유급휴가시의 임금 제62조(최저연령과 취직인허증), 제64조 내지 제66조(연소자증명서, 미성년자의 근로계약과 임금청구), 제74조(여자 및 연소자에 대한 귀향여비) 제81조 내지 제95조(재해보상)
사용사업주	제49조 내지 제54조(근로시간, 변형근로시간제, 연장근로의 제한, 휴게, 휴일), 제56조 내지 제58조(근로시간계산의 특례, 월차유급휴가, 근로시간 및 휴게시간의 특례), 제60조(유급휴가의 대체), 제61조(근로시간·휴게·휴일규정의 적용제외) 제67조 내지 제73조(여자와 연소근로자의 근로시간, 야간·휴일·시간외·갱내근로의 금지, 생리휴가, 산전후휴가, 육아시간), 제75조(연소근로자에 대한 교육시설)
양 자	위에서 언급되지 않은 나머지 조항. 사용사업주의 귀책사유로 파견사업주가 근로자의 임금을 체불한 경우에 제42조(임금지불방법) 및 제66조(미성년자의 임금청구)의 적용. 파견사업주와 사용사업주가 근로기준법을 위반하는 내용을 포함한 근로자파견계약을 체결하고 그 계약에 따라 파견근로자를 근로하게 함으로써 동법을 위반한 경우

그런데 적어도 현행법에 다음과 같은 사항은 보완될 필요가 있다. 첫째로, 파견사업주의 임금체불 등 일정한 사유가 있는 경우에는 사용사업주에게도 연대책임을 지우는 방안이 검토되어야 할 것이다. 둘째로, 파견노동자의 노동기본권이 보장되어야 함은 물론이다. 이 경우 파견노동자의 노동기본권이 실효있게 행사될 수 있도록 일정한 경우 사용사업주도 집단적 노사관계법상의 사용자로서의 지위에 있음을 확인할 필요가 있고, 파견노동자들의 자조적인 단체에게도 파견계약에 관한 참가권을 보장하여야 할 것이다.

4) 사내하도급

노동자 공급과 노동자 파견의 구분이 애매한 것처럼 도급과 노동자 파견의 개념도 애매하다. 노동자파견과 도급은 공급자가 노동자와 고용관계를 맺는다는 점에서 동일하지만, 지휘감독의 주체가 공급자인가 사용업체인가하는 점이 다르다. 즉 노동자의 지휘감독 주체가 공급자이면 하도급이고, 사용업체이면 노동자 파견이 된다. 현행 법제 하에서는 노동자 파견이 금지되어 있음에도, 형식적으로 지휘감독의 주체가 노동자 공급업자이기만 하다면 얼마든지 합법적인 도급업체로 인정받을 수 있다.

본래 도급이란 민법상의 의미로는 일의 완성을 목적으로 하는 노무공급계약인데, 현실에서 보면 발주기업으로부터 업무를 주문받은 기업이 자신이 직접 고용한 노동자를 또한 직접 지휘감독하여 작업을 마치고 대가를 발주자로부터 받는 것을 말한다. 따라서 수급기업은 독립된 사업체이며 노동계약책임과 사용자 책임은 원칙적으로 수급기업이 맡는다. 그런 점에서 도급은 노동자 파견과는 완전히 구별된다고 할 수 있지만 실제로는 파견업을 하면서도 외형상으로는 도급사업의 형태를 취하고 있는 경우가 많다(김유성, 1994: 7).

그래서 노동부는 불법적인 노동자파견사업과 합법적인 도급사업을 구별하기 위하여 다음과 같이 노동부 예규로 정하고 있다(권혜자, 1997: 57).

> 국내 노동자 공급 사업허가 관리규정(노동부예규 제259호) 제2조(도급 등과의 구별)
>
> ① 노동자를 타인에게 제공하여 사용시키는 자는 다음의 각호에 해당하는 경우를 제외하고는 공급사업을 행하는 자로 본다.
>
> 1. 노동자를 공급한 자가 그 노동자의 업무수행, 노동시간, 배치결정과 그 변경 및 복무상 규율에 관한 사항에 대한 지시 기타 관리를 스스로 함으로써 실질적으로 지휘감독하는 경우
> 2. 노동자를 공급한 자가 스스로 제공하는 기계, 설비, 기재(업무상 필요한 간이한 공구를 제외한다) 또는 재료나 자재를 사용하거나, 스스로의 기획 또는 전문적 기술과 경험에 따라 업무를 행하는 경우로서 단순히 육체적 노동을 제공하는 것이 아닌 경우
> 3. 노동자를 공급한 자가 소요자금을 자기 책임하에 조달 지변하며 민법, 상법 기타 법률에 규정한 사업주로서의 모든 책임을 부담하는 경우
> 4. 노동자를 공급한 자가 그 노동자에 대하여 법률에 규정된 사용자로서의 모든 의무를 부담하는 경우
>
> ② 제1항 각호에 해당하는 경우라도 그것이 법 제33조 제1항의 규정에 위반하는 것을 면하기 위하여 고의로 위장된 것으로

서 그 사업의 본 목적이 노동력의 공급일 때에는 공급사업을 행하는 자로 본다.

그러나 행정해석에 지나지 않은 노동부예규로 이 문제를 정리하려는 것은 지나치게 소극적인 태도라고 생각된다. 이와 관련하여 일본의 법제도를 주의깊게 살펴볼 필요가 있을 듯하다. 일본 직업안정법 시행규칙 제4조는 제1항에서 다음 4가지 요건을 모두 갖추어야 도급에 해당한다는 취지를 분명히 밝히고 있다.

1. 작업의 완성에 관하여 사업주로서의 재정상·법률상의 모든 책임을 지는 자일 것
2. 작업에 종사하는 노동자를 지휘감독하는 자일 것
3. 작업에 종사하는 노동자에 대하여 사용자로서 법률에 규정된 모든 의무를 지는 자일 것
4. 스스로 제공하는 기계, 설비, 기재 또는 그 작업에 필요한 재료 자재를 사용하거나 기획 또는 전문적 기술이나 경험을 필요로 하는 작업을 행하는 자로서 단지 육체적인 노동력을 제공하는 자가 아닐 것

그리고 이들 요건에 해당한다고 하여도 그것이 노동자공급사업 금지규정에 위반하는 것을 면하기 위하여 고의로 위장된 것으로 그 사업의 참목적이 노동력공급에 있을 때는 노동자공급사업을 행하는 자로 본다(동조 2항).

어쨌든 도급업체는 노동자에 대한 실질적인 지휘감독, 생산수단의 보유, 자금운용 등의 측면에서 주문업체에 대하여 사업주로서의 독립성을 가지고 있어야 한다. 그리고 독립성을 가진 경우라도

노동력의 공급을 목적으로 한 위장일 때에는 노동자 공급사업에 해당되어 위법이 된다. 이러한 규정은 불법적인 노동자공급을 막기 위한 장치이면서도, 그만큼 도급과 노동자파견의 경계가 애매하다는 것을 보여준다.

이렇듯 대다수의 불법 노동자 파견업체가 하도급으로 등록하고 있는 경우, 도급업과 파견업을 구분해 내는 것은 개념적으로는 가능하지만, 현실적으로는 대단히 어렵다. 특히 도급이 제조업체의 사내 하도급인 경우에는 그 구분이 더욱 모호할 수 밖에 없다. 이 경우에 도급과 파견의 구분방법은 실제로 노동자에 대한 지휘감독을 하청회사에서 하고 있는가, 혹은 원청회사에서 하고 있는가의 차이이다.

제조업 사내 하도급의 경우 지휘감독의 주체는 다양하게 나타날 수 있다. 원청회사에서 일정한 공정이나 작업을 사내하청으로 주었을 경우, 지휘감독은 ① 원청회사에서 하청노동자를 지휘감독하는 경우, ② 하청회사에서 하청노동자를 지휘감독하는 경우, ③ 부서나 공정에 따라 원청과 하청이 함께 지휘감독을 하는 경우, ④ 하청업체에서 형식상의 지휘감독자를 두고 원청에서 지휘감독을 하는 경우 등이 존재하며, 이는 필요에 따라 언제든지 바뀔 수 있다.

또 하청업체의 입장에서 볼 때 사외하청과 사내하청을 동시에 수행할 수도 있다. 대기업의 협력업체로 표현되는 하청업체에서는 원청으로부터 독립적인 공정을 도급받아 별도의 사업체에서 도급을 수행하면서, 노동자들의 일부를 원청회사에 들여보내 원청회사의 지휘감독을 받게하는 경우도 있다. 이 경우 하청업체에서 원청업체로 파견된 노동자들은 파견 노동자인지 도급 노동자인지 분명히 구분되지 않는다. 하청업주조차도 그것이 노동력 공급과 도급이라는 동시적인 목적을 가지고 있음을 부인하지 않는다. 이러한 개념상의 모호성은 용역노동자와 파견노동자, 그리고 하청 노동자를 혼동하게 하는 중요한 이유이다. 이렇게 세가지 개념이 중첩되어 나타나고 혼동되는 이유는 용역노동자, 파견노동자, 사내하청노동자 모두가 사용자가 직접 노동자를 지휘감독을 하든 하지 않든 간에 모두 저임금 노동력 수급의 목적을 가진 인력공급의 성격을 갖고 있기 때문이다(권혜자, 1997: 58).

따라서 하도급근로자의 보호를 위해서는 그 근로자의 사실상의 사용자가 누구인가를 확정하는 작업이 필요하다. 만약 그 근로자가 하도급사업주와의 계약을 통하여 그의 노무지시권 행사에 따라 작업을 해왔다면 하도급근로자의 사용자는 그 하도급 사업주임이 분명하다. 그러나 그 사업주는 명목상의 사용자에 불과하고 사실상 노무지시는 원기업(도급업체)이 행해 왔다면 그 실질에 따라 도급업주가 사용자가 된다고 보아야 할 것이다. 하도급기업이 전체로서 도급업체의 노무지시를 받을 때도 그 도급업체가 사용자가 된다고 보아야 한다고 해석한다.

5) 가내노동과 재택노동

가내노동은 산업화과정에서 주로 저소득층의 기혼여성을 중심으로 꾸준히 이어져 온 고용형태이다. 고용형태 다양화의 한 모습으로 앞으로는 하도급에 의한 가내노동이 더욱 활성화할 것으로 보인다. 경영합리화를 구실로 장차 기업들이 단순노동은 직접적인 노동관계를 맺지 않은 채 주문(물량) 변동에 따라 손쉽게 동원할 수 있는 노동력을 활용할 것이기 때문이다. 더욱이 위탁업자와 수급업자간의 계약에 의한 생산분업관계인 하도급이 확산되면서 최종단계로 가내노동이 선호될 것이라는 전망이다.

아직까지 우리나라에서는 가내노동에 관한 연구가 부진할뿐더러 그 법적 개념조차 잡혀 있지 않은 실정이다. 그런데 이미 ILO는 제177호 협약인 「가내노동에 관한 협약」(1996)에서 「가내노동(homework)는 가내노동자(homeworker)라고 불리는 사람들에 의해 수행되는 일을 의미한다」고 정의하고 법적 보호를 꾀하고 있다. 그리고 그 개념표지로 가내노동자가 국가법규나 법원의 결정에 따를 때 자영노동자로 간주되는 데 필요한 정도의 자율성이나 조건들을 갖추지 않을 것을 전제로 ① 그의 집에서 또는 (사업주가 제공한 장소가 아닌) 그가 선택한 다른 장소에서, ② 보수를 위하여, ③ 사용되는 장비, 재료, 또는 투입물의 제공자가 누구든지 간에 사용주에 의해 정해진 재화나 용역을 생산하는 것을 제시하고 있다. 그리고 노동자가 때때로 그들의 일상적 작업장이 아닌 집에서 일하는 경우는 이 협약에서 가내노동자로 보지 않는다고 못박고 있다. 고용주는 직접 또는 중개인을 통해서 사업활동의 일환으로 가내작업을 제공하는 자연인 또는 법인을 의미한다고 정의한다(동 협약 제1조).

가내노동자는 과다한 작업량을 떠맡는다든가 기계·작업용구의 사용과 관련된 산업재해, 위탁자에 의한 정당한 이유없는 계약의 해지 등의 위험에 노출되어 있다. 즉 가내노동자들은 특별한 전문기술이 없는 한 대부분 단순작업을 하면서 일반노동자에 비하여 임금이나 노동조건, 작업환경, 고용안정에서 훨씬 열악한 상황에서 일하고 있다는 것이다. 때문에 가내노동자의 개념을 분명히 하고 이들을 법제도적으로 보호할 수 있는 방안을 강구하여야 할 것이다.

한편 정보화와 더불어 가내노동의 한 형태로 볼 수 있는 재택노동(telework 또는 telecommuting)가 유연화된 근무형태로 널리 확산되고 있는 추세이다. 아직 우리나라에서는 일반화되고 있지 않으나 컴퓨터 관련 직종과 영업직 등을 중심으로 확산되고 있다. 그런데 최근 개정된 노동기준법에서 도입하고 있는 재량노동제를 제외하고는 재택노동에 관한 법적 장치가 없어 재택노동의 도입 및 활성화에 장애가 되고 있다.

ILO 및 선진각국에서도 현재 재택근무에 대한 조사연구가 진행되고 있으나 재택노동자에 대한 별도의 입법은 찾아보기 어렵다. 다만 독일의 경우에서와 같이 유사노동자(인적 종속성의 정도가 낮거나 종속되지 않은 것으로 여겨져 노동자로 보기 어려우나 경제적으로는 종속되어 있어 독립 자영업자로 보기도 어려운 경우)의 개념을 규정하여 재택노동자에게 노동법을 일부 적용하는 경우가 있다.

재택노동은 여성잠재인력 활용 등을 비롯한 고용기회의 확대, 노동자 삶의 질 개선, 교통난 해소 등에 기여할 수 있으므로, 이에 대한 법제도적 정비가 필요하다. 따라서 우선 노동시장의 변화에 맞는 노동자 개념을 재정립하고, 재택노동자의 임금, 노동시간, 휴일·휴가, 산재보상 판단 등에 대한 기준을 마련하는 것이 중요하며, 재택노동의 확산과 발맞추어 별도의 입법을 마련해야 할 것이라고 한다(어수봉, 1997: 21-22).

4. 공통의 쟁점사항

이들 비정규노동자에 대한 처우는 그 담당하는 업무나 신분상의 특성으로 말미암아 조금씩 달라지기 마련일 터인데 이들에 대한 대우를 정할 때 꼭 염두에 두어야 하는 것은 헌법상의 평등권 문제, 노동기준법상의 균등대우 문제이다. 특히 동일가치노동 동일임금원칙과 관련하여 문제가 된다.

남녀고용평등법 제6조의 2는 '동일가치노동 동일임금 원칙'을 명시하고 있는데, 이 조항은 우리 현실상 가장 차별 대우를 받고 있는 여성 노동에 대한 보호를 목적으로 한 규정이라고 이해할 수 있다. 그러나 이 원칙은 남녀간의 임금차별금지에만 적용되는 것은 아니다. 이 원칙은 헌법상의 평등권조항(제11조)을 비롯하여 근로기준법 제5조의 차별대우금지(균등처우원칙) 조항에서도 도출될 수 있다고 생각된다. 그리고 보다 직접적인 규정으로는 「경제적, 사회적 및 문화적 권리에 관한 국제규약」 제7조를 들 수 있다. 동조 (a)(1)은 모든 노동자에게 공정한 임금과 어떠한 종류의 차별도 없는 동일가치노동에 대해 동일한 보수(fair wages and equal remuneration for work of equal value without distinction of any kind)를 지급할 것을 정하고 있다.

따라서 동일가치의 노동 즉 직종, 작업내용, 기능, 책임, 노동밀도, 능률 등의 점에서 동등한 노무를 제공하고 있는 한 동일한 임금이 주어져야 할 것이다. 그런데 우리나라의 경우 임금체계와 임금 결정의 틀을 보면 구미 각국과는 달리 동일노동인가 아닌가를 엄밀하게 묻지 않은 채 임금은 연령, 학력, 근속년수라는 속인적 요소에 의해 결정되는 경우가 많다. 그리고 제공하는 노동에 따른 급여부분만이 아니라 생활보장을 취지로 하는 급여부분도 많다. 만약 동일가치노동 동일임금 원칙이 구미 제국에서 이해하는 바와 같이 직무평가를 불가결한 전제로 하고 있다고 생각하면 우리나라의 임금 결정 틀 자체를 근저에서부터 뜯어고쳐야 한다는 얘기가 된다. 직무평가를 통한 임금결정방법에 관한 노사간 합의형성이라는 조건이 성숙하지 않는 한 엄밀한 의미에서 이 원칙을 실시하는 것이 불가능에 가깝다고 볼 수도 있겠다.

그러나 근로기준법 제5조 및 「경제적, 사회적 및 문화적 권리에 관한 국제규약」[6] 제7조는 동일가치노동 동일임금 원칙을 예정하고 있다고는 해도 직무평가의 도입까지를 요청하는 규정이라고는 해석하기 어렵다(반드시 직무평가를 통한 동일임금 지급이 의무화되어 있는 것은 아니다). 임금결정방법은 계약당사자의 자유에 맡겨져 있다고 이해되기 때문이다. 달리 말하자면 직무내용의 가치(value of job content)만으로 동일임금 지급 여부를 결정할 수는 없고, (동일직무에 대한 동일임금만이 아니라 동일 연공에 대한 동일임금, 동일 능력에 대한 동일임금 등) 각 기업의 임금결정요소에 상응하는 기준을 동일가치노동의 기준으로 삼으면 된다는 것이다. 남녀고용평등법 제6조의 2 제2항에서는 그 기준을 노동수행에서 요구되는 기술, 노력, 책임 및 작업조건이라고 제시하고 있다.

다만, 임금에 격차를 두는 것에 합리성이 있다면 그 한도에서 차별대우도 합리적임은 물론이다. 판례도 "근로기준법 제5조에서 말

---

6) 우리나라는 1990.6.13. 이 조약을 비준하여(조약 제1006호) 1990.7.10. 부터 국내법률과 같은 효력을 가지고 있다.

하는 남녀간의 차별적 대우란 합리적인 이유 없이 남성 또는 여성이라는 이유만으로 부당하게 차별대우하는 것을 의미한다"고 하여 합리적인 이유 없는 차별만을 금지하고 있다. 행정해석에서 합리적인 차별이라고 판단하는 예로는 근속년수에 따른 상여금 지급률의 차등, 개인적 직무, 기능, 능률, 근무부서의 난이도에 따른 상여금 지급 차등, 근무부서 난이도에 따라 상여금, 학자금 및 근속수당을 차등 지급하기로 합의한 경우 등이 있다.

5. 비정규노동에 대한 기본 시각의 정립

이상 비정규노동자의 법적 지위를 어떻게 이해할 것인지를 살펴보았다. 그리고 무엇보다도 균등처우라는 데 주목하여 문제에 접근하여야 한다는 점도 지적하였다. 글을 마무리하면서 애당초 비정규노동에 대한 우리의 시각 자체에 대해 검토할 필요는 없는지를 생각해 보기로 한다. 실상 비정규노동의 문제는 노동유연성을 살린다는 차원에서 접근해 왔는데 이를 위해서는 규제가 완화되어야 하는지 아니면 적절한 규제가 필요한지에 대한 신중한 검토가 요망된다.

오늘날 노동시장의 효율성을 높이는 방법으로서 노동입법의 중요성에 관해 활발한 논의가 전개되고 있는데 이 논의는 크게 두 가지로 가닥을 잡을 수가 있다. 하나는 규제강화에 반대하는 견해로 노동입법에서 지나친 규제가 고용제도의 경직화를 초래한다고 한다. 이 견해는 역동적인 경제절차와 시장의 탄력성을 확보하기 위해 노동시장에 대한 규제를 하지 않는 것이 좋다고 한다. 이들은 특히 경직된 임금구조, 노동시간에 대한 엄격한 규제, 고용보장법제, 그리고 해고에 대한 보호규정 등의 탄력화를 꾀해야 한다고 주장한다.

반대로 규제강화론자는 노동입법의 분야에서 노동자보호의 필요성을 강조하면서 바람직한 소득 수준과 노동조건에 관한 노동자측의 욕구를 충족시키는 가운데 생산 절차면에서 기술적으로 필요한 재구축을 기하는 것이 중요하고, 노동시장에서의 당사자간의 협력 촉진이 필요하다고 한다. 전자는 노동유연성 가운데 수량적 유연성을 강조하는 입장이고 후자는 기능적 유연성을 강조하는 입장이라 할 수 있다.

주의할 것은 국가간의 경쟁이 심화하고 특정 소비자의 기호에 맞는 상품을 생산하여야 한다는 요청 때문에 노동시장의 내부적 유연성과 기능적 유연성이 더욱 중요해지고 있다는 사실이다. OECD는 "업무간의 작업이동 원활화, 작업간의 단절 완화, 작업설정의 유연성 제고, 훈련과 재훈련 등 기능적 유연성이 노동시간과 고용량을 조정하는 수량적 유연성과 노동의 양을 지나치게 중시하는 포드주의를 명백히 뛰어넘고 있다."(Melvin M. Brodsky, 1994: 59)고 결론짓고 있다. 이러한 외국의 경험을 바탕으로 하여 노동유연성 문제에도 접근하여야 할 것이다.

즉 생산적인 노동유연성은 단순한 규제완화가 아니라는 점이다. 이는 작업조직과 기업조직을 다양하게 결합하여야 한다는 것을 시사해준다. 한편으로는 노동자의 숙련을 향상시키고 교육훈련에 집중투자를 하여 고능률작업장을 만들어야 한다. 또 한편으로는 노동자들의 직장귀속의식을 고취시키고 장기간에 걸친 노사협조체제를 구축할 수 있도록 하여야 한다. 비정규노동의 문제 역시 이런 차원에서 접근하여야 한다는 것을 의미한다. 기실 외국에서도 비정규노동자에 대해서도 일반 노동자와 같이 보호한다는 원칙은 지켜지고 있다.

VIII. 특수고용의 법리

1. 머리말

산업구조가 고도화하고 노동력구조가 변화함에 따라 점차 고용·취업형태가 다양화하고 파견노동자, 하도급노동자, 단시간노동자와 같은 비전형노동자가 늘어나게 된다. 이렇듯 비전형노동자가 증가하는 원인은 노동수요 측면에서는 극소전자화(ME화)와 서비스경제화의 진전에 따른 비전형노동에 대한 수요증가이다. 노동공급 측면으로는 여성화, 고령화, 고학력화 등으로 불리우는 노동력구조의 변화이다. 이에 따라 고용기간의 일시성, 근무시간의 탄력성 등을 확보할 수 있는 비전형적 형태의 근무를 원하곤 한다. 또한 취업난과 구인난이 병존하는 인력수급의 불균형현상의 대처방안으로 종합적 고용정책을 추진하는 정부의 노동정책도 영향을 미치고 있다.

그런데 이러한 '고용·취업형태의 다양화 현상'의 결과 종신고용제나 연공서열형 임금체계 등 통상적인 노동자를 기반으로 한 종래의 고용관행이 붕괴되는 것이 아닌가 하는 의문이 제기되기도 한다. 또한 이러한 현상은 이른바 정규노동자의 보호를 주로 염두에 두고 만들어진 현행 노동법제와 노동법학에 대해서도 새로운 문제를 제기하고 있다(오문완, 2002; 상세한 것은 이 책의 Ⅶ. 1. 참조).

이와 같이 비전형노동자인 경우에는 (노동시간이 짧다거나 노동계약기간이 짧다는 등의) 정규노동자와는 다른 특성으로 인하여 그에 합당한 다른 대우를 받느냐 아니냐 하는 게 논의의 핵심이다. 그런데 산업의 발달로 인하여 고용형태가 더욱 다양화하는 가운데 이제는 그 노동자성조차 의심할 수밖에 없는 취업자들이 등장한다. 예를 들면 보험회사의 외무원, 전기·가스 점검원, 서적·자동차 판매원, 라디오·TV에 출연하는 연애인, 프로운동선수, 무용단의 무용수, 교향악단의 악단원과 같은 경우에는 고용형식, 직무내용, 근무형태, 보수지급방법 등이 일반 노동자의 경우와 현저히 다른 것이 보통이기 때문에 근로기준법상의 노동자인지의 여부가 문제되는 경우가 많다. 이미 골프장 캐디나 학습지교사를 비롯하여 상당수 특수고용형태의 취업자와 관련하여 법원에서 판단을 내리고 있기도 하다. 이러한 독립사업자 형태의 노동자 문제에 관해서는 노동자에게 일방적으로 불리한 계약을 맺은 상태에서 사용자 책임을 회피하는 기업들의 횡포로 노동법상의 제반 권리를 박탈당한 채 항상적인 계약해지 위협과 노동조건 악화에 시달리고 있다는 비난이 가해진다(박승흡, 2001). 이에 대해 업계에서는 학습지교사의 경우를 예로 들어 반론을 제기한다. 대부분 학습지업체는 4년제 대졸 중심의 일반공채형식으로 채용한 정규직원(비정규 계약 노동자 포함)과 민법상 자유소득업자인 위탁사업자, 외부 파견사를 통해 업무를 대행케 하는 소수의 파견인력을 포함 탄력적이고 다양한 인력운용형태를 보이고 있다는 것이다. 학습지 교사의 특징을 고려해 볼 때, 학습지 교사는 위탁수행시간(출·퇴근), 업무수행 과정에서의 사용자의 구체적인 지휘감독, 보수의 노무 대가성, 회사의 제재(징계) 권한행사, 업무의 전속성, 업무의 성질과 내용 등 실질적 내용을 살펴볼 때 사용종속 관계가 인정되는 노동자로 볼 수 없으며, 민법상 위임에 관한 법리가 적용되어야 마땅하다고 한다(학습지산업 협의회, 2001).

이렇듯 첨예하게 이해가 엇갈리는 비전형노동의 문제에 대하여 우리는 과연 어떻게 접근하여야 할 것인가? 이 문제는 단순하게 비전형노동자를 어떻게 보호할 것인가 하는 문제로 국한되는 게 아니라 정규노동자와의 조화 문제, 취업준비계층과의 이해 조정 문제 등이 얽혀 있는 복잡다단한 것이라는 점을 염두에 두면서 접근하여야 한다. 그렇지 않으면 문제를 더 복잡하게 엮어 갈 위험도 있다. 이들의 경우 애당초 노동관계의 존부 내지 노동자성이 문제되고 있는 것은 이들이 노무를 공급하는 모습이 노동관계의 요소와 노동관계의 요소로 볼 수 없는 것들이 혼합되어 나타난다는 데서 비롯한다. 특히 각 산업 내지 직업분야의 직무수행의 특수성, 기업에서의 노무관리의 특성 등으로 노동관계의 모습이 다양하게 생성되고 있는데, 이러한 경우에 노동관계의 존부를 일률적으로 결정한다는 것은 그만큼 어려운 일이다.[1)]

---

1) 이 문제를 해결하기 위하여 노사정위원회는 비정규직노동자대책특별위원회를 구성하여 다양한 논의를 전개하고 있으나 뚜렷한 대안을 제시하고 있지는 못하다. 상세한 내용은 동 특별위원회 홈페이지 http://www.lmg.go.kr/kor/index2.htm에서 찾아볼 수 있다. 특히 노사의 공방

이 글에서는 이와 같이 노동자성 유무가 애매한 고용형태를 '특수고용형태'라 부르기로 하는데, 특수고용관계는 종속적 노동의 모습(노동계약적 특성)과 함께 독립적 노동의 모습(민법상의 계약적 특성)을 아울러 가지고 있는 노무공급관계를 뜻한다. 계약의 외형은 도급이나 위임이라는 형식을 띠고 있는데 그 계약이 실행되는 모습은 노동관계와 차별성을 (쉽사리) 찾기 어려운 노무공급관계가 그러하다 이들의 고용에 관한 법리를 탐색하는 작업이 이 글의 목적이다.

2. 노동자성의 판단

이렇듯 특수고용형태로 취업하고 있는 계층의 법률관계를 논할 때 그 노동자성의 유무 판단은 가장 시급한 과제가 되고 있다. 그런데 기실 어떠한 사람을 노동자로 부르는지에 대해서 추상적인 합의는 이루어지고 있지만, 개별 사례에서 구체적으로 판단한다는 게 쉬운 일은 아니다. 따라서 먼저 노동자란 어떠한 사람을 뜻하는지가 규명되어야 한다.

1) 노동자의 개념 표지

실정법에서 노동자에 관한 정의규정을 두는 경우로는 근로기준법(이하 '근기법')이 대표적인데, 동법 제14조는 "직업의 종류를 불

에 대해서는 김재훈, 2002 참조.

문하고 사업 또는 사업장에 임금을 목적으로 노동을 제공하는 자"를 노동자라고 파악한다. 한편 노동조합및노동관계조정법(이하 '노조법') 제2조 1호는 "직업의 종류를 불문하고 임금, 급료 기타 이에 준하는 수입에 의하여 생활하는 자"를 노동자로 본다. 근로자직업훈련촉진법 제2조 3호에서는 "사업주에 고용된 자와 취업할 의사를 가진 자"가 노동자이다. 이와 같이 노동자 개념이 통일되지 않고 법마다 차이가 나는데 그것은 그 법의 목적에 따라 규율대상을 달리하기 때문이다. 가장 논란이 되고 있는 근로기준법과 노조법상의 노동자 개념에 대해 생각해보자. 학설은 노조법상 노동자의 개념은 근로기준법상 노동자의 개념보다 넓은 것으로 이해하여 노조법상 노동자에는 현실적으로 취업하고 있는 자뿐만 아니라 '실업자'도 포함되는 것으로 해석하는 것이 일반적 견해이다. 그 이유는 근로기준법과 노조법의 입법 목적에 차이가 있기 때문인데 즉, 근로기준법은 최저 노동조건 기준의 강제를 목적으로 하는 만큼 현실적으로 사용종속관계에 있는 자만을 대상으로 함에 비하여, 노조법은 노동3권의 보장을 목적으로 하기 때문에 그 대상을 현실적 취업자에 한정할 이유가 없기 때문이라는 것이다(김형배, 2006: 52-53).

그러나 입법의 목적에 비추어 조금씩 차이를 보이기는 하면서도 노동관련 입법에서 공통으로 생각하는 노동자상을 찾아볼 수는 있다. 그것은 노동법에서 말하는 노동자는 사용자에게 노동력을 제공하고 그 대가인 임금을 받아 생활하는 자를 상정하고 있다는 것이다. 그리고 그 속성은 종속노동으로 나타난다. 최근 전통적인 노동법학에 대한 문제가 제기되고 있기는 하지만, 종래 노동법의 문제의식 또는 노동법의 대상은 소위 '종속노동'에 한정된다. 노동의 종속성에 관해서는 여러 가지 견해가 있지만 오늘날 학설이나 판례에서는 사용종속관계를 판단하는 기준을 인격적종속성과 경제적종속성에서 찾는 게 보통이다. 인격적 종속성이란 "노동자가 인적노무급부, 즉 노동자의 신체 및 인격과 분리할 수 없는 노무의 급부를 해야 할 의무를 지기 때문에 생산과정에서 사용자의 지배 아래 놓이게 되는 것", 즉 노무의 타인결정성을 뜻한다. 경제적 종속성이란 "노동자가 노동력 이외에는 계약의 목적물을 가지고 있지 않기 때문에 그의 노동력을 생산수단의 소유자에게 팔지 않으면 생활할 수 없는 경제적 지위"로 인하여 사용자의 지배 아래 놓이는 것을 말한다. 그러면 왜 노동은 종속적이어야 하는가? 그것은 남의 밑에서 일한다고 할 때 그 '일', '노동'이 그러한 특징을 지니고 있기 때문이다. 노동의 특성(다른 상품과는 다른 노동력이라는 상품)은 크게 두 가지를 들 수 있다. 하나는 노동인격이라는 표현에서 보듯이 인격과의 불가분리성이라는 커다란 특징이고, 다른 하나는 노동력은 저장되지 않는다고 하는 (숙명이라고 할만한) 특성이다. 특히 두번째 특성과 관련하여 각종 노동문제는 시작된다고 볼 수 있다. 그리고 불평등이라고 하는 문제가 그 이면에 가로놓여 있다. 구체적인 인간(Mensch; mankind)으로서의 노동자는 자본재를 소유하지 못하고 있다는 데서 문제가 시작된다. 노동운동 또는 노동법이 탄생하는 배경과 관련하여 산업혁명기의 영국노동자계급의 상태를 생각해보자.

자본주의 초기의 노동자계급의 상태에 관해서는 예컨대 엥겔스의

「영국 노동자계급의 상태」에 잘 묘사돼 있다. 당시에는 16-18시간노동이 일반적이었고, 6-8세 아동까지 14-16시간 일하고 있었다. 부인노동자는 분만시간에 이르기까지 공장에서 일하고 분만후 3-4일 후에는 다시 공장에 나와 전과 같이 일했다. 그리고 노동자가 사는 거리는 불결하고 황폐하며, 질병, 빈곤, 타락으로 가득차 있다. 자녀를 둔 여성노동자는 모유를 줄 시간이 없어 자녀에게 마약을 준 후 일하러 나온다고도 한다. 노동자계급의 이러한 상태는 영국에 한정된 게 아니고 미국에도, 독일에도, 프랑스에도 그리고 일본에도 마찬가지였다. 19세기 프랑스노동자의 상태에 관해 연구한 블랑빵(Blanpain)이 지적한 바대로 당시의 노동자들에게 산다는 것은 단지 죽지 않는다고 하는 것일 뿐이었다(外尾健一, 1987: 7-8).

이러한 질곡에서 노동자들을 벗어나게 해주어야 노동자의 생존은 물론 국가의 장래가 보장된다. 민법의 고용계약이 있는데도 불구하고 굳이 노동법이라는 것을 구상하여 사법상의 계약질서에 수정을 가한 것은 다 그러한 이치 때문이다. 사회법의 하나로서 노동법의 존재를 시인케 된 것은 근대법의 인간상과 현대법의 인간의 모습이 다르다는 데서 출발한다. 라드브르흐는 이를 '시민법에서 사회법으로'라고 표현하는데, 한 마디로 근대시민법은 추상적 인격체(Person)를, 사회법(현대법)은 구체적 인간(계급인; Mensch)을 인식의 대상으로 하는 출발의 차이점을 드러내고 있다(구스타브 라드브루흐, 1981). 쉽게 이해하자면 근대시민법은 권위와 재산, 명예를 갖춘 사람 사이의 법률관계를 규율하는데 반해, 사회법은 우리 주변에서 쉽게 마주치는 탐욕스럽고 돈과 권력이 있는 사람과 없는 사람이 섞여 있는 사람의 집합체를 떠올리면 된다. 앞의 집단에서는 계약의 자유가 가능하지만, 뒤의 집단에서는 계약의 자유는 불평등의 온존을 뜻하는 것이다(김유미 외, 2001: 56-57). 다만, 최근에는 경제적 종속성보다는 인격적 종속성을 종속노동의 본질적 지표로 이해하는 게 보통이다. 따라서 법문에는 나타나 있지 않으나 노동자는 타인이 결정하는 노무를 제공하는 자라고 이해하는 게 합당하다.

주의할 것은 노동자성의 판단은 하나의 그룹으로 유형화하여 판단할 것이 아니라 개개의 사안을 검토하여 판단하여야 한다는 점이다. 예컨대 '학습지 교사는 노동자', '보험외무사원은 비노동자' 하는 식의 직업군에 따른 노동자성 인정은 곤란하다는 것이다. 오히려 노동자성이 인정되는 직업군에서도 개별사례에 따라 전체적 상황을 종합적으로 고려하면 노동자성이 부인되는 학습지 교사도 있을 수 있고, 노동자성이 인정되는 학습지 교사도 있을 수 있다. 또한 보험회사의 외근원도 직업형식에 따라 노동자성이 판단되는 것이 아니라, 어느 외근원은 회사와 고용계약을 체결하고 보험모집인을 지원하기 위해서 외근하는 경우도 있을 수 있고 따라서 노동자성이 인정될 여지가 있는 반면에 어느 외근원은 전형적인 자영인으로서 기능하는 경우도 있을 수 있다(강희원/김영문, 2001).

2) 구체적인 판단의 기준

그런데 이렇듯 사용종속관계를 노동자성 판단의 지표로 삼는다고 하여도 그 지표는 과연 어떠한 모습으로 구체화하느냐 하는 문제가 남는다. 개별 사안이 법적 쟁점이 되었을 때 명칭이 문제가 아니라 그 실체가 문제가 된다고 볼 때(예컨대 학습지교사라고 하여도 계약서대로 실제도 위임계약인 경우도 있겠지만 계약과는 달리 실제로는 노동계약인 경우도 있을 수 있다) 사안 사안마다 법적 평가는 달라질 수밖에 없고, 노동법학은 그 구체적인 기준에 관하여 모든 것은 아니라도 상당 부분에 대하여 답을 주어야 하기 때문이다.

이와 관련하여 행정해석은 근로기준법상 노동자라 함은 사용자와의 사용종속관계하에서 임금을 목적으로 노동을 제공하는 자를 말하며, 여기에서 사용종속관계에 해당하는지 여부는 아래와 같은 기준에 따라 판단할 수 있다고 한다. 즉, ① 업무의 내용이 사용자에 의하여 정하여지고 업무의 수행과정도 구체적으로 지휘감독을 받는지 여부, ② 노동자가 업무를 수행함에 있어서 사용자로부터 정상적인 업무수행명령과 지휘감독에 대하여 거부할 수 있는지 여부, ③ 시업과 종업시각이 정하여지거나 사용자의 구속을 받는 노동시간이 구체적으로 정하여져 있는지 여부, ④ 지급받는 금품이 업무처리의 수수료 성격이 아닌 순수한 노동의 대가인지 여부, ⑤ 복무위반에 대하여 징계 등 제재를 받는지 여부 등이다.[2)]

법원 역시 일정한 공식을 정립하고 있다. 그 대표적인 예가 대법원 1994.12.9. 선고, 94다22859 판결이다. 법원은 "근로기준법상의 노동자에 해당하는지 여부를 판단함에 있어서는 그 계약의 형식이 민법상의 고용계약인지 또는 도급계약인지에 관계없이 그 실질에 있어 노동자가 사업 또는 사업장에 임금을 목적으로 종속적인 관계에서 사용자에게 노동을 제공하였는지 여부에 따라 판단하여야 할 것이고, 위에서 말하는 종속적인 관계가 있는지 여부를 판단함

---

2) 1988년의 업무지침(1988.4.25., 근기 01254-6463)이 그 대표적인 예이다.

에 있어서는, 업무의 내용이 사용자에 의하여 정하여지고 취업규칙 또는 복무(인사)규정 등의 적용을 받으며 업무수행과정에 있어서도 사용자로부터 구체적, 개별적인 지휘·감독을 받는지 여부, 사용자에 의하여 근무시간과 근무장소가 지정되고 이에 구속을 받는지 여부, 노동자 스스로가 제3자를 고용하여 업무를 대행케 하는 등 업무의 대체성 유무, 비품, 원자재나 작업도구 등의 소유관계, 보수의 성격이 노동 자체의 대상적 성격이 있는지 여부와 기본급이나 고정급이 정하여져 있는지 여부 및 노동소득세의 원천징수 여부 등 보수에 관한 사항, 노동제공관계의 계속성과 사용자에의 전속성의 유무와 정도, 사회보장제도에 관한 법령 등 다른 법령에 의하여 노동자로서의 지위를 인정받는지 여부, 양 당사자의 경제·사회적 조건 등을 종합적으로 고려하여 판단하여야 할 것이다."라고 판시한다. 기실 이러한 견해는 뉘앙스의 차이는 있지만 이 판결 전후를 통하여 일관성을 보이고 있다고 평가된다(대법원 1972. 3. 28. 선고, 72도334 판결; 대법원 1978. 7. 25. 선고, 78다510 판결; 대법원 1987. 5. 26. 선고, 87도604 판결; 대법원 1992. 4. 14. 선고, 91다45653 판결; 대법원 1996.7.30. 선고, 96도732 판결; 대법원 2000.1.28. 선고, 98두9219 판결 등).

이러한 판례의 태도를 정리하자면 판례는 사용종속관계의 존재 여부에 따라 노동자성을 판단하기로 하고(종속성에 의한 판단), 사용종속관계의 존재 여부는 계약의 형식이나 명칭이 아니라 노무공급관계의 실질에 따라 판단하며(실질적 판단), 노무공급관계의 실질은 이를 둘러싼 제반요소를 종합적으로 고려하여 판단한다(종합적 고려)는 태도라고 이해한다. 이러한 공식이 종래의 판례·학설과 다른 점은 종합적 고려의 대상이 되는 제반요소를 정형화 내지 유형화하였다는 데 있다. 제반요소는 크게 분류하여 지휘명령의 존재여부를 판단하는 요소(지휘명령성의 요소), 보수의 성격과 구성에 관한 요소(임금성의 요소) 및 기타의 요소로 나뉜다. 지휘명령의 요소로 분류되는 것은 ① 노동자가 담당하는 업무의 내용이 사용자에 의하여 정하여지는가, ② 취업규칙·복무규정·인사규정 등의 적용을 받는가, ③ 업무수행과정에 있어서도 노동자가 사용자로부터 구체적이고 직접적인 지휘·감독을 받는가, ④ 사용자에 의하여 근무시간과 근무장소가 지정되고 이에 구속을 받는가, ⑤ 노동자 스스로가 제3자를 고용하여 업무를 대행케 하는 등 업무의 대체성이 있는가 등이고, 임금성의 요소로는 ① 보수가 노동 자체의 대상적 성격을 갖고 있는가, ② 기본급이나 고정급이 정하여져 있는가, 기타의 요소로는 ① 비품·원자재·작업도구 등의 소유관계, ② 노동제공관계의 계속성과 전속성의 유무와 정도, ③ 노동소득세의 공제여부나 사회보장제도에 관한 법령 등 다른 법령 등에 의하여 노동자의 지위를 인정받는지 여부, ④ 당사자의 경제·사회적 여건 등이 이에 속한다고 분석된다(강성태, 2000a).

3) 노동자 개념에 대한 혼란?

이러한 기본적인 시각에 따라 법원은 캐디의 근기법상의 지위가 문제가 된 사안(대법원 1996.7.30. 선고, 96도732 판결)에서 그 노동자성을 부인한다. 그런데 꼭같이 캐디의 노동자성이 문제가 된 다른 사안(대법원 1993.5.25. 선고, 90누1731 판결)에서는 캐디를 노동자로 인정하고 있다(다만, 이 판결은 노조법상의 노동자 여부에 관한 것이다). 이러한 차이를 보고 판례는 근로기준법상의 노동자와 노조법상의 노동자를 달리 이해하고 있다고 판단하기도 하나(김소영, 2000: 33-35) 그 차이는 정도(범위)의 차이이지 본질(종속성)의 차이는 아니라고 이해하여야 한다.[3] 그것은 이 판결의 이유를 살펴보면 확인할 수 있는 바이다.[4]

이 판결과 관련하여 근래에 들어 사용종속관계라는 전통적인 기준으로는 노동자성 여부를 결정하기 어려운 다양한 노무공급형태가 계속 증가하고 있고, 이러한 고용형태의 다양화 및 비전형적 노동관계의 등장을 감안할 때 '기타 이에 준하는 수입'의 의미를 보다 적극적으로 활용함으로써 노동자성 판단에서의 탄력성을 도모하는 것이 타당하다고 하거나(김유성, 1999: 55) '기타 이에 준하는 수입'의 의미를 살려 근기법상의 노동자와 유사한 정도로 단결권 등의 보호가 필요한 노무공급자도 포함하는 것으로 해석하여야 할

---

3) 임종률교수는 이를 협의의 노동자와 광의의 노동자 개념으로 설명한다(2004: 24-28).

4) 즉 캐디의 노조법상의 노동자성을 인정한 1993년 대법원판결도 "노조법상 노동자란 타인과의 사용종속관계 하에서 노무에 종사하고 그 대가로 임금 등을 받아 생활하는 자를 말한다고 할 것이고, 타인과 사용종속관계가 있는 한 당해 노무공급계약의 형태가 고용, 도급, 위임, 무명계약 등 어느 형태이든 상관없다고 보아야 할 것이며, 그 사용종속관계는 사용자와 노무제공자 사이에 지휘 감독관계의 여부, 보수의 노무대가성 여부, 노무의 성질과 내용 등 그 노무의 실질관계에 의하여 결정된다 할 것이고, 그 사용종속관계가 인정되는 한 노동조합법상의 노동자로 보아도 무방할 것"이라는 논리에 따라 이 사건 사실관계를 검토해본 결과 골프장 캐디도 (이 사건에서는) 노동자라는 결론에 도달하였다는 것이다.

것(김소영, 2000: 32)이라는 견해도 제시된다. 그러나 예전에 구체적으로 해석하지 않고 있던 법률문구를 구체화하고 있다는 점에서 이 판결에 대해 평가를 하는 부분에 대해서는 찬동하지만 그렇다고 하여 법원의 태도가 더 나아가 새로운 노동관계 유형까지 창설(혹은 확인)한 것으로 이해하기는 어렵지 않을까 생각된다.

기실 이 문제는 근로기준법상의 노동자 개념과 관련하여 이미 문제된 바 있다. '시청료징수원'의 근로기준법상 노동자 해당 여부가 문제로 된 KBS 시청료징수원 사건(대법원 1993. 2. 9. 선고, 91다21381 판결)이 그러한데, 법원은 "기본급이나 고정급이 없이 징수한 시청료에 대한 일정 비율의 금액만을 수수료 명목으로 지급받아 왔다 하더라도 그것이 전체 노동에 대한 대가로서 지급된 것임이 명백한 이상 임금으로서의 성격(일종의 성과급 또는 능률급)이 부정되어지는 것은 아니라 할 것"이라고 판시한 바 있다. 전기회사 수금원이 회사의 수금업무에 종사하는 자체에 중점이 있다기보다 수금의 실적, 곧 일의 완성된 결과 자체에 오히려 중점이 있다 하겠고, 또한 그 수금방법이나 과정에 있어서도 수금원의 재량이나 독립성이 저해될만한 회사로부터의 지휘감독을 받지 않는다면 회사에 대하여 종속관계가 있다고 말할 수 없다고 하여 노조법상의 노동조합을 조직할 수 있는 노동자가 아니라고 본 사안(대법원 1970.7.21. 선고, 69누152 판결)도 같은 취지를 말하고 있다고 생각된다.

결국 근로기준법 제18조가 말하는 '기타 어떠한 명칭으로든지 지급하는 일체의 금품'이나 노조법 제2조 1호의 '기타 이에 준하는 수입'은 전혀 다른 의미로 이해할 바는 아니라고 생각된다. 그러한 금품이나 수입을 얻는 자는 근로기준법상의 노동자로 보호받는 것이고, 노조법상은 사용자의 일방적 결정이 아닌 참여(단체교섭)를 통한 결정을 통해 불리한 상태에서 벗어날 수 있는 길을 열어주고 있는 것이다. 따라서 사용종속관계의 존부를 노동자성 인정의 기준으로 삼고 있는 판례의 태도는 변함이 없다고 이해하는 게 적절한 해석이다.

4) 노동자 개념의 재정립(私見)

이제 검토를 요하는 것은 과연 판례가 취하고 있는 노동자의 개념 표지가 적절한지 하는 문제가 된다. 이와 관련해서는 크게 두 방면에서의 비판이 제기된다. 먼저 현재의 노동법학의 방법론 자체에 대해 비판을 하면서 당사자가 체결한 계약을 중심으로 노동자성을 판단하여야 한다는 주장이 있다. 강희원/김영문교수의 전반적인 시각이 그러한 듯하고 특히 아래와 같은 부분이 그러하다.

> 계약을 자발적으로 체결한 자영인을 사회적으로 보호할 필요가 없어도 객관적으로 고찰하여 노동자성이 인정되면 노동자로서 지위를 갖게 되므로 자유로운 법률관계의 형성의 여지는 적다고 할 수 있다. 그러나 특정의 법률관계를 형성하기 위해서는 당사자의 의사표시의 합치가 있어야 한다. 물론 그와 같은 의사표시에 있어서는 당사자의 의사, 사실상 표시된 외부적 형상(표시행위), 계약의 사실상의 수행, 계약자유의 남용에 의한 규범적 평가 등이 문제가 될 것이다. 노동법에서는 어느 범위에서 법률관계형태 강제가 허용되는가가 문제되며, 이 경우 당사자의 의사, 표시행위, 계약의 사실상의 수행이 어떤 역할을 하며, 법률관계형태 강제로부터 어떠한 법률효과가

> 귀속되는가가 문제된다. 의사와 표시에 있어서는 법률행위이론에 따라 표시행위, 즉 당사자들이 계약서상에 계약을 어떻게 위치지웠는가가 문제가 문제될 것이지만, 의사와 표시의 불일치보다는 표시행위와 객관적으로 드러난 형상이 더 문제가 된다. 우리 대법원 판례는 이 경우 당사자에 의한 특정계약의 자격부여보다는 계약의 사실상의 수행, 즉 노무급부관계의 실질을 중시한다. 또한 법률행위가 강행법규 위반으로 무효가 되는 경우 민법의 무효의 법리에 의해서 전부무효가 되어야 할 것이지만, 이는 노부급부제공자로서 노동자에게는 실직을 의미한다. 따라서 법률행위 원인의 유효·무효에도 불구하고 하자있는 노동관계론에 의해서 당사자의 의사에 반하여 노동관계가 유지될 여지가 있다. 그러나 이와 같은 법률관계형태 강제는 강행법규의 적용이 단행된 경우, 말하자면 법률내용강제의 효과에 의해서 결과하는 것이다.
>
> 그러나 계약을 어떻게 위치지울 것인가 하는 문제는 우선은 계약의 체결시가 기준이 되어야 하는 것이고, 판례가 인정하는 노무제공의 실질은 해석을 위하여 개별적인 계약조항을 검토할 때, 특히 계약의 이행단계에서나 문제가 된다. …… 바로 그 출발점이 당사자의 의사가 무엇인가 하는 의사표시의 해석이다. 그러나 판례가 이러한 문제를 무시하고 계약의 사실상의 수행, 노무급부의 실질에만 치중하는 것은 가장 기초적인 법률행위의 해석조차 행하지 않는 것이다 (강의원/김영문, 2001: 325-7).

이 견해는 요컨대 당사자가 체결한 계약을 중시하여 노동자성을 판별하고 계약의 이행과정에서 다른 요소가 발견된다면 권리남용금지의 이론 등을 활용하여 문제점을 시정하자는 것으로 이해된다. 기본적으로 이 주장은 당사자의 의사를 중시하자는 측면에서 충분히 존중하여야 한다. 그러나 현재의 판례나 학설 역시 당사자의 의사를 무시하자는 것이 아닌 다음에야 이 견해와 다를 바가 없다.

문제는 계약의 외형과 그 실제가 다르다는 데 있고, 그 실제를 충실히 반영한 결론을 내려야 한다는 데서 차이를 보인다. 그렇다면 계약 중시의 주장은 기본적으로 노동법의 태동을 비롯하여 이 법 영역의 전개과정이 기존의 시민법에 맡겨두어서는 노동자의 생존을 위태롭게 하고 더 나아가 국가의 존립에 해를 끼친다는 전제를 밑바탕에 깔고 있다는 것을 몰각하고 있는 견해라고 여겨진다. 따라서 이러한 주장은 노동법의 전면적 폐기와 함께 주장되어야 하지 않을까 생각된다.

다음으로는 현재와 같은 사용종속성 기준은 적절치 못하고 미국법에서와 같은 경제적 실체기준 혹은 독일법의 경제적 종속과 사회적 보호의 필요성이라는 측면에서의 노동자와의 유사성을 기준으로 삼아야 한다는 주장이다(이철수, 2001). 그러나 이에 대해서는 미국의 경우 최근 미국 연방대법원이 노동자퇴직소득보장법(ERISA)을 해석하면서 다시 관리·통제권한 기준을 채택하고 있다는 점[5], 독일의 경우는 유사노동자에 대해 별도의 보호를 하자는 것이지 일반 노동자와 같은 보호를 하자는 게 아니라는 점[6]에서 전거로 삼을 수 없다 하겠다. 그리고 논리적으로도 사회적 보호의 필요성이 있다고 하여 노동자의 범주에 포섭시킨다는 것은 역시

---

5) 미국은 전통적으로 사용자에게 노동제공의 결과를 관리·통제할 수 있는 권한이 주어질 때 노동을 제공한 자는 노동자라고 보는 관리·통제권한 기준(right of control test)을 채택하다가 피용자가 고용주에게 경제적으로 종속되면 노동자의 범위에 포함된다는 경제현실기준(economic realities test)으로 가는 추이를 보이다가 최근 다시 관리·통제권한 기준으로 회귀하고 있다고 한다(이상윤, 2001).

6) 독일은 이들을 오히려 독립자영인으로 보고 법적 보호를 한다는 것이다(강희원/김영문, 2001: 368-371).

이해하기 어렵다. 예컨대 다음과 같은 지적을 새겨 보라.

> 노동법의 적용을 위한 근거로서, 그리고 노동자성의 인정을 위해서 사회적 보호필요성을 끌어오는 것은 사안을 지나치게 단순화시켜 노동자보호라는 사회정책을 수행하는 것이나 다를 바 없다. 사회적 보호필요성은 노동자 뿐만아니라, 미성년자, 임차인, 소비자, 장애인 등 사회전체에서 발견되는 자에 관련될 수 있다. 그러나 노동법의 영역에서는 사회적 보호 필요성이 바로 사용자에 대해서 존재하는지 또는 노동력제공과 관련이 없는 일반 생활상의 위험으로부터 발생하는지, 어느 범위에서 사용자가 노동자를 보호해야할 의무를 부담할 정도로 사회적으로 권한이 많은 자인지, 노동력제공과 관련이 없는, 어떤 일반생활상의 위험을 노동자가 부담할 수 없어서 사용자가 이를 부담해야 하는지, 왜 그리고 어느 경우에 노동관계가 인정되어서 계약관계에 있는 자를 노동자로 인정하여 각종의 위험에 대한 비용을 사용자에게 전가해야 하는지 등의 문제에 대해서 사회적 보호필요성은 너무도 단순하고 일반적인 수준의 원칙에 지나지 않는다(강희원/김영문, 2001: 297).

그렇다면 해결책은 현재의 판례법리의 장점은 살리고 단점은 보완하는 데서 찾는 게 적절할 듯하다. 판례는 두루뭉실하게 노동자성을 판별하는 요소를 나열하고 있는데 그 요건 모두를 갖추어야 하는지 아니면 일부 요건은 법률효과에 영향을 미치지 않는지에 대한 언급이 없다. 마치 결론을 미리 정해 놓고 그 결론에 이론을 짜 맞추고 있다는 느낌을 강하게 준다. 따라서 우리는 우선 판례가 노동자인지를 판가름하는 기준으로 제시하는 요소들을 재구성하여 노동자성의 기본 요소를 추려내고 이를 보완하는 요소로 나누는 작업부터 시작하여야 한다. 노동자는 사용자에게 종속노동을 제공하고 그 대가인 임금을 받아 생활하는 사람을 말한다, 그렇다면 노동관계의 본질적 징표는 사용자의 지시권과 노동자의 임금청구권의 견련성에 있다는 데 착안할 필요가 있다. 앞에서 제시한 판례의 논리구조상으로는 지휘명령성의 요소와 임금성의 요소는 없어서는 안될 법률요건으로 그리고 기타의 요소는 그 요건을 보완하는 기능을 하는 것으로 이해할 수 있겠다.

그 다음에 하여야 할 작업은 판례가 제시하는 개별 요건은 과연 적절한가를 판별하는 일이다. 먼저 지휘명령성과 관련해서는 사용자의 업무지시에 따라 노동자가 일을 하여야 하고 그 지시를 어겼을 때는 징계의 대상이 된다는 게 핵심적인 요소가 되겠다.[7] 즉 노무공급관계의 성립과 종료의 주도권을 누가 쥐는가 하는 문제이다. 따라서 지휘명령의 첫째 요소 '노동자가 담당하는 업무의 내용이 사용자에 의하여 정하여지는가'는 중요한 관건이 된다고 본다. 다음으로 '취업규칙·복무규정·인사규정 등의 적용을 받는가' 여부가 노동자성 판단의 준거가 될지는 의문이다. 모든 사회는 그 질서의 유지를 위하여 사회규범을 갖추기 마련이고 사회구성원은 그 규범에 따라야 한다. 그것은 그 사회에 편입하게 된 이유가 노동(고용)에 있든 위임이나 도급 때문이든 마찬가지이다. 판례에서 굳이 이러한 기준을 제시한 이유는 사용자의 업무지시에 따르지 않을 때 제재가 가능한지 여부를 보려고 한 게 아닌가 여겨지고, 그렇다면 이 기준은 그러한 취지를 반영하여 다시 정하여야 한다. 세 번째로 '업무수행과정에 있어서도 노동자가 사용자로부터 구체적이고 직

7) 일본 판례도 기본적으로 동일한 태도를 보이고 있다(김재훈, 2001: 87-88).

접적인 지휘·감독을 받는가' 하는 요소도 문제이다. 이러한 요청은 전통적인 조립라인에서 일하는 생산직 노동자의 경우에는 여전히 타당하다고 하겠다. 그러나 노동의 모습이 다양화하고 있고 점차 더욱 다양해질 게 당연히 예견되는 현 시점에서 '구체적이고 직접적인' 지휘·감독을 받는지 여부가 노동자성의 개념 표지가 되기에는 적절치 못하다는 것이다. 대다수의 사무직노동자 역시 그러하겠지만, 외근사원이나 출장중인 노동자를 누가 구체적이고 직접적으로 지휘·감독할 수 있겠는가. 그렇다고 해서 사용자의 지휘감독을 받지 않고 일하는 경우까지 노동자로 보는 것은 역시 무리이다. 따라서 적절한 지휘감독이라는 요소를 반영하면 적절할 듯하다. 네 번째로 '사용자에 의하여 근무시간과 근무장소가 지정되고 이에 구속을 받는가' 하는 요소는 세 번째 요소와 중복되기는 하지만 그 중요성에 비추어 독립요소로 볼 수도 있겠다. 다섯 번째로 '노동자 스스로가 제3자를 고용하여 업무를 대행케 하는 등 업무의 대체성이 있는가' 하는 기준인데, 이 문제는 최근 성행하는 소사장제의 폐해 등을 감안할 때 쉽사리 단정짓기는 어렵다. 업무의 도급이나 위임이 아니라 사용자의 지휘감독 아래 일을 시키는 고용의 성격을 감안할 때 하나의 판단기준으로 볼 수도 있겠다. 그리고 노무공급자가 노무공급을 하는 데 제3의 노동력을 이용한다면 그것은 노무공급자 자신의 사업으로서의 성격이 강하게 되고 노동자성은 약하다고 보아야 한다. 그런데 그 이용된 제3의 노동력이 독립된 가치를 지니는 게 아니라 단순히 보조적인 것에 그치거나 실제로는 사용자에 의해서 활용되고 있다고 판단되는 경우, 즉 노무공급자가 사용자의 대리인 성격을 띠는 경우에는 그와 같이 보기도 어렵다(강성태, 2000: 49-51). 따라서 이 판단요소 역시 독자적인 기준으로 인정하기 보다는 노동자성을 약화시키는 요인으로 보는 게 적절할 듯하다.

그리고 임금성의 요소로는 '보수가 노동 자체의 대상적 성격을 갖고 있는가'가 제시된다. 이에 대해서는 보수의 노동 자체의 대상성 역시 노동자성 판단의 결정적인 기준이 되지 못한다는 견해(강희원/김영문, 2001: 295)가 있으나 그렇게 보기는 어렵다. 경제적 종속성이 부차적인 요소이기는 하지만 노동문제를 생각하게 한 근원이 된다는 점, 무상위임이라는 관념은 성립이 가능하나 무상노동이라는 것은 현행법질서와 어울리지 않는다고 볼 때 대가 없는 노동라는 것은 상정하기 어렵다고 본다. 이 때 임금이란 사용자가 제공하는 금전적인 이득만을 말하는 것은 아니고 시설의 이용 등 경제적인 가치가 있다면 모두 포함되는 것은 임금 일반론에서 다루는 바와 같다.[8] 다만, 이와 관련하여 보수액의 수준 등 실질적 측면에서 접근할 필요가 있다는 지적이 주목된다. 특히 특수고용관계와 같이 보수가 성과급제 내지 도급제 등으로 정해지는 경우 보수액이 업무의 집중도나 업무수행방법을 독자적으로 결정할 수 있을 정도인가 아닌가를 보아야 한다는 지적이다. 일의 결과에 대해 보수가 지급되는 경우라도 보수가 결정되는 단위가 세분화되어 있고 단위기간당 그 총액이 높은 수준이 아니라면 오히려 노동법상의 임금으로 이해할 수도 있지 않느냐 하는 문제를 제기하기도

8) 시설이용 등 경제적 이익이 있는 것, 기술이나 예능 전수를 목적으로 노동을 제공할 때의 기술이나 예능도 임금이라는 지적은 이병태, 2005: 778.

한다(강성태, 2000a: 51). 한편 '기본급이나 고정급이 정하여져 있는가' 하는 것을 임금성의 한 요소로 제시하는 것은 의문이다. 기본급이 없다고 해서 노동자성이 부정될 이유는 없기 때문이다. 우리 근기법은 "사용자는 도급 기타 이에 준하는 제도로 사용하는 노동자에 대하여는 노동시간에 따라 일정액의 임금을 보장하여야 한다."고 규정하여(동법 제46조) 기본급 없이 업적에 따라 보수가 정해질 수도 있음을 밝히고 있다. 물론 기본급이 있다는 것은 노동자성을 추정·보강하는 요소로는 작용할 것이다.

한편 기타의 요소로 제시되는 ① 비품·원자재·작업도구 등의 소유관계, ② 노동제공관계의 계속성과 전속성의 유무와 정도, ③ 노동소득세의 공제여부나 사회보장제도에 관한 법령 등 다른 법령 등에 의하여 노동자의 지위를 인정받는지 여부, ④ 당사자의 경제·사회적 여건 등은 역시 노동자성의 인부에 직접적인 판단준거로 활용할 수는 없겠고 노동자성을 보강하거나 약화시키는 증거로만 쓰일 수 있겠다.[9)]

이상의 논의를 정리하면 다음과 같다. 노동자성을 인정받기 위해서는 사용자의 지시권에 복종하여야 하고 그 대가로 임금을 지급받아야 한다. 지휘명령성의 요소로는 ① 노동자가 담당하는 업무의 내용이 사용자에 의하여 정하여지는가, ② 업무수행과정에서 노동자가 사용자로부터 지휘·감독을 받는가, 그리고 사용자의 지

---

9) 임종률 교수 역시 고정된 보수의 유무, 사회보험의 적용 여부, 세법상의 판단은 노동자성의 판단요소로 부적절하다고 밝히고 있다(2004: 27).

시에 따르지 않을 때는 (해고를 포함한) 징계의 대상이 되는가, ③ 사용자에 의하여 근무시간과 근무장소가 지정되고 이에 구속을 받는가 등을 들 수 있겠다. 임금성의 요소로는 ④ 보수가 노동 자체의 대상적 성격을 갖고 있는가 하는 지표를 제시할 수 있다.

그리고 아래의 요소는 노동자성을 결정하는 직접적인 준거로 활용하기 보다는 노동자성을 보강하거나 약화시키는 요소라고 보는 게 적절하다. 그 요소는 판례를 감안할 때 여섯 가지를 들 수 있겠다. ① 기본급이나 고정급이 정하여져 있는가, ② 노동자 스스로 제3자를 고용하여 업무를 대행케 하는 등 업무의 대체성이 있는가, ③ 노동제공관계의 계속성과 전속성의 유무와 정도, ④ 비품·원자재·작업도구 등의 소유관계, ⑤ 노동소득세의 공제여부나 사회보장제도에 관한 법령 등 다른 법령에 의하여 노동자의 지위를 인정받는지 여부, ⑥ 당사자의 경제·사회적 여건이 그러하다.

3. 균등대우 원칙의 정립

특수고용형태 취업자가 노동자 지위를 가진다고 여겨질 때에, 이들에 대한 대우와 관련하여 꼭 염두에 두어야 하는 것은 헌법상의 평등권 문제, 근기법상의 균등대우 문제이다(深谷信夫, 2000). 특히 동일가치노동 동일임금원칙과 관련하여 문제가 된다(이 문제는 Ⅶ. 4.에서 자세히 언급한 바와 같다).

이와 같이 특수고용형태 취업자의 법적 지위를 이해하기 위해서는 데는 무엇보다도 균등처우라는 데 주목하여 문제에 접근하여야 한다. 그리고 애당초 비전형노동에 대한 우리의 시각 자체에 대해 검토할 필요는 없는지를 생각해 보아야 한다. 실상 비전형노동의 문제는 노동유연성을 살린다는 차원에서 접근해 왔는데 이를 위해서는 규제가 완화되어야 하는지 아니면 적절한 규제가 필요한지에 대한 신중한 검토가 요망된다. 결론적으로 생산적인 노동유연성은 단순한 규제완화가 아니라는 점이다. 이는 작업조직과 기업조직을 다양하게 결합하여야 한다는 것을 시사해준다. 한편으로는 노동자의 숙련을 향상시키고 교육훈련에 집중 투자하여 고능률작업장을 만들어야 한다. 또 한편으로는 노동자들의 직장귀속의식을 고취시키고 장기간에 걸친 노사협조체제를 구축할 수 있도록 하여야 한다(Tiziano Treu, 1992). 비전형노동의 문제 역시 이런 차원에서 접근하여야 한다는 것을 의미한다.[10] 기실 외국에서도 비전형노동자에 대해서도 일반 노동자와 같이 보호한다는 원칙은 지켜지고 있다(Vai Io. Lo, 1996).

따라서 임금은 물론이고 해고, 건강이나 퇴직금, 남녀평등 등에서 합리적인 이유 없이 특수고용형태 취업자를 차별하는 것은 위법이라고 판단한다(Mark Berger, 1997; Gwen Thayer Handelman, 1995; EEOC).

---

10) 노동시장의 시민권 없는 시민(B. Veneziani, 1993: 204), 그 중에서도 그러한 특성이 가장 두드러진다고 평가할 수 있는 특수고용형태 취업자에게 진쯔하이머의 다음 경구(Hugo Sinzheimer, 1976: 145)는 언제나 유효하다는 것이다: "만약 법이 기껏해야 노동관계에서 좋은 대우를 받고 있는 노동자의 엘리트계층만을 위한 것이라면, 그리고 노동법의 존재가 '구조적 실업'이라는 경제적 묘지를 허용한다면, 과연 노동법이 가지는 의미란 무엇인가?"(강성태, 2001: 10).

4. 노동자로 보기 어려운 특수고용형태 취업자의 보호 문제

한편, 해석상 노동자 기준 속에 포섭되지 않는다고 판단되는 특수고용형태 취업자에 대해서는 노동법이 아닌 민법상의 위임 등의 법리에 의거하여 법률관계가 전개될 수밖에 없다.11) 그러나 이를 시인한다 하더라도 항상 유념하여야 할 점이 있다.

그 하나는, 고용의 다양화 현상에 편승하여 노동자 보호를 회피하기 위한 편법·탈법으로 노무관리를 행하는 경우 이에 대한 적절한 규제가 필요하다는 것이다. 즉, 우회로를 통해 노동을 시키는 경우에는 노동법의 틀 속으로 끌어들이는 해석 노력이다. 사용종속론의 현대적 의의에 대한 주장(정인섭, 2000; 橋本陽子, 2001)에 귀기울일 필요가 있다. 노동자 개념과 사용자 개념의 확장 노력(이광택, 2002) 역시 같은 맥락으로 이해한다.

또 다른 하나는, 현대사회에서 '일'(노동)의 개념을 재음미하는 작업이 절실하다는 것이다. 건강하고 지속적이며 민주적인 사회를 꾸려가기 위해서는 지속가능한 공동체, 품위있는(dignified) 일, 그리고 건강한 환경이 필요하다고 한다(International Forum on Globalization, 2002). '품위있는' 일이든 '고상한'(훌륭한; decent) 일이든 소외된 노동이 아닌, 소외를 극복하는 방안인 노동이 요구된다. 특수고용형태 취업자라고 하여도 그 일은 적어도 이러한 요청에 알맞은 것이어야 한다. 법은 사회가 바람직한 방향이라고 제

---

11) 이러한 민감한 문제의 해법으로, 예전과 같이 노동자인가 아닌가에 따라 온전한 보호냐 전혀 보호를 받지 못하느냐 하는 이분론(all or nothing)에서 벗어나, 중간 영역을 구상하자는 입법론(이철수, 2001: 277-281)이 주목된다.

시하는 것을 반영해야 한다(Amartya Sen, 2002; Alain Supiot, 1996). 따라서 노동법과 사회보장법 기타 사회정책 관련 제도의 정비를 통해 품위있게 일할 수 있도록 하여야 한다.[12)]

5. 요약 및 결론

(1) 최근 특수고용형태의 취업자가 증가하고 있고 이들의 처우 향상이 큰 이슈가 되고 있다. 이 문제와 관련하여 노동자개념을 분명히 하는 게 중요하다. 노동자성을 인정받기 위해서는 사용자의 지시권에 복종하여야 하고 그 대가로 임금을 지급받아야 한다. 지휘명령성의 요소로는 ① 노동자가 담당하는 업무의 내용이 사용자에 의하여 정하여지는가, ② 업무수행과정에서 노동자가 사용자로부터 지휘·감독을 받는가, 그리고 사용자의 지시에 따르지 않을 때는 (해고를 포함한) 징계의 대상이 되는가, ③ 사용자에 의하여 근무시간과 근무장소가 지정되고 이에 구속을 받는가 등을 들 수 있겠다. 임금성의 요소로는 ④ 보수가 노동 자체의 대상적 성격을 갖고 있는가 하는 지표를 제시할 수 있다. 그리고 판례가 제시하는 여섯 가지 요소는 노동자성을 결정하는 직접적인 준거로 활용하기보다는 노동자성을 보강하거나 약화시키는 요소라고 보는 게 적절하다.

---

12) 세계화니 신자유주의니 하는 것을 주어진(불가피한) 현상으로 받아들이면서도 그 폐해를 극복하기 위한 다양한 대안을 제시하는 견해(Reich, 2000: 341-8)도 주목할 필요가 있다. 이 문제를 경제법적 시각에서 접근하려는 시도도 있다(김재훈, 2002: 161-169).

(2) 특수고용형태 취업자가 노동자 지위를 가진다고 여겨질 때에, 이들에 대한 대우와 관련하여 꼭 염두에 두어야 하는 것은 헌법상의 평등권 문제, 근기법상의 균등대우 문제이다. 헌법상의 평등권조항(제11조)을 비롯하여 근기법 제5조의 차별대우금지(균등처우원칙), 남녀고용평등법 제6조의 2, 「경제적, 사회적 및 문화적 권리에 관한 국제규약」 제7조에 비추어 특수고용형태 취업자에 대해서도 통상노동자와 균등하게 대우하여야 할 것이다. 따라서 임금은 물론이고 해고, 건강이나 퇴직금, 남녀평등 등에서 합리적인 이유 없이 특수고용형태 취업자를 차별하는 것은 위법이라고 판단한다.

(3) 한편, 해석상 노동자 기준 속에 포섭되지 않는다고 판단되는 특수고용형태 취업자에 대해서는 노동법이 아닌 민법상의 위임 등의 법리에 의거하여 법률관계가 전개될 수밖에 없다. 그러나 이를 시인한다 하더라도 항상 유념하여야 할 점이 있다. 첫째로, 고용의 다양화 현상에 편승하여 노동자 보호를 회피하기 위한 편법·탈법으로 노무관리를 행하는 경우 이에 대한 적절한 규제가 필요하다. 둘째로, 현대사회에서 '일'(노동)의 개념을 재음미하여 품위있는 일, 고상한 일을 할 수 있도록 여건을 조성하여야 한다. 셋째로, 스스로 자신의 권리를 지키기 위해서는 단결(결사) 활동이 절실하다.

참고문헌

1. 국내 문헌

강남진(1996), "징벌적 손해배상에 관한 일고찰", 목포대 임해지역 개발연구, 제15호

강성태(2000a), "특수고용관계와 근로기준법상 노동자성의 판단", 노동법학, 제11호

강성태(2000b), 비전형근로와 노동법, 대구대학교출판부

강성태(2001), "현행 재량노동제의 내용과 문제점", 노동법연구, 제11호

강수돌(2001), 노동의 희망, 이후

강정애(2000), "벤처기업과 스톡옵션제도", 경총 임금연구센터, 임금연구, 제8권 제2호

강현아(2004), "작업장에서 비정규 노동자 배제에 관한 사례 연구: 사내하노동자를 중심으로", 산업노동연구, 제10권 제1호

강희원(1996), "노동법의 법체계적 지위", 노동법학, 제6호

강희원(2004), 노동법 기초이론, 동림사

강희원/김영문(2001), 노동자개념과 계약의 자유: 자영인과 노동자의 구별을 중심으로, 중앙경제사

경제기획원(1991), 여성인력 등 유휴인력활용과 직업안정기능 확충방안

고진수 외(1997), 신 노동시간관리제도, 중앙경제사

고진수 외(2004), 주5일 근무제 매뉴얼, 물푸레

고호성/이경원(1996), "법과 정책의 연관구조에 관한 방법론 연구", 제주대학교 법과 정책, 제2호

권기범(1990), 주식회사합병의 법리, 삼영사

권영성(2004), 헌법학원론, 법문사

권혜자(1997), 비정규노동자의 실태와 노동운동, 한국노총 중앙연구원

김강식(1994), "독일기업의 최근 연봉제 동향", 임금연구, 제2권 제2호

김득갑(2004), "유럽의 노동시간 연장 움직임과 시사점", 삼성경제연구소 Global Issues, 제1호

김문현(1998), "생존권적 기본권에 관한 헌법규정의 규범성", 이화여자대학교 법학논집, 제2권 제2호

김상용(2002), "비교법과 비교법학", 연세대학교 법학연구, 제12권 제4호

김선수(1993), "정리해고요건으로서의 긴박한 경영상의 필요성", 노동법연구, 제3호

김성태(1985), "민·형사책임의 분화현상에 관한 일고찰", 경희법학, 제20권 제1호

김성환(1992), 비정규노동에 관한 연구, 한국노동연구원

김소영(1997a), "기준임금제도 개선방안", 노사관계개혁위원회, '97 노사관계 개혁 참고 자료집

김소영(1997b), 다양한 고용형태에 대응한 법적 대응(KLI 내부보고서), 한국노동연구원

김소영(2000), "특수고용관계에 있는 여성노동자 보호를 위한 개선방안", 한국여성단체연합 긴급토론회 자료집, 특수고용형태 여성노동자 어떻게 보호할 것인가

김소영(2001), 선진국 노동법제의 변화추세와 우리 노동법의 발전방향, 한국노동연구원

김소영/전병유/유성재(1999), 노동시간단축의 쟁점과 과제, 노동부

김승택 외(2003), 2003 노동시간 실태조사, 한국노동연구원
김영재(1999), "한국기업 스톡옵션제도의 실태와 과제", 경총 임금연구센터, 임금연구, 제7권 제3호
김영훈(1987), "노동관계의 이전", 노동관계소송상의 제문제(하), 사법연수원
김유미 외(2001), 현대법의 이해, 울산대학교 출판부
김유성(1984), "정리해고에 관한 소고", 서울대 법학, 제25권 2·3호
김유성(1994), "신고용정책시대의 몇 가지 과제", 노동법연구, 제4호
김유성(1997), "정리해고에 대한 법적 규제", 노동관계법연구(Ⅱ), 한국경영자총협회
김유성(1999), 노동법 Ⅱ, 법문사
김유성(2005), 노동법 Ⅰ, 법문사
김은환/고현철(1998), "고용조정 이후의 조직안정 방안", 삼성경제연구소「CEO Information」 제159호, http://econdb.seri-samsung.org/ceo.html
김인재(1999), "단체협약 위반행위에 대한 처벌규정의 입법방안", 노동법학, 제9호
김재국(1995), "영미법상 징벌적 손해배상의 도입에 관한 소고", 비교사법, 제2권 제1호
김재훈(2000), "노동시간 단축과 법정책적 방향", 노동법학, 제11호
김재훈(2001), "특수형태노동에 대한 일본 개별노동관계법 및 판례상 취급과 시사점", 노동법연구, 제11호
김재훈(2002), "특수형태노동 종사자에 관한 법적 보호방안", 노동법연구, 제13호
김종각(1998), "노동시간 단축의 의의와 효과", 노동법률, 12월호
김지하(1999), "개벽과 생명운동", 김지하 편저, 생명, 솔
김지형(1991), "노동관계에 있어서 정리해고의 요건에 관한 해석론의 전개", 사법논집, 제22집

김지형(1994), "회사의 합병에 따른 노동관계의 승계와 취업규칙상 퇴직금규정의 적용", 인권과 정의, 제214호

김진기(1998), "법철학과 법해석의 문제", 부산여자대학교 백양인문논집, 제3집

김철수(1999), "헌정 50년과 대학의 역할", 서울대학교 법학, 제39권 4호

김태한(1996), "징벌적 손해배상에 관한 연구", 호서대 사회과학연구, 제15집

김태현(2000), "주5일 근무제의 쟁점과 정부의 역할", 민주노총 정책토론회, 2000. 5. 16

김태홍/양승주(1993), 동일노동 동일임금에 관한 연구, 한국여성개발원

김형배(1996), "긴박한 경영상의 필요에 의한 해고의 법리", 저스티스, 제29권 3호

김형배(1997), "정리해고 법리의 재구성", 노동관계법연구(Ⅰ), 한국경영자총협회

김형배(2006), 노동법(신판 제2판), 박영사

김홍우(1999), 현상학과 정치철학, 문학과 지성사

김홍준(1994), "기업변동에 있어서 노동법적 측면에 대한 소고", 노동법연구, 제4호

김희인(1999), "스톡옵션제도의 법률적 검토", 경총 임금연구센터, 임금연구, 제7권 3호

노동부(1996), 근로기준법 주요 쟁점사항(내부자료)

노동부(1997), 알기 쉬운 새 노동법 해설

노동부(1998a), 달라진 새 노동법 해설

노동부(1998b), "고용유지 지원금 제도", 노동뉴스, 제193호

노동부(2003), 2003년판 노동백서

노동부 근로기준국(1996), 파트타임 고용의 활성화 방안 검토

노사관계개혁위원회(1996a), 노동관계법·제도 개선 논의현황
노사관계개혁위원회(1996b), 노사관계 개혁을 위한 각계 의견
노사관계개혁위원회(1997), '97 노사관계 개혁 참고 자료집
미국학연구소 편(1999), 미국 사회의 지적 흐름: 법, 서울대학교 출판부
바른경제동인회(1996), 노동관계법 개정에 대한 우리의 견해
박경열(1999), "벤처기업의 보수제도로서 스톡옵션", 인사 paradigm 변화와 연봉제(한국인사관리학회 1999년도 국제학술발표회 논문집)
박래영(1993), "법정기준임금의 단일화에 관한 연구", 홍익대학교 경제연구, 제9집
박세일(2002), 법경제학, 박영사
박승옥(2004), "한국 노동운동, 종말인가 재생인가", 당대비평, 가을호
박승흡(2001), "비정규노동문제를 둘러싼 쟁점과 그 해결을 위해 확인해야 할 지점", 노사정위원회
박우성(2000), "프랑스의 노동시간단축 경험과 시사점", 노사정위원회, 법정노동시간 단축에 관한 외국의 입법사례
박은정(1999), "과학기술의 발전과 인권문제", 이화여자대학교 법학연구소 법학논집, 제4권 3호
박종희(1998), "개정법상 '경영상 이유에 의한 해고'제도의 해석과 운용에 관한 정책방향", 한국노동법학회 1998년 춘계정책토론회자료집(구조조정과 고용법제의 변화)
박준식 외(1997), 노동의 인간화, 한국노동사회연구소
박지순(2004), 독일의 '아젠다 2010'과 노동시장 개혁에 관한 연구, 한국경영자총협회 노동경제연구원
박홍규(1995), 노동법론, 삼영사
서동우(1997), "기업의 인수합병에 대한 법적 규제 개관", 기업의 인수합병과 고용조정, 한국경영자총협회

소재선(1998), “징벌적 손해배상의 기능과 한계”, 경희대학교 논문집 인문·사회과학편, 제27집
손주찬(1998), 증보판 상법(상), 박영사
손창희(1998), “조정해고(정리해고)에 대한 고찰”, 가톨릭사회과학연구, 제9집
손창희(2004), “노동강화 10장”, 노동, 인간 그리고 미래(손창희교수 고희기념 논문집), 창포
신동운(2001), 형법총론, 법문사
신원철(2003), “사내하청공 제도의 형성과 전개: 현대중공업 사례”, 산업노동연구, 제9권 1호
심헌섭(1986), 법철학 I, 법문사
심헌섭(1988), “정의에 관한 연구”, 서울대학교 법학, 제29권 2호
심헌섭(1998), “권위에 관하여—배제적 법실증주의에서 포용적 법실증주의에로—”, 서울대학교법학, 제39권 2호
심헌섭(2003), “합리적 법학방법론”, 분석과 비판의 법철학, 법문사
안경환(1999), “헌정 50년과 자유와 평등의 이념”, 서울대학교 법학, 제39권 4호
양현아(2004), “여성의 ‘목소리’와 법여성학 방법론”, 양현아 편, 가지 않은 길: 법여성학을 향하여, 사람생각
어수봉(1991), 노동시장변화와 정책과제, 한국노동연구원
어수봉(1997), “노동시장 유연화를 위한 정책과제”, 한국경제학회 97 가을 정책토론회 자료집
연정열(1996), 한국법제사, 학문사
오문완(1994), 시간제노동자의 법적 지위에 관한 연구(서울대학교 박사학위논문)
오문완(1995), “합병과 퇴직금제도”, 김우성교수 화갑기념논문집
오문완(1998a), “노동유연성과 노동법제의 변화 방향”, 노동법연구, 제7호

오문완(1998b), “기업조직의 변경과 경영상 이유에 의한 해고”, 하경효/박종희, 기업의 구조조정과 노동법적 과제, 한국노동연구원
오문완(1998c), “비정규노동의 법리”, 울산대 사회과학논집, 제8권 1호
오문완(2000), “노동유연성을 살리는 노동법제도의 모색”, 노동법학, 제11호
오문완(2001), “탄력적 노동시간제 실무와 법률”, 경총 노동시간사례과정 매뉴얼
오문완(2002), “특수고용형태 취업의 법리”, 법과 사회, 제23호
오문완(2004a), 근로시간 단축과 유연화, 울산대학교 출판부
오문완(2004b), “교대제 변경의 법률문제”, 한국근로기준협회, 교대제변경 설계 및 기업사례 연구조사단 세미나 자료집
오병선(2002), “제도적 자연법과 법의 해석”, 법철학연구, 제5권 1호
윤정환(1995), “징벌적 손해배상의 합헌성”, 창원대 사회과학연구, 제1권 1호
윤정환(1999), “징벌적 손해배상에 관한 연구”, 민사법학, 제17호
윤진호(1998), “IMF 체제와 고용조정”, 동향과 전망, 제37호
위성종(1998), “변형노동시간제에 관한 연구”, 노동법논총
이광택(2002), “특수형태노동 종사자 대책(노동자성 및 사용자성 확대방안)”, 한국노동조합총연맹, 비정규직 보호방안 수립을 위한 워크샵자료집
이병태(2005), 최신 노동법, 현암사
이상덕(1997), “영업양도와 고용승계”, 노동법학, 제7호
이상돈(1995), “법률해석의 해석학적 구조와 논증의무”, 고려대학교 법학논집, 제31집
이상돈(1997), 법이론, 박영사
이상수(2002), “어떻게 법철학을 할 것인가?”, 민주법학, 제22호

이상윤(1996), 영미법, 박영사
이상윤(1997), 노동법, 법문사
이상윤(2001), "미국의 비정형노동자의 법적 지위", 한국경영자총협회, 비정규직에 대한 비교법적 검토
이승욱(1997), 사업양도와 노동자의 지위, 서울대학교 박사학위논문
이영희(1990), 노동기본권의 이론과 실제, 까치
이용구(1997), "영업양도와 근로관계", 노동법연구, 제6호
이원희(1996), "노동력의 유연화 논의와 노동시간의 법적 규제의 방향", 현대법학의 이론
이원희(1998), "영국 노동의 유연화와 노동법상의 문제", 노동법연구, 제7호
이원희(2001), "한국노동법의 신자유주의적 전개와 노동법학의 과제", 민주주의법학연구회 심포지움 자료집(신자유주의와 민주법학)
이점인(1998), 징벌적 손해배상제도에 관한 연구, 동아대학교 박사학위논문
이 정(2004), 일본 노동법의 이론과 실제, 한국경영자총협회
이철수(1993), 임금에 관한 법리, 한국노동연구원
이철수(1999), "전환기의 노사관계와 노동법", 노동법연구, 제8호
이철수(2001), "특수고용관계에 관한 입법론적 고찰", 이화여자대학교 법학논집 별책, 제6권 1호
이철수/강현주(2000), "노동시간단축을 위한 제도개선에 관한 연구", 이화여자대학교 법학논집, 제5권 1호
이흥재(1988), 해고제한에 관한 연구, 서울대학교 박사학위논문
이흥재(1991), "휴고 진쯔하이머의 생애와 학문", 노동법연구, 제1권 1호
이흥재(1993), "정리해고의 절차적 제한", 서울대학교 법학, 제34권 3·4호

이홍재(1999), "노동기본권과 사회보장수급권의 실효성", 서울대학교 법학, 제39권 4호

이홍재(2002), "민주헌정 이후 노동판례 경향의 특징", 최근 10년간 한국노동법의 평가와 과제(한국노동법학회 2002학년도 추계학술발표회 자료집)

임종률(1985), "사업주변경과 노동자의 법적 지위", 후암 곽윤직교수 화갑기념논문집(민법학논총), 박영사

임종률(1998), "참여와 협력의 신노사관계를 위한 노동법의 개정", 성균관대학교 사회과학, 제37권 1호

임종률(2004), 노동법 제4판, 박영사

장재옥(1995), "징벌적 손해배상과 법치국가의 원리", 중앙대학교 법학, 제20집

전국민주노동조합총연맹(1996), 노동법 개정안

정동윤(1988), 회사법, 법문사

정인섭(1991), "노동법학 방법론의 비판적 고찰", 노동법연구, 제1권 1호

정인섭(1997), 쟁의행위의 개념, 서울대학교 박사논문

정인섭(2000), "노동자 개념의 판단기준", 노동법의 쟁점과 과제(김유성교수 화갑기념 논문집)

정인섭(2003), "노동삼권의 규범론과 정책론", 노동법학, 제17호

조경배(1997), 고용보장의 노동법적 원리와 구조에 관한 연구, 서울대학교 박사학위논문

진재선(2001), "신자유주의와 비정규직 근로자의 근로권", 2001년 민주주의법학연구회 심포지움 자료집(신자유주의와 민주법학)

채호일(2001), "노동법상 실업자와 비정규근로자의 법적 지위", 노동법학, 제12호

최대권(2003), "헌법학방법론의 문제: 그 합리성 모색을 위한 담론", 법학교육·법학방법론, 박영사

최영규(1998), "공·사법 구별론의 재검토(1)", 경남법학, 제14권 1호
최영호(2003), "1개월 단위 탄력적 노동시간제의 해석", 노동법연구, 제15호
최종고(1989), 한국법사상사, 서울대학교 출판부
최종고(2000), "공사법과 한국법사상", 숭실대학교 법학논총, 제12집
하경효(1997), "영업양도와 고용승계", 기업의 인수합병과 고용조정, 한국경영자총협회
학습지산업 협의회(2001), "위탁사업자 학습지 교사 실태", 노사정위원회
한국경영자총협회(2000), 노동시간제도 현황과 개선방안(정책조사자료 2000-01-07)
한국경영자총협회(2004), 개별노동관계법제 개선 쟁점 검토
한국노동조합총연맹(1996), 노동관계법 개정안
현천욱(1997), "M&A와 노동문제", 인권과 정의, 제252호
황적인/권오승(1994), 경제법, 법문사

구스타브 라드브루흐(손지열/황우려 역, 1981), 법에 있어서의 인간, 육법사
로베르트 웅거(김정오 역, 1994), 근대 사회에서의 법, 삼영사
백주년 *CENTESIMUS ANNUS*」(교황 요한 바오로 2세의 회칙, 1991)[한국천주교중앙협의회(1994), 사회 교리에 관한 교회 문헌: 교회와 사회]
사목헌장(*GAUDIUM ET SPES* 1965. 12. 7)[한국천주교중앙협의회(1994), 사회 교리에 관한 교회 문헌: 교회와 사회]
앤터니 기든스(이종인 옮김, 2000), 뒤르켐, 시공사
울리히 벡(홍윤기 옮김, 1999), 아름답고 새로운 노동세계, 생각의 나무
최영철 신부 번역(1994), "새로운 사태", 한국천주교중앙협의회, 사

회 교리에 관한 교회 문헌: 교회와 사회
폴 라파르그(조형준 옮김, 1997), 게으를 수 있는 권리, 새물결
한국 천주교 정의평화 위원회 교육분과 옮김(1983), 교황 레오 13세 회칙: 노동헌장, 성바오로 출판사
홀거 하이데(강수돌 옮김, 2000), "노동중독증의 문제", 녹색평론, 제51호
Blaikie, Norman(이기홍·최대용 옮김, 2000), *Approaches to Social Enquiry*(사회이론과 방법론에 다가서기, 한울)
Brox/Ruthers, Arbeitsrecht(14판, 2002)(이학춘 옮김, 독일노동법, 한국경영자총협회)
Hekman, Susan J.(윤병희 옮김, 1993), "Gadamer의 해석학과 사회과학의 방법론", *Hermaneutics and the Sociology of Knowledge*(해석학과 지식사회학, 교육과학사)
Kuhn, Thomas S.(김명자 옮김, 1999), 과학혁명의 구조, 두산동아
Reich, Robert B.(2000), *The Future of Success*(오성호 옮김, 부유한 노예, 김영사)

2. 일본 문헌

菅野和夫(2003), 勞働法(第6版), 弘文堂
菅野和夫/取訪康雄(1994), "勞動市場の變化と勞動法の課題", 日本勞動研究雜誌, 제418호
橋本陽子(2001), "勞動法·社會保險法の適用對象者(一)", 法學協會雜誌, 제119호
僑本陽子(2003), "ホワトカライ-の勞働時間に關するドイツの法規制", 日本勞働研究雜誌, 519호
膠沼謙一(1987), "構造變動下の勞働·勞使關係と勞働法原理", 季刊勞働法, 제143호

唐津　博(1996), "長期雇用慣行の變容と勞働契約法理の可能性", 日本勞働法學會誌, 제87호
勞働省勞動基準局監督課 編(1993), 勞動基準法硏究會報告 - 今後の勞動契約等法制のあり方について, 日本勞動硏究機構
瀧澤算織(1990), 勞働時間短縮マニュアル, 産業勞働調査所
毛塚勝利(1997), "賃金處遇制度の變化と勞動法學の課題", 日本勞動法學會誌, 제89호
本多淳亮(1986), 勞働法總論, 青林書院
本多淳亮(1997), "勞動法學に對する私の思い", 勞動法律旬報, 제1409호
濱口桂一郞(1998), EU勞働法の形成, 日本勞働硏究機構
西谷　敏(2000), "21世紀の勞動と法", 日本勞動法學會 編, 21世紀勞動法の展望(講座 21世紀の勞動法 1), 有斐閣
石井照久(1967), 勞動法の硏究 I: 勞動基本權, 有信堂
盛誠吾(1997), "變形勞働時間制·裁量勞働制", 季刊勞働法, 제183호
沼田稻次郞(外) 編集(1979), 勞働法事典, 勞働旬報社
松林和夫(1991), 勞動權と雇用保障法, 日本評論社
深谷信夫(2000), "勞動法における平等と公正と", 日本勞動法學會 編, 勞動者の人格と平等(講座 21世紀の勞動法 6), 有斐閣
安西愈(2002), 勞働時間·休日·休暇の法律實務, 中央經濟社
野田　進(1992), "合併, 營業讓渡等と解雇", 季刊勞働法, 제165호
外尾健一(1983), 勞動法入門, 有斐閣
日經連政策調査局(1994), 週40時間移行の手引き, 日本經營者團體連合會
前田充康濱(1998), EU擴大と勞働問題, 日本勞働硏究機構
井上修一(1984), 勞働法理論と判例の硏究, 晃洋書房
佐野　隆(2000), "懲罰的損害賠償制度お禁じるオーストラリア聯邦最高裁判所判決", 比較法學, 제33권 2호

仲野組子(2000), アメリカの非正規雇用, 青林書店

中窪裕也(1995), アメリカ勞働法, 弘文堂

中窪裕也/池添弘邦(2001), アメリカの非典型雇用, 日本勞動硏究機構

青木宗也/片岡昇 編(1994), 勞動基準法 I, 青林書院

土田道夫(2000), "日本型雇用制度の變化と法", 日本勞動法學會 編, 21世紀勞動法の展望(講座 21世紀の勞動法 1), 有斐閣

夏本信行(1986), "企業變動・倒産と勞働契約", 日本勞働法學會 編, 「勞働契約・就業規則」(現代勞働法講座10), 總合勞働硏究所

脇田 滋(1995), 勞働法の規制緩和と公正雇用保障, 法律文化社

3. 서양 문헌

Addison & Portugal(1987), "The Effect of Advance Notification of Plant Closing on Unemployment", *Industrial and Labor Relations Review*, Oct.

Anderson, Eugene R. et al., "Bad Faith in Insurance Coverage Disputes and the Public Nature of Insurance", http://inscobadfaith.com/information/bad_faith_coverage_disputes/7.html

Barnard, Catherine(1995), *EC Employment Law*, John Wiley & Sons

Becker, Craig(1996), "The Changing Workplace: Labor Law Outside the Employment Relation", *Texas Law Review*, Vol.74

Belous, R. S.(1989), "How human resource systems adjust to the shift toward contingent workers", *Monthly Labor Review*, Mar.

Berger, Mark(1997), "Unjust Dismissal and the Contingent Worker: Restructuring Doctrine for the Restructured Employee", *Yale*

Law & Policy Review, Vol.16, No.1

Blanpain, R. ed.(1989), *International Encyclopedia for Labour Law and Industrial Relations(Legislation 5)*, Kluwer

Blanpain, R. ed.(1991), *International Encyclopedia for Labour Law and Industrial Relations(Legislation 1)*, Kluwer

Blanpain, R. eds.(1993), *Comparative Labour Law and Industrial Relations in Industrialized Market Economies*, Kluwer Law & Taxation Publishers

Boisard, Pierre(2004), *Working Time Policy in France*, Centre d'etude de l'emploi, N.34

Brodsky, Melvin M.(1994), "Labor market flexibility: a changing international perspective", *Monthly Labor Review*

Collins(1992), *Justice in Dismissal*, Clarendon

Council Directive 93/104/EC of 23 November 1993 concerning certain aspects of the organization of working time http://europa.eu.int

Directive 2000/34/EC of the European Parliament and of the Council of 22 June 2000 amending Council Directive 93/104/EC concerning certain aspects of the organisation of working time to cover sectors and activities excluded from that http://europa.eu.int

Directive 2003/88/EC of the European Parliament and of the Council of 4 November 2003 concerning certain aspects of the organisation of working time http://europa.eu.int

Durkheim, Emile(1984), *The Division of Labor in Society*, The Free Press, New York

EEOC, *Enforcement Guidance: Application of EEO Laws to Contingent Workers Placed by Temporary Employment*

Agencies and Other Staffing Firms, http://www.eeoc.gov/docs/conting.html.

Ehrenberg & Jakubson(1989), "Advance Notification of Plant Closing: Does It Matter?", *Industrial Relations*, Vol.28, No.1

Erickson, Christopher & Sarosh Kuruvilla(1998), "Industrial Relations System Transformation", *Industrial and Labor Relations Review*, Vol.52, No.1

European Industrial Relations Observatory on-line, "Working time developments-2002" http://www.eiro.eurofound.eu.int

European Industrial Relations Observatory on-line, "Working time - developments in EU and national regulation" http://www.eiro. eurofound.eu.int

Greene, E. et al.(2000), "Compensating Plaintiffs and Publishing Defendants: Is Bifurcation Necessary?", *Law and Human Behavior*, Vol. 24 No. 2

Grunfeld(1980), *The Law of Redundancy,* 2nd ed., Sweet & Maxwell

Handelman, Gwen Thayer(1995), "Strategies for Securing Health and Retirement Benefits in Contingent Employment", *Washington & Lee Law Review*, Vol.52

Hepple, Bop (1996), "The Future of Labour Law", *Comparative Labour Law Journal*, Vol.17

Hersch, Joni/ W. Kip Viscusi(2002), "Punitive Damages: How Judges and Juries Perform", *Harvard Law and Economics Discussion Paper*, no.361

Herzenberg, Stephen A. et al.(ed)(2000), *Nonstandard Work: The Nature and Challenge of Changing Employment Arrangements,* Industrial Relations Research Association

International Forum on Globalization(2002), *A Better World is*

Possible: Alternatives to Economic Globalization, http://www.ifg.org/alt_eng.pdf.

International Labour Conference, 67th Session 1981 Report VIII(1), *Termination of Employment at the Initiative of the Employer*, ILO, Geneva

Lenz, Edward A.(1995), "Contingent Work: Dispelling the Myth", *Washington & Lee Law Review*, Vol.52

Lo, Vai Io.(1996), "Atypical employment: A comparison of Japan and the United States", *Comparative Labor Law Journal*, Vol.17

Miller, Richard U.(1994), "The Impact of Contingent Employment on Worker Rights: A Comparative Analysis", R. Blanpain ed., *Employee Rights and Industrial Justice*, Kluwer Law and Taxation Publishers

Nord & Ting(1991), "The Impact of Advance Notification of Plant Closings on Earnings and the Probability of Unemployment", *Industrial and Labor Relations Review*, Vol.44, No. 4

OECD(1998), Employment Outlook, June

Office of Technology Assessment(1986), *Plant Closings: Advance Notification and Rapid Response*

Parker, S.R. et al.(1971), *Effect of the Redundancy Payment Act*, HMSO

Patterson, Dennis(2003), "What Is at Stake in Jurisprudence?", *Oklahoma City University Law Review,* Vol. 28

Player, M.A.(1988), *Employment Discrimination Law*, Minnesota: West Publishing Co.

Polinsky, A. Mitchell / Steven Shavell(1998), "Punitive Damages:

An Economic Analysis", *Harvard Law Reivew*, v.111 no.4

Polivka, A. E. & T. Nardone(1989), "On the definition of 'contingent work'", *Monthly Labor Review*, Dec.

Reducing the decent work deficit: a global challenge(2001), http://www.ilo.org/public/english/standards/relm/ilc/ilc89/rep-i-a.htm

Robbennolt, Jennifer K.(2002), "Punitive Damage Decision Making: The Decisions of Citizens and Trial Court Judges", *Law and Human Behavior*, vol.26 no.3

Schwartz, Victor E.(2000), "Reining in Punitive Damages 'Run Wild': Proposals for Reform by Courts and Legislatures", *Brooklyn Law Review*, Vol.65

Sen, Amartya(2000), "Work and Rights", *International Labor Review*, Vol.139, No.2

Stiglitz, Joseph E.(2002), "Employment, Social Justice and Societal Well-Being", *International Labor Review*, Vol.141, No.1-2

Summers, Clyde W.(1997), "Contingent Employment in the United States", *Comparative Labor Law Journal*, Vol.18, No.4, Summer

Supiot, Alain(1996), "Perspectives on Work: Introduction", *International Labor Review*, Vol.135, No.6

"Symposium: Reforming Punitive Damages: The Punitive Damage Debate", *Harvard Journal on Legislation*, Vol.38

Thumma, Samuel A. "Punitive Damages One Year After BMW Of North America, Inc. v. Gore", http://www.lawhost.com/lawjournal/98fall/ BMW1.html

Thumma, Samuel A., "BMW Of North America, Inc. v. Gore: The Second Year", http://www.lawhost.com/lawjournal/98fall/

BMW2.html 참조.

Treu, Tiziano(1992), "Labour flexibility in Europe", *International Labor Review*, Vol.131, No.4-5

Veneziani, B.(1993), "The New Labour Force", R. Blanpain / C. Engels ed., *Comparative Labuor Law and Industrial Relations in Industrial Market Economies*, Kluwer Law & Taxation Publishers

Wissler, R. et al.(1997), "Explaining 'pain and suffering' awards: The role of injury characteristics and fault attributions", *Law and Human Behavior*, Vol.18 No. 2, 1997

Zachert, Ulrich(1999), "Some new trends in German labour law: In search of employment, flexibility and security", Japan Productivity Center for Socio-Economic Development, *Development of Atypical Employment and Transformation of Labour Markets*

Larenz, Karl(1991), *Methodenlehre der Rechtswissenschaft 6판*, Springer-Verlag

Sinzheimer, Hugo(1976), "Die Krisis des Arbeitsrecht", *Arbeitsrecht und Rechtssoziologie*, Band I, Franfurt